ミハイル・ゴルバチョフ

Михаил Сергеевич Горбачёв

変わりゆく世界の中で

ミハイル・ゴルバチョフ 著
副島英樹 訳

朝日新聞出版

あのころ、私は考えられたであろうか。20世紀の大半と、21世紀にわたり長く暮らすことを。この間に、わが国と世界を見違えるほど変えてしまう出来事が起きることを。それらの出来事の中で、我々の世代や私個人が、終わることのない役割を果たすよう運命づけられることを。もちろんノーだ。歴史はそのように命じ、私の運命もそのように形づくられた。記憶はいつも、私をペレストロイカのころへと引き戻していく。あのころは何が最も重要だったのか。疑いもなく、それはグラスノスチ〔情報公開〕であり、自由であり、冷戦を終わらせることだった。それによって成し遂げられたことは、多くの人々の努力の結果である。この本で私は、こうした人々について語り、この間の歴史的出来事を背景に彼らの肖像を描きたいと思う。

ミハイル・ゴルバチョフ

ミハイル・ゴルバチョフの新著は、単なる回想本ではない。思索の本であり、分析の本である。ソ連の初代大統領であり、ペレストロイカの父である著者は、わが国や全世界の重要な出来事について思索している。ミハイル・ゴルバチョフの時代は、何よりも、核の悲劇的結末がいつでも起こりえる冷戦時代だった。彼の政策には様々な評価があるにせよ、ゴルバチョフは、この悲劇的結末を回避するために信じられないほど力を尽くした政治家であった。〔ロシア語版AST出版より刊行の辞〕

МИХАИЛ ГОРБАЧЕВ
В меняющемся мире

Published in Japan by Asahi Shimbun Publications Inc.
This translation published by arranged with the author.

ミハイル・ゴルバチョフ　変わりゆく世界の中で◇目次

第2章　ブレークスルー　43

第3章　ベルリンの壁崩壊　93

第4章　冷戦終結　135

第8章　未来に向けて　285

装幀　渋澤　弾（弾デザイン事務所）
カバー写真　朝日新聞社提供
扉写真　ロイター／アフロ
本文写真　ゴルバチョフ財団提供

凡例

・各章タイトルは日本語版用に新たに付したものである。
・本文中、（ ）は著者による補足、〈 〉は著者による引用ならびに強調箇所、「 」は登場する人物たちの会話や演説などの発言、ならびに組織などの固有名詞、（……）は中略を示す。
・本文中の〔 〕は訳者による補足。文献や演説にある引用は、訳者が翻訳した。

ミハイル・ゴルバチョフ　変わりゆく世界の中で

第1章　ペレストロイカ胎動

序文――古い写真

最近、一通の手紙を受け取った。そこには私の写真にサインがほしいと書かれてあった。写真は何と、60年も前のものだった。打ち寄せる思い出は、私を遠いあのころへと引き戻した。若いころにはだれもが抱くような希望に満ちたものだ。その写真は当時の私が抱いていた希望や構想へといざなった。

〈もしも若いころ、その後に起きる自分の身の上について知っていたなら……〉

あのころ、私は考えられたであろうか。20世紀の大半と、21世紀にわたり長く暮らすことを。この間に、わが国と世界を見違えるほど変えてしまう出来事が起きることを。それらの出来事の中で、我々の世代や私個人が、終わることのない役割を果たすよう運命づけられることを。もちろんノーだ。歴史はそのように命じ、私の運命もそのように形づくられた。記憶はいつも、私をペレストロイカ〔1985年3月にソ連共産党中央委員会書記長に就任したゴルバチョフが、任期中に取り組んだ国家の再建、改革〕のころへと引き戻していく。あのころは何が最も重要だったのか。疑いもなく、それはグラスノスチ〔情報公開〕であり、自由であり、冷戦を終わらせることだった。それによって成し遂げられたことは、多くの人々の努力の結果である。この本で私は、こうした人々について語り、この間の歴史的出来事を背景に彼らの肖像を描きたいと思う。

イニシアチブ

国際関係を新思考〔軍事よりも協調や相互依存を重視するゴルバチョフ政権の新しい外交理念〕の方向へ導くイニシアチブをとったのは、ソ連の指導部だった。それは、ペレストロイカ、民主化、これまでの社会主義の刷新を選択したわが国の国内要請に迫られてのことだった。それはもちろん、国際社会との大きな協力、諸外国やその国民に対して大きく国を開くことが必要だった。このイニシアチブはまた、核戦争の脅威が全世界を覆っていた１９８０年代半ばの国際情勢に対して、わが国と他の国々、とりわけ米国に課される責任について我々が理解していたからこそ生まれた。核戦争の脅威というテーマは新聞や雑誌から消えることはなく、誰もが口にしていた。人々は不安にとらわれていた。

１９８５年３月、コンスタンチン・チェルネンコ〔ゴルバチョフの前任のソ連共産党中央委員会書記長〕の葬儀の演説で私は、多くのものを変えなければならない、これは何かを意味している、と述べた。我々は平和の名において、誰とでも協力していく用意があると表明した。

それに続くソ連共産党中央委員会の４月総会で、新指導部の対外政策と新しいアプローチはさらなる進展を見せた。すでに総会の初めのうちに、アフガニスタン戦争〔１９７９年にソ連がアフガニスタンの内政に軍事介入し、完全撤収まで10年に及んだ〕をすみやかに停止し、米国との関係を正常化して軍備拡張競争をやめることが必要だと承認された。我々は、欧州ではすべての人が隣人や仲間のように生きなければならない、統一されたひとつの共同体である「ヨーロッパ共通の家」を考えなければならない、と表明した。

これらすべては、最も重要な戦略的選択、すなわち新思考の理念に沿って行われた。こうした言葉の向こう側には、どのような世界が広がっているのだろうか？

新思考の必要性

新思考外交という考え方は何もないところから生まれたのではなかった。ペレストロイカに至るまでに、国際関係の分野で、このままではいけない、変化が必要だとの考えが芽生え、検討され、少しずつ道がつくられてきた。これは、ヨシフ・スターリン〔ウラジーミル・レーニンの後継のソ連最高指導者。１９５３年３月に死去〕の死後に国内で起き始めた変化と関係していた。しかし、国内での変化と同様、対外政策に新たな目を向けようという試みは決して続かず、体制側からの抵抗に遭った。

１９５４年に国家指導者の一人であるゲオルギー・マレンコフ〔首相〕がモスクワでの選挙人集会で、冷戦時の政策について「これは新しい世界戦争への準備であり、最新の戦争兵器を考慮すれば、世界文明の滅亡を意味している」と表明したとき、彼は単に支持されなかっただけでなく、非難までされた。これらの言葉は、世界の極めてすぐれた学者たちが1年後に語ることと共通点があったというのに！　しかし、１９５５年1月に開かれたソ連共産党中央委員会総会の決議には、こう記された。〈マレンコフ同志は１９５４年３月12日の選挙人集会での演説で、もし帝国主義者たちによって第3次世界大戦が引き起こされた場合、《世界文明の滅亡》の可能性があるという理論的に誤った、そして危険な主張をした〉。一方、ビャチェスラフ・モロトフ〔外相〕は中央委員会総会でこう述べた。共産主義者は〈世界文明の滅亡〉や〈人類の滅亡〉について語るべきではなく、〈ブルジョア〔資本家階級〕滅亡のために全勢力を結集する〉ことについて語らなければならない、と。そのとき、ニキータ・フルシチョフ〔ソ連共産党中央委員会第一書記。スターリンの後のソ連最高指導者〕もマレンコフを支持しなかった。

しかし、フルシチョフはその後、国際情勢の緊迫化と、何よりもキューバ危機の影響によって、まさにマレンコフと似た立場をとることになる。

フルシチョフのたっての願いで、党と国家の公式文書には、ソ連の対外政策の基本ラインは平和共存である、と記された。しかし、1964年にフルシチョフがソ連共産党中央委員会第一書記のポストを追われると、すぐにこの文言は放棄された。

「白いシーツに隠れて……」

そのころ、あるいはもう少し前だったか、市民が有事に備える民間防衛の映画を見るために、党の活動家がスタブロポリ〔ロシア南部スタブロポリ地方（地方は、共和国や州など行政単位のひとつ）の中心都市。ゴルバチョフの地元〕で集まった。映画には、原子力兵器の実験時に撮られた場面があった。これらの場面は、映画を見た参加者たちに何と恐ろしい印象をもたらしたことか。たとえ映画の製作者が、防御は可能だ、原子力戦争でも人々は守れるという考えを視聴者に吹き込もうとしても、私も大部分の参加者も、それには納得できなかった。〈爆発と反対の方向に向きなさい、地面に伏せて、白いシーツに隠れなさい〉などと言われても……。私たちはショックを味わった。

映画の後、私たちは感想を語り合った。参加者の一人は、映画を見た結論をこうまとめた。

「白いシーツをかぶり、ダニーロフ墓地に這っていくということだ」

米国との軍拡競争を止めなくてはならないのは明らかだった。何よりもまず、核兵器の使用は許されないし、我々は永遠に核兵器から自由にならなくてはならない。

新しい時代の現実にのっとって我々の対外政策を進めようという試みは、レオニード・ブレジネフ〔フルシチョフの後任のソ連最高指導者。1964年からソ連共産党中央委員会第一書記、66年から82年まで書記長を務めた〕の時代にもあった。核戦争の危険が感じられ、それはしっかり意識されていた。1971年に第24回ソ連共産党大会で採択された平和プログラムには、多くの賢明な原則が含まれていた。何よりも、核戦争の危険を減らす必要性だ。それを空虚なレトリックだとかデマゴーグだとか決めつけるのは間違いだろう。実際、このころには、弾道弾迎撃ミサイル〔ABM〕制限条約や第1次戦略兵器制限協定が〔72年に〕署名されている。ソ連とドイツ連邦共和国〔西ドイツ〕とのモスクワ条約〔70年のソ連・西ドイツ武力不行使条約〕や、欧州の安全保障と協力に関するヘルシンキ最終文書〔75年のヘルシンキ宣言〕のような重要な相互合意もそうだ。

しかし、この平和プログラムもまもなく、実際のところ〈砂塵と化した〉。ソ連軍のアフガニスタン侵攻によってわが国の政策への信用が失墜し、同時に、国際状況を平和へと好転させる可能性も失われた。

世界政治は危険のピークにあった。解決策を見つける必要があると、いっそう強く感じられていた。

どこか時限的で不安定だとみなされる〈国際的な緊張緩和〉の方向ではなく、国家政策の基本原則や根本的なアプローチの見直しに基づく解決策だ。別の言い方をすれば、新しい思考、新しい世界政治が必要だと強く感じられていた。

新思考の先駆者

ここで、西側も東側も含めた諸外国における新思考の先駆者たちについて触れないわけにはいかない。1955年に多くの偉大な学者たちが支持したラッセル＝アインシュタイン宣言〔米ソの水爆開発競争が激化し、哲学者のバートランド・ラッセルと物理学者のアルベルト・アインシュタインが中心となって核兵器廃絶や科学技術の平和利用を訴えた〕を思い起こそう。その基本的な考え方は、核兵器の出現は世界を変え、戦争を起こさせないことが最も重要な課題となっている、というものだ。〈水爆による戦争は、人類に終末をもたらす可能性がある。私たちは人類として、人類へ向けてこう訴える。あなた方の人間性を心にとどめ、そしてその他のことは忘れよ〉と。

私は確信している。〈核兵器の出現は世界を変えた〉という言葉は、核大国のトップに立つどんな政治家も忘れてはならない、と。これは〈兵器の一種〉でも〈戦争遂行の手段〉でもない。これはジェノサイド〔集団的大虐殺〕の兵器だ。私にとってこれは自明の理だ。

定期的に、最高司令官は訓練をしている。もし最悪の事態になったら、どう行動し、どのような段階を経て核兵器使用の決定をするのか。それを知っておかなければならないからだ。もちろん私も、そのような訓練に参加しなければならなかった。訓練は最終段階にまで至った。〔核兵器使用の〕〈決定が下された〉。しかし私は、一度も〔核の〕〈ボタンを押さ〉なかった。そのふりすらしなかった。

パグウォッシュ運動〔核兵器と戦争の廃絶を訴える科学者による国際会議。1957年にカナダのパグウォッシュで第1回会議が開かれた〕に結集した学者たち、ソ連の核兵器開発に大きく寄与した著名な物理学者のピョートル・カピッツァとアンドレイ・サハロフをはじめ、オロフ・パルメ〔スウェーデン元首相〕やピエール・エリオット・トルドー〔カナダ元首相〕、グロ・ハーレム・ブルントラント〔ノルウェー元首相〕のような政治家や国家リーダーたち――彼らも同様に、新思考の先駆者と呼べるだろう。新たな対外政策を打ち出すための模索は、非同盟運動にもつながった。とりわけ、非暴力の原則が文化に強く根付いているインドがそうだった。時が経って1986年、私とインドのラジブ・ガンジー首相の手によって、非暴力と非核世界の原則についての声明が署名された。これら新しい道の模索は、この声明にも反映された。

ケネディ――1963年6月10日の演説

米国のジョン・F・ケネディ大統領が1963年6月10日にワシントンD.C.のアメリカン大学で行った演説に、私は大きな感銘を受けた。

もちろん、ジョン・ケネディとニキータ・セルゲービッチ・フルシチョフは1962年、自らの行為で世界を危険の淵にまで導いた。それが意味しているのはキューバ危機であり、キューバでのソ連によるミサイル基地建設、アメリカによる海上封鎖のことだ。まさに瀬戸際まで行った。おそらく、お互い怖くなって幕引きが図られたのだと思う。

ケネディの6月演説を当時、多くの人が過小評価したのは残念だ。なぜならそこには、大きな政治的潜在力が、それ以上に哲学的な潜在力があったからだ。

〈最も重要なテーマは、平和のテーマです。私が心に描く平和とはどんなものでしょうか。私たちが追い求めるのはどのような平和でしょうか。それはアメリカの戦争兵器によって世界に強いられるパックス・アメリカーナではありません。それは墓場の平安でもなければ、奴隷が暮らす安全でもありません。私が言うのは真の平和です。生きるに値する平和です。どんな人にも、どんな国にも、成長し、希望を持ち、子どものためにより良い生活を築く可能性を与える平和なのです。この平和はアメリカ人のためだけではなく、すべての人々のためであり、今日のためだけでなく、明日のための平和なのです（……）。真の平和は、多くの国と人々の努力の結果であり、多くの行動の総決算でなくてはなりません。それは静的ではなく、ダイナミックでなければならないし、それぞれの新しい世代が直面している問題に応えられるように変化しなければなりません。なぜなら、平和とはプロセスであり、問題解決の手段だからなのです〉

さらにこう続く。

〈ソ連への私たちの態度を再検討しましょう（……）。私たちの意見の相違に目をつむることなく、私たちの共通の利益と、どうすれば意見の相違を乗り越えられるかに注意を向けましょう。もしいま、私たちが相違を乗り越えられなくても、私たちは少なくとも、その多様性を保てるように世界を安全にすることはできます。突き詰めれば、私たちの最も基本的なつながりは、私たちすべてがこの小さな惑星に住んでいることなのです。私たちはみな同じ空気を吸っています。私たちはみな子どもたちの将来に思いをはせます。そして私たちはみな、限りある命なのだということです〉

しかしケネディは、これらの考えを実際の政治に生かすよう試みることさえできなかった。数カ月後、彼は暗殺された……。

「6階」博物館

ふと思い出したことがある。1998年10月、私は米テキサス州ダラスで講演した。ケネディが暗殺されたところだ。立ち去るまでにいくらか時間があったので、「6階」と名付けられた博物館を訪ねるよう勧められた。これは地元行政府の建物で、以前は教科書倉庫として使われていた。この教科書倉庫の窓から1963年、暗殺者が銃を放った。展示品は、この悲劇を物語る写真や文書、ビデオテープだ。私が大きな感銘を受けたのは、大統領の死亡を伝える著名なウォルター・クロンカイト記者の中継生放送の録画だった。そしておそらく、まさにこの窓に近づいて通りを見下ろすことは、誰にとっても身が震える瞬間となるだろう。

私は博物館の記帳ノートにこう記した。

〈私はずっとジョン・ケネディの人生と行動に興味を持っていた。彼は言うまでもなく、偉大な米国大統領だった。困難な転換期を生きる私たちにとって、彼のビジョンや平和観、どう平和に暮らすかについての考え方は、大きな意味を持っている。ワシントンのアメリカン大学で１９６３年６月10日に行ったジョン・ケネディ大統領の演説の意義は、当時よりも今の方が深い。35年前、彼はすでに見ていた。いま私たちが気づいたことを。彼の仕事や考えを理解し、それらを国家の政治や政策に具現化することは、この人物をより良く記憶することになるだろう。彼ははるかに前を見つめ、多くを変えようとした。おそらく、ジョン・ケネディ大統領の死の謎を解く鍵は、ここにある〉

ケネディ大統領暗殺現場の記念パネルのそばで（右から3人目）＝1998年10月13日、米テキサス州ダラス

新しい世代

平和にとって欠かすことのできない重要な理念は、有名な歌〔ソビエト歌謡「全世界民主青年歌」に「この歌は止まらない、消せはしない」とのフレーズがある〕にあるように、「〔この理念は〕止まらない、消せはしない」という優れた特徴がある。新思考の理念は、私が述べてきたことでも明らかなように、東側でも西側でも成熟し、人々の心をつかんでいた。これは理念の融合とも呼べるだ

ろう。たとえ、新思考という言葉自体が当時わが国で非難されていたとしても、それはもう始まっていた。そしてこの理念は、実現に向けてチャンスを得ることになった。ソ連指導部に新しい政治家世代が登場したとき、初めて国家の、すなわち核大国の対外政策の基本となったからだ。

この世代は、大部分が戦争の時代に育ち、あらゆることが容易ではない困難な戦後の時代に学んだ人々だった。我々には知識を吸収することへの大きな渇望があり、どうしても国の復興に加わりたかった。愛国心が我々をひとつにした。戦争で国を守った人々に対する我々の義務は、彼らのバトンを引き継ぎ、彼らの功績を価値あるものにすることだと信じていた。それは、この時代の若者ならではの特徴だった。

この世代の人々の運命は、いろいろな形をたどった。様々な方向で、我々は根本的な改革が必要だとの考えに行き着いた。これは困難で痛みの伴うプロセスだった。戦争から戻った我々の父親たちはこう言った。「スターリンが我々を勝利に導いた」と。しかし、フルシチョフの口から語られるスターリン主義の実態暴露を味わった、まさに戦後世代の〈60年代人〉たちは、それを克服し、全体主義から民主主義へと転換する上で決定的な役割を果たした。これがなければ、わが国でも世界でも、何も変わらなかっただろう。

対外政策と国内政策は互いに関連している。西側をはじめとする世界との関係をすべてそのままにして国の営みを新たに方向転換させることなど不可能だろう。この問題をじっくり考えることが、ペレストロイカの始まりとなった。積み残された問題について80年代初めから進められた調査の枠組みの中で、国際問題にはかなりの注意が払われた。ペレストロイカの始まりとともに精力的に取り組みが進められ、もはや広く社会にも知られるようになった。ここでグラスノスチ〔情報公開〕も機能し始めた。わが国の専門家や学者たちは、より大胆に考え、発言するようになった。膨大な興味深い資料が、世界経済国際関係研究所や米国カナダ研究所などの研究センターに提供された。とくにソ連科学アカデミー会員のゲオルギー・アルバートフ、エフゲニー・プリマコフ、エフゲニー・ベリホフ、ロアルド・サグデーエフ、軍人の中ではセルゲイ・アフロメーエフ元帥、ニコライ・デチノフ将軍、ウラジーミル・ドボルキン将軍の役割は特筆しておきたい。

この仕事が楽だったとは言えない。我々はみんな、その時代の子どもだ。支配的なイデオロギーに根ざしたステレオタイプや原理を克服する必要があった。社会も党員の大部分も、民主的な考え方への新しい思考転換を苦労して受け入れた。多くの人にとって、それはほとんど自己否定に近い、許しがたい謀反(むほん)だった。〈何のために戦ったのだ?〉。そう問いかけたのは、イデオロギー的原理については特に考えず、純粋に働き、戦い、生きてきた人々だ。新しい理念を人々が理解して受け入れるには時間が必要だった。説得力のある論拠と、何より新しいアプローチによる実際の結果が必要だった。その後、我々も分かったように、その理念を誰もが理解して受け入れたわけではなかった。そしていま、それが表に現れてきた。ロシアと西側諸国との関係が激変する状況下で、ペレストロイカの対外政策と新思考への非難は、〈後になって〉強まっている。これはまさに言いがかりであり、根拠のない非難であり、決して真面目な批判とはいえない。

新思考の基本原則

ここで私は新思考の基本原則を話題にしたい。

核の世紀はもはや、世界の分断を前提とすることはできない。対立する社会システムである二つの〈陣営〉の戦い、すなわち冷戦という観点からは世界の発展は見込めない、との結論に、我々はまず達した。世界は相互に関係し、相互に依存している。国家の、階級の、団体の利益のほかに、すべての人々に共通する利益が存在している。人類を守り、死をもたらす核兵器や環境的な悲劇的結末の危機から人類を救い出すことが必要だ。

これは、我々が最初から表明していたことだ。しかも、こう言っていた。世界の一体性を認めることは言葉だけにとどまってはいけない。このために、1985年の対ファシズム〔独ソ戦〕戦勝40年に捧げられた演説にも盛り込まれた通り、〈国民や国家の利益と全人類の利益との最適な相関関係を見つけることを可能にするような、インターナショナルなメカニズムと制度を創設し、利用し、発展させること〉を追い求めなければならない――と。この考えはいまこそ、極めて現実的だと思っている。

全人類の利益と全人類の価値が存在するという思想は、多くの場合、広く根づいている考え方と相いれない。我々のイデオロギーや多くの人々の意識には、世界の分断は避けることができない、階級的利益が優先される、という考え方が基本にあった。それはいま、自国の利益を絶対視することに取って代わられている。一方、西側では、特に米国ではどうか。いまも変わらず帝国的な姿のままだ。力を見せつけて、ひとつの国、あるいはひとつの国家グループの利益や価値を押しつけようとしている。

しかし、力を使った結果がはかない性質を帯びるのは、歴史が示している。総じて、これは新思考の最も重要な原則のひとつだが、現代の兵器の特質は、軍事技術的な手段だけで自らを守れる望みはどんな国家にもない、という点にある。結局のところ、力の政策は失敗する。安全保障は何より、政治的手段で解決しなくてはならない課題だ。

ここから、もうひとつ重要な新思考の原則が出てくる。現代の情勢での安全保障は、相互的であってのみ可能だ。東側と西側の軍事的、イデオロギー的、外交的な対立を徐々に乗り越え、信頼関係を築き、パートナー関係を築く方向へと動かなくてはならない。

これらはすべて、何も特別なことではないし、常識ある人間ならこれを支持するはずだ。そして実際に、新思考は、正常で人間的で健全な認識に従って考え、行動しようという意欲に基づいていた。しかし、改革は難しいことだったのだ。なぜなら、我々の側でも西側でも、人々の意識に、その行動に、変化が起きなければならなかったからだ。

政治決定の中枢である国の最高指導機関では、ペレストロイカの初期はソ連共産党中央委員会政治局が中枢として残っていたが、対外政策を新しくする必要性に関して異論はなかった。そして何よりも、軍拡競争を止めることが必要だった。私は、補佐官たちが記した政治局会議の議事録を読み返した。文字どおり全員の、すなわちエゴール・リガチョフ〔中央委員会書記〕、ビタリー・ウォロトニコフ〔ロシア・ソビエト連邦社会主義共和国首相〕、ビクトル・チェブリコフ〔国家保安委員会（ＫＧＢ）議長〕、ニコライ・ルイシコフ〔ソ連首相〕の主題はこうだった。我々は自らを軍拡競争に巻き込んだ、この重荷から解放されなければならない――。

決定のメカニズム

このように決定には、原則的な一致はあった。しかしこれは、決定が〈自動的に〉なされたという意味ではない。重要な決定を下す一定のメカニズムがあった。書記長も一人で決定はできなかった。確かに書記長の役割は大きく、多くは自分のイニシアチブで行えた。しかし、政治局では全員一致が原則だった。コンセンサスが得られない問題は、その検討が先送りされた。だからこそ、実行されたことはすべて、全員一致に基づいていた。

軍事政策の問題、とりわけ核兵器削減に関するものについては、決定案は各国家機関の代表者から成る〈5人組〉が用意した。外務省、国防省、KGB、軍事産業委員会、中央委員会国防部からの代表だ。彼らには強力な専門機関があった。この仕事をコーディネートしていたのは中央委員会書記のレフ・ザイコフだった。これらすべての国家機関で絶大な権威を持っていた人物だ。豊富な知識を持つ専門家の彼は、論争をまとめ、様々にもたらされた提案をうまく調和させる才能も兼ね備えていた。彼の働きは非常にきっちりしていて、巧みだった。

変わる外務省――エドゥアルド・シェワルナゼ

外務省では重大な刷新、何より指導部の交代が起きた。私は大いなる敬意を持ってアンドレイ・アンドレービッチ・グロムイコ〔1957年から85年まで28年間にわたりソ連外相を務めた〕に接してきた。

彼は実際に並外れた人物であり、〈不沈空母〉であり、すべての書記長よりも長く生きた。あらゆることに精通している。しかし彼は、昔の人だ。対外政策を変えるためには、アンドレイ・アンドレービッチを正当に評価して、新たな名誉あるポストを提案しなければならなかった。彼はそれにふさわしい偉大な政治家であり外交官だ。こうして、彼をソ連最高会議幹部会議長に就ける私の提案が生まれた。

おそらくアンドレイ・アンドレービッチにとって、彼が関わったソ連指導部の対外政策の決定をいくつかでも見直すことは、簡単には受け入れられなかっただろう。たとえば、ソ連欧州部〔ウラル山脈から西のソ連西部地域。東はアジア部〕への中距離ミサイル配備であり、アフガニスタンへの部隊派遣だ。一方で、彼には大きな功績もあった。それは、「ヨーロッパ共通の家」の基礎を築いたヘルシンキ最終文書〔ヘルシンキ宣言〕の採択に参加したことであり、戦略兵器とミサイル防衛に関して米国と初めての協定を結んだことだ。新しい情勢の中で、彼は立派に振る舞い、変化や時代の要請に反応した。そして、我々の対外政策決定の審議に深く関わり、重要なことに、それを支持してくれた。

外相兼政治局員にはエドゥアルド・シェワルナゼが就いた。以前から私はこの人物を知っていた。彼の潜在能力を正しく評価し、何よりも、彼が政治的、哲学的な観点では私と同じ考えの持ち主だと知っていた。彼がまだ政治局員候補だったとき、カフカス〔黒海とカスピ海にはさまれたカフカス山脈沿いの地帯〕で秋の休暇をすごしていた私は、彼と会って黒海の海辺を散歩した。国の情勢について話していると、国は病んでいるという話になった。あのとき、お互いがそう語り、お互いがこう認めた。すなわち、お互いが完全に胸襟（きょうきん）を開くことが最も重要なことだ、と。

シェワルナゼの外相任命は、多くの人にとって思いがけないものだった。しかし、彼はこのポストを巧みにこなした。外交官や仕事仲間、そして外国のパートナーたちも彼を評価したのには、それなりの理由があった。

エドゥアルド・アムブロシエビッチ・シェワルナゼは偉大な政治家だった。彼はペレストロイカの対外政策に多大な貢献をし、国際問題をめぐる新思考の真の擁護者だった。

もちろん、いつもは落ち着きを保とうとしていても、彼にはカフカスの気性があった。時々かっとなって私のところにやってきて、「もうあいつらとはやっていけない！」と言い出したものだ。私は彼をなだめ、ザイコフ〔中央委員会書記〕を関与させ、省庁間のもめごとが度を超したと分かったときには、私自身が乗り出した。その後、ペレストロイカの大きな転換のひとつで、彼と決裂し、それが彼の辞任につながった。私は辞任に反対したが、彼がこらえきれなかったのはとても残念だった〔保守派と改革派の権力闘争が深まる中、ゴルバチョフ大統領が保守派を拒絶できていないとの不満などから、シェワルナゼは１９９０年12月に外相を辞任。91年11月に復帰した〕。

同志たち――ヤコブレフ、チェルニャエフ

私は、我々の外交政策のアプローチや方針の作成作業に貢献した同志たちに感謝したい。アレクサンドル・ヤコブレフ、ワジム・メドベージェフ、アナトリー・チェルニャエフ、ゲオルギー・シャフナザロフ、ワジム・ザグラジン。みな非常に多様性にあふれ、自分の意見を持ち、それを貫く人たちだ。時に、たとえば１９８６年２月の第27回ソ連共産党大会へ向けた報告書案の準備に際しては、熱

く激しい論争があった。それはそうあるべきだった。その結果、我々は妥協点を見つけて合意に至った。

ヤコブレフとチェルニャエフは、輝かしい個性の持ち主であり、出征体験があり、人生経験も政治的経験も豊富な博識ある偉人だ。アレクサンドル・ニコラエビッチ・ヤコブレフは党で出世し、その後は長年、カナダ大使を務めたが、ペレストロイカの時期に本領を発揮した。中央委員会書記を経て政治局員となり、非常に献身的に働いた。グラスノスチと新思考の積極的な支持者であり、彼はよく批判の矛先にさらされた。とりわけ内政問題をめぐって党指導部の中で意見が割れたときに、ペレストロイカを認めない勢力から批判を受けた。ヤコブレフは最後まで、ペレストロイカの選択と、自由、民主主義、情報公開、多元主義、新思考外交の確立に忠実だった。

アナトリー・セルゲービッチ・チェルニャエフと知り合ったのは、1972年半ば、ソ連共産党代表団がベルギーに派遣されたときだった。私は代表団を率い、チェルニャエフはそのときソ連共産党中央委員会の国際部で働いていた。そこには最新の考え方をする人たちが少なからずいた。彼らの中でアナトリーは、思考の大胆さ、独創的アプローチを探求するという点で抜きんでていた。私は地位では彼より上だったが、彼は私より10歳年上だった。しかし、我々はすぐに意気投合した。

私が〔1978年に〕モスクワへ転任した後、アナトリーとの関係は深まり、より信頼し得るものになった。彼が最も博学で斬新な政治アナリストのひとりであり、スケールの大きい思考と献身的な仕事ができる人物だとの確信は、次第に固くなっていった。言ってみれば、アナトリー・セルゲービッチと出会って、私は大正解だった。

彼が私の国際問題担当補佐官になったとき、我々は〈へばって〉はならない時期だった。この時代は彼にとって実りの多い時期であり、彼は優れた才能を発揮した。ペレストロイカの対外政策を練ることが、彼の最も重要な役割のひとつだった。素晴らしい実務能力のおかげで、訪問や会談、会合に向けた日々の準備作業を大量にこなすだけでなく、歴史家にとって極めて貴重な記録となる日誌をつけていた。我々は親友となり、最後まで親友であり続けた。

我々の共同作業はもちろん、何の陰りもない牧歌的なもの、とはいかなかった。激しい議論や行き違い、闘争さえあった。真剣な話し合いとオープンな論争で自分の立場を貫こうとする、信念と強い意志を持った者たちが一緒に働く以上、そうならざるを得なかった。

我々は、西側との関係正常化への第一歩から核軍縮条約や新しいヨーロッパのためのパリ憲章まで、険しい道を歩んできた。同時に、ドイツ統一や中央ヨーロッパの政変といった嵐のような出来事を経験してきた。そして、それは流血を伴うことなく起きたのだ。変化は、戦争や流血のない平和的なものでなければならない。この立場をチェルニャエフは私と完全に共有し、その信念に基づいて常に行動した。

外務省の大使会議――わが演説

1986年5月、私は大使と外務省幹部職員の会議に出席した。外交官にはいつも、深い敬意を持って接してきた。彼らの大部分は、新思考に刺激を受け、新しいアプローチの実現に積極的に取り組んだ。しかし、多くのことを変えなければならなかった。

どのように外務省会議の会場へ入ったのかを、私は今、こうして書いているうちに思い出した。会場は満員だった。参加者の中には、ベテランから若い職員まで、いろいろな世代の外交官たちがいた。当時の若い職員は、後に大使になって外務省の指導的ポストに就くことになる人たちだった。〈形だけの〉演説ではなく、まさに真剣なものが期待されていると私は理解し、念入りに演説の準備をした。最近、私はこの演説を読み返した。それは1993年に一度だけ、『困難な決定の時代』という本の中で公表したものだ。その本はもう、だいぶ以前から書店で見つけることはできないので、そのテキストをここに引用したい。

〈要は、思い立って始めたことは最後までやり遂げることだ。しかし、我々の対外政策ではやり残しや立ち遅れ、無駄なことがたくさんある。

様々な利害がぶつかる国際情勢のもとでは、昔のように生きてはならないし、伝統的手法で《強引に自分の権利を主張》してはならない。

国の安全保障の信頼性は、ほんの少しでも傷んではならない。しかし、必要以上に軍事需要に費やさないことを学ぶべきだ。強大な軍事の潜在能力はすでに水準に達している。完全な国防能力を保つレベルを維持する必要はあるが、それは経済に損失がないことが前提だ。

我々の力はいま、侵略の欲求をはねのけるのに十分なほど大きい。これは米国も理解し、よく自覚しているが、我々を軍拡競争の状態から解き放つことは望んでいない。ここではブラフなしではすまない。米国が戦略防衛構想（SDI）〔宇宙空間から他国のミサイルを撃ち落とす米国の防衛構想〕に関するあらゆることをさかんに宣伝していることに、みなさんはお気づきだろう。もしすべてがその通りになって米国が優勢に立ったとしたら、秘密性はよりいっそう増すだろう。ところが実際は反対だ。ＳＤＩに関するすべては、計画的に盛んに誇示されている。我々にしかるべきリアクションを起こさせるためだ。これらすべては細かく観察しなければならない。どこにリアルな計画とリアルな危険の話があり、どこにブラフがあるのかを。

この点に関して外交ルートで入ってくる情報をネガティブにゆがめて評価してはならない。いわば冷静な頭で考え、あるがままに理解しなければならない。パニック状態で中央委員会や政府に報告してはならない。何度も分析し、１００回は再点検することだ。

地域紛争については、それらの解決に何ら前進は見られない。紛争にはそれぞれ、歴史や成り行きや段階があり、現在の状況がある。それがこの先どうなるのかを予測しなければならない。

繰り返し言うまでもなく、我々はもはや、リビアやニカラグアを守るために自分の力を使う状況にはない。こうした国々の一部の指導者たちは政治的に未熟であり、我々の負担になっている。連帯が不十分だと我々を非難し、我々の軍隊の評判をおとしめている。ひとことで言えば、地域紛争のテーマは真剣な政治的分析にかけなければならない。

アフガニスタンについて。これは非常に焦眉の問題だ。我々の対外政策の優先項目の中で、最も重要な問題のひとつだ。アメリカ側がわが国の南部国境に陣取ることを我々は容認できない。しかし、わが国の部隊がそこに長くとどまることができないのも明らかだ。ここには、我々の外交がなすべきことがある。アフガニスタンをめぐる和平に向けた動きを最大限強化しなければならない。

国際テロリズムについては、これも我々と無関係ではない。レバノンやアンゴラ、モザンビークでソ連国民に起きたことは、彼らの利益と名誉と尊厳を守るために注意を高めることを我々に課している。テロを根絶するために、我々は他の国々と協力する用意がある。党大会〔1986年2月の第27回ソ連共産党大会〕で示されたこの原則は、すでに世界で注目を集めた。しかしまだ、我々はそれを繰り返し口で言っていただけだ。何らかの事態が起きたとき、どう実践的に動くのか。イニシアチブを発揮して立案するときが来た。イニシアチブがなければ、それぞれの具体的な局面で十分に反応できなくなり、ソ連の政策に対して誤解を招いてしまう。

社会主義諸国との関係は新たな歴史的段階に入ったことを理解しなければならない。我々が経済や党、政治制度の確立を助けた時代は過ぎ去った。過去40年間で自主的に発展してきた国々は、自らの党や政治制度、生活様式を持ち、我々以上にたくさんの成果を有してきた。これらは活気あふれる国家だ。これらの国々を、小さな子どものように幼稚園に入れてはならない。いまは別の関係が必要だ。もし我々がこれを理解するならば、彼らとどんな関係を築くべきか明らかだろう。

中国については近年、我々は経済的にも政治的にも関係発展を続けている。中華人民共和国との善隣友好関係は、米国や他の国々に劣らず重要であると強調しておきたい。中国は核大国であり、いま急速に発展している。これは、我々が視野に入れておくべき現実である。

中国がどこに漂流し、我々はどう行動すべきか、という問いを立てよう。もちろん、小さな問題ではないし、重要な問題である。感情にとらわれてはならず、60年代のプリズムで80年代の中国を見てはならない。第三国の利益のために中国との関係改善を図るのではないことは、我々にとっても明らかなはずだ。中華人民共和国との関係をどう良くしていくかという重要な課題を、第三者に邪魔されることは許されない。このような方針だ。

解放された国々の国民は、新しい社会を自力で打ち立てなければならない。それに断固としてこだわる必要がある。どんな場合でも、援助を当てにする気分を奨励したり認めたりしてはならない。我々が援助する相手は、我々が余り物を与えているのではなく、わが身を削って分け与えていることを知るべきだ。こうした援助はすべて、我々の可能性と政治的必要性に応じて決定しなければならない。非社会主義世界で実際に起きている経済発展を念入りに分析することによって、これを行わなければならない。単に問題や危機の確認に限定するのではなく、我々が世界経済へ打って出る新しい可能性を積極的に模索すべきなのだ。

人道問題でも我々に転換が起きている。人権擁護は社会主義社会の機能ではないかのような意見がある。会話が人権に及ぶと、我々は本能的に顔をしかめる。《人権》という言葉自体がカッコに入れられ、いわゆる人権、というふうに語られるところまで来ている。まるで我々の革命が人権と関係を持っていないかのようだ。惰性で動いて自ら困難を生み出してはならない。ある種の恐怖に似たものから自由になり、もちろん我々の国益を考慮しながら、これらすべての問題を広い目で見ていかなくてはならない。

たとえば、家族の呼び寄せや出入国の問題にもっと具体的にアプローチし、すでに積まれてきた経験を分析する必要がある。すべてこれは緊張緩和のプロセスの一部であり、信頼醸成の要素だ。

わが国の大使の中には、いちいちモスクワに電報を送り、どうすべきかの指示を請うほど自分に自信の持てない者もいる。ソ連国家という大国の代表ではなく、あわてふためく者のようだ。公平を期すために言っておかなければならないが、多くの大使は自らの立場や様々な情報ルートをうまく活用し、尊敬も得ている。

我々の対外政策のポジティブな体験もネガティブな体験も分析し、その政策を立案しながら、より冷静に、より広く、実際にある事実や出来事を評価しなければならない。自国の利益ばかりを考えて、それらの課題にアプローチしてはならない。それぞれの国家にそれぞれの利益がある。もしも各国が自らの利益だけを追求し、お互い協力できずに共通の利益を見つけられなかったならば、正常な国際関係などあり得ないであろう。

こうした作業の最も重要な形態のひとつが、交渉することである。相手国が何を望んでいるのかをよく知った上で、自分にとっても相手側にとっても行き詰まった状況にならないように交渉を進めなければならない。我々は、いくつかの交渉が何年にも、ましてや何十年にも及んでいることに慣れきっている。だれもこれで不安にならない。これはもう、眠気を誘うというレベルではなく完全な休眠状態である。おそらく、西側主義者の中にはこうした状態が都合の良い人もいるのだろう。もちろん、わざと交渉を引き延ばしてはならないのと同様、急いでもならない。我々はいまと将来の自国の利益にのっとって行動しながら、しっかりした根拠に基づいて交渉を進め、より効率的に行動し、我々に有利な結果を獲得し、可能なところは歩み寄らなければならない。

そしてもうひとつ。交渉相手は我々より愚かだと考えてはならない。交渉の戦術に関して言うと、戦術はそれ自体としてではなく、交渉の手段として必要である。我々が《ミスター・ニェット》〔ニェットはロシア語で「ノー」の意味。冷戦期、グロムイコ外相は国連安保理で拒否権を何度も行使し、西側諸国からそう呼ばれていた〕と呼ばれないように、根気強さを意味のない頑固さへと高じさせてはならない。

大切なのは、正しく時を選ぶことである。たとえば、我々が非難されているのは、ヨーロッパの反戦運動〔1980年代初頭、米国による西欧への中距離核ミサイル配備をめぐって大規模な反対運動が起きた〕が中距離ミサイルに反対したとき、我々が具体的な行動で十分な支持をしなかったことであり、我々の提案がもっと早ければもっと効果的だったはずだという点だ。我々は提案が遅れ、うまく立ち回ることができず、貴重な時間を失っている。ペレストロイカは、交渉に携わっている者、交渉を率いている者にとって必要なのだ。

世論との戦いも、交渉の遂行と同様、外交官にとっては避けられないものである。これまでも、大使の側が好ましくない態度をとるケースが散見された。社会団体の代表や我々の代表団が論争やディベート、対話に参加する用意をしているときに、彼らの参加を大使たちは制限しようとしている。

多くの大使館は、良い知らせだけを中央に送るという慣習から解放された。これは歓迎すべきことだ。我々の政策に対する批判的な意見や西側諸国での活動は、より見えやすくなった。これは歓迎すべきことだ。必ずしもすべてが望んだようにはいっていないという情報でも、大胆に寄せられるようになった。しかし、ときに秘密公電はいまでも、サロンのような会話を報告し、いろいろなデマやうわさを伝えるために使われている。相変わらず、些末なテーマが多い。大使たちには、認められたいという願望がある。そう、大使だけではなく、我々に情報を上げる全員がそうだ。一週間も暗号文を送らないのは誰もそこで何もしていないからだ、と我々に思われないようにするためだ。空疎な暗号は我々には必要ない。それらは何も与えないし、豊かにもしないし、備えにもならないし、具体的な正しい行動をすることにもつながらない。

我々の任務の重要性が増すのと同様に、仕事の質への要求も大きくなる。それぞれの職員の評価は、その人個人の功績や、しっかり我々の立場を守って自ら責任を負う能力、そのプロフェッショナリズムに従って行おう〉

外務省会議での話し合いは具体的かつオープンなもので、我々の対外政策で生じている変化を本質的に加速させることとなった。多くの大使が新しい条件下で、力強く創造的に動いた。いまや彼らの役割は、〈上層部〉の決定を伝達することだけに限定されず、彼らは国家機関と論争し、国益のために自らのビジョンを主張する権利を持っているのだ、と国民は感じた。イニシアチブを発揮して大胆に行動できる人物たちが、先導的な立場に立った。ユーリー・ウォロンツォフ、アレクサンドル・ベススメルトヌイフ、ウラジーミル・ペトロフスキー、アナトリー・アダミシンやその他の人々だ。彼らは献身的に粘り強く取り組み、新思考を具体的な活動や合意として結実させるために、非常に多くのことをやり遂げた。私は彼らに感謝している。

初の会談——ワルシャワ条約機構加盟国リーダーたちとの会話

対外政策、総じて政策というものは、大きな理念と、世界についての認識、世界の中で自国が占める位置への認識がなければ不可能であると私は確信している。この求めに応えるのが新思考だ。しかし対外政策は、細心の注意を要する仕事であり、一瞬たりとも気の抜けないプロセスだ。そして、ソ連共産党中央委員会書記長に就いた私にとっての日々の仕事は、1985年3月、チェルネンコの葬儀に訪れた国家指導者らとの会談から始まることとなった。多くの人にとってこれは、ここ3年でも3回目の葬儀だった〔82年11月にブレジネフ、84年2月にユーリー・アンドロポフ、そしてチェルネンコの3書記長の葬儀が続いた〕。しかし、あらゆる要人がやって来た。米国のジョージ・H・W・ブッシュ副大統領とジョージ・シュルツ国務長官（両人とはその後、私は多くの仕事をし、対立から協力へと至った）、1984年の英国訪問で知り合ったマーガレット・サッチャー首相、フランソワ・ミッテラン仏大統領、ヘルムート・コール西独首相……。彼らとの会談は短い時間だったが、単に儀礼的なものでもなかった。いずれにしても、国際関係の行き詰まりを克服したいという我々の気持ちを、彼らが感じ取ってくれることを望んだ。

しかし、最も注目すべきだったのは、ワルシャワ条約機構加盟国の指導者たちとの会談だったかもしれない。私は彼らにこう語った。

「ソ連共産党中央委員会書記長として私が言いたいのは、我々は完全にあなた方を信頼しており、コントロールしたり命令したりしようとする要求は我々にはないということです。国益に裏打ちされた政策を遂行し、自らの国民や党に対してその政策に全責任を負ってほしい。私たち共通の利益については、私たちはそれを見いだし、路線を定め、実行していくことになるでしょう」

事実上これは、〈ブレジネフ・ドクトリン〉〔社会主義陣営全体の利益のためには、一国の主権を制限しても構わないとする原則。ブレジネフ時代にこの論理が使われた〕が終わったことの確認だった。これは、率直に包み隠さず行われた。

参加者たちはこれを、書記長による一連のお決まりの声明と受け取ったように感じられた。しかし、介入してほしいと東側諸国から頼まれたときでさえ、我々は一度も方針を曲げることはなかった。自主・独立を求めて熱心に闘ったニコラエ・チャウシェスク〔ルーマニア大統領〕が突然、〈ポーランドで社会主義を守らなければならない〉と問題提起したときでさえだ。ルーマニアのリーダーが何を言わんとしていたか、各自それぞれ理解していたと思う。それは武力の行使を意味していた。我々はペレストロイカを育み、社会主義を自由や民主主義に結びつけようと試み、それによって社会主義のイメージを変えつつあった。武力の行使は受け入れられないと考え、別の方法をとった。

この会談は、その後の我々と社会主義諸国との関係を決定づけた。

第2章　ブレークスルー

「米国から始めなければならない」

我々は先手を打った。軍拡競争、特に核の競争をやめ、西側との関係を正常化し、理想的な時期にアフガニスタンから軍を撤退し、地域紛争を調整し、中国との対立に終止符を打つ。これはまさに、米国と始めなければならないことだった。米国は超大国であり、西側世界のリーダーである。その同意がなければ、東側と西側の関係に転機をもたらそうとする試みは決してうまくいかない。

1980年代初め、米ソ関係は主に二つの特徴があった。事実上、完全に信頼が欠如していたこと、外交議題が軍事的なもので占められていたことだ。これは良く言えば、少なくとも軍拡競争の調整を可能にし、まだまだ高いとはいえ、軍備の〈上限〉について合意できることにつながった。

1970年代から80年代にかけて陥った負のスパイラルから関係を立て直すには、不信が軍拡競争を育み、その軍拡競争がさらに不信を深めるという悪循環のロジックを壊すしかなかった。だからこそ、まさに軍備の制限と削減の問題がペレストロイカの最初から米ソ関係の最優先プランとなり、長期間にわたって中心的な位置を占めることになった。

しかし我々は、最初の米国大統領との会談で、共通の緊急課題になっているすべての問題を〈テーブルに上げて〉協議することを望んだ。なぜなら、両国の指導者はすでに6年も会っていなかったからだ。これだけの問題や意見の相違と、時には誤解もある中で、それらを払拭するには、顔と顔を合わせる以外に方法はなかった。

私もソ連指導部の全メンバーも、ロナルド・レーガン大統領と会談する必要性を疑わなかった。彼もそれを望んでいることは我々も知っていた。しかし、米国のエスタブリッシュメント〔支配階級〕や大統領側近の中には、あらゆる手立てでこれに反対する勢力がいた。メディアへのリークや虚偽情報、そして威嚇(いかく)さえあった。とくにキャスパー・ワインバーガー国防長官が熱心だった。すでに会談の日程も場所(ジュネーブ)も合意しているのに、反対者たちはおとなしくしなかった。大統領は彼らの説得や挑発には屈しなかった。そして、そのこと自体が、会談を前にして良い兆候といえた。

しかし、こんなことがあった。米国側は外交ルートを通じて、会談結果の共同声明はどんな形であれ無用だと考えている、と伝えてきた。声明は基本的には美辞麗句であり、友好の意向を示す表現であって、必要なのは具体的な合意内容だ、ということのようだった。もしそれがなかったとしても、両国のリーダーが会ってお互い親しくなるのは、それだけで良いことではないか。

この問題は置いておくことにした。会談に向けてしっかりと準備し、どのような提案を用意するか、我々のスタンスや公式の考えを検討した。

ジュネーブ――レーガンとの会談

会談は、〈アメリカの〉エリアと〈我々の〉エリアで順番に開くことで合意された。アメリカ側はスイス・ジュネーブの湖畔の別荘「フルール・ド・オー」を借り、我々は国連のソ連代表部の建物が滞在先となった。

私が車で近づいたとき、大統領がエレガントな服装で迎えに出てきて手を差し伸べた。その手を私が受け、今度はこちらから固く握り返したことを思い出す。我々はお互いを見つめ、何かがひらめいた。大丈夫、大丈夫、うまくいく——という直感だった。

しかし、最初の会談〔85年11月19日〕は困難なものだった。別室で、二人きりで話し合った。レーガンは文字どおり、激しい非難をぶつけてきた。人権侵害、全大陸における地域紛争へのソ連の介入、共産主義思想の他国への強要などだ。私は答えた。もちろん、私の返答の中には、レーガンの非難にもあったのと同様、極度にイデオロギー化されたものもあったし、反論もあった。ソ連を取り巻く米軍基地やアメリカの軍産複合体、わが国に対するプロパガンダ戦についての反論だった。

レーガンはなぜ、このような〈難癖をつけること〉から会話を始めたのだろうか。何年も後になって米国を訪れた際に、私は彼の息子のマイケル・レーガンと知り合った。彼はカリフォルニアに住み、父親と同じように保守派の、著名なラジオ司会者でありコメンテーターである。私たちは多くの聴衆の前へ一緒に登壇し、彼が質問して私がそれに答えた。マイケルは聴衆の前で、そして特に個人的な対話の中で、興味深い話をしてくれた。

彼はこう話した。父はいつも、〈共産主義〉や〈ソ連の侵略〉、〈抑圧された国民〉についてどう思っているのか、ソ連の指導者に対して率直にぶちまけたいと夢見ていた。会話の中で時々、どう訴えるのかのリハーサルさえしていた。アメリカ大統領というものは、交渉の場ではそれほど感情をあらわにしないものだと父は考えていた。父は〈心を和らげる〉必要があった。まさに父はそれを〈和らげた〉のだ。息子はそう振り返った。

実のところ、この最初の会談以降、レーガンは単に保守主義者であるだけでなく、〈本物の恐竜〉だと言える根拠があった。実際には、このような評価を私は当時、公には一切口にしなかった。一方、アメリカ側は〈ニューズウィーク〉にこうリークしたようだ。最初のゴルバチョフとの会談後、レーガンは彼を〈頑固なボリシェビキ〉と呼んだ、と。

もしこれに甘んじていれば、事態は悪くなっていたであろう。目下の責任を負っているという自覚が、重要な役割を果たしたのだと私は思う。二つの核大国の指導者が小言を言ったり関係を断ったりするために集ったのではない。レーガンもこれを理解していることを我々は期待した。そして、そう考える根拠はあった。

私がフランスを訪問した1985年10月、ミッテラン大統領はレーガンについて語ってくれた。まだレーガンとは一度も会ったことがない時期だった。ロナルド・レーガンとは〈相手になれる〉、共通の言語を見つけることができる、とミッテランは言った。もっとも、イデオロギー的には、ミッテランはレーガンから非常に遠いところにいたのだが。

レーガンについて興味深い話をしてくれたのは、もっと後の話だが、フランスのローラン・デュマ元外相もそうだった。〈あなたが政権に就いたすぐ後に、ヒューストン〔米テキサス州〕で外相会合が開かれた。私たちは座ってレーガンが来るのを待ちながら、こんな想像をしている。新しいソ連指導部に屈しないために、北大西洋ブロックの結束のために、政治的にもプロパガンダ的にも常時反撃できる規律と準備を高度に保つために、彼は長々と話をするだろうと。そこで突然、レーガンがこう言い始める。「いいですか。ゴルバチョフが現れました。彼は新しい世代の新しい人間です。我々は彼を助け、仲良くならなければならないと思います。私の状況判断は現実的だという気がします」と。私たちは予想外のことだったので茫然とした。そして、当然のことだが、大統領を支持した〉

そして、ジュネーブでの最初の会談はすでに、両国の激しい対立や意見の相違にもかかわらず、対話は実際には可能であるということを示していた。たとえそれが非常に困難でも、核兵器削減問題の協議が、交渉の初めのころは楽観を許さなかったとしても。

レーガンは戦略攻撃兵器とミサイル防衛に関して〈宿題〉を抱えていた。これらは彼がぜひとも第一に〈提起〉したい問題であり、それが交渉における米国の戦術だった。我々は特に新しいことは何も聞かされなかった。それは、攻撃兵器を大幅に削減すると同時に防衛システムへ移行するためのよく知られた論拠だった。大統領は核抑止論を方々に広めたが、それこそが軍拡競争を招き、人類に脅威をもたらすものだった。レーガンは、ソ連はＳＤＩ〔戦略防衛構想〕を不安視すべきではないと言った。彼は〈開かれた実験室〉というアイデアを提起し、技術が確立された暁にはソ連と共有するつもりだと最後に表明した。

私も、核抑止論の熱烈な支持者ではなかった。実際、平和を維持するために核兵器を当てにするのは、結局は危険なことである。これについてはマーガレット・サッチャー〔英首相〕とも論争した。〈核の銃〉はいつか、その所有者の悪意ではなく、偶発や技術的な故障で発射される可能性があると彼女に説いた。私には明らかだった。この危険が克服できるのは、迎撃ミサイル兵器を展開する道ではなく、核軍縮の目標へ進んでいくことにある、と。

〈戦略防衛構想〉の計画について、私はレーガン大統領にこう言った。我々はミサイル防衛システムの向こうに、第一撃を加えるための盾を築こうという意図を読み取っている。これに関して共通の議論と〈保証〉があれば、我々が判断を誤らせることはないだろう。ただそれは、米国は我々を信用していないという証しでしかない。なぜ我々は、あなたたちが我々を信じる以上に、あなたたちを信じなければならないのか――と。

SDIは軍拡競争の継続であり、たとえ領域は違っていても、いっそう危険度は増す。懐疑と不安は強まり、それぞれが今すぐ相手を追い越さなければと心配になるだろう。私はレーガンにこう言った。軍拡競争をやめて核兵器の保有を減らすための出口を探すよう提案したい。しかし、もし宇宙空間も含めてミサイル防衛を展開するなら、どう対抗するか、もはや選択の余地はない。我々には、原則的な構想として対抗策がすでにあることを伝えておきたい。それは実効性があり、低コストであり、もっと短期間に実行できるものだ――と。

行き詰まったかに見える状況で、どう振る舞うべきか。私はレーガンに注意を向けた。彼は場の空気を悪化させまいとしていた。会話が〈堂々巡り〉しているような状況でさえ、礼儀正しく友好的に振る舞おうとしていた。

会話は途絶え、沈黙は張りつめ、重苦しい……。その時、大統領が言った。

「一緒に少し歩きましょうか」

「グッドアイデアですね」と私は応じた。

私たちはテーブルを立ち、通訳を伴って内庭に出た。何かの建物の方へ向かった。そこはプール棟だった。客間――私たちが入った小さな部屋をそう呼べるとしたら――には、壁暖炉に火がともっていた。散歩と、新しい環境と、燃える薪のはぜる音が、緊張を取り払った。私たちがいすに腰を下ろした途端、レーガンはポケットから軍備管理についての提案を取り出し、手渡してきた。しかも、私が理解したところでは、協議のためではなく、採択のために交渉当事者に渡すマニュアルとしてのものだった。

これは、英語とロシア語で書かれた9項目のパッケージだった。その多くは、双方が何らかの形で審議したものの同意には至らなかったものだった。アメリカ側はこれらの提案をまさにひとつのパッケージとみなしていると、レーガンは強調した。

私は慌てることなく読み終え、そしてこう言った。ざっと読んだだけでも、我々にとって受け入れがたいものが目に飛び込んできた、何よりそのパッケージを受け入れることは、米国にＳＤＩ計画の継続を認めることになる――と。レーガンはうなずいた。〈だから我々は同意できない〉。これが私の答えだった。

火は赤々と燃え、部屋は暖かくて快適だった。しかし、正直に言えば、この対話からも雰囲気は良くならなかった。私たちは外に出た。暖炉にあたった後だったからか、熱い論争の後だったからか、外はとても寒く感じられた。すると突然、レーガンが私を米国に招待したいと言った。それに対して私は、レーガンをソ連に招待すると答えた。

「招待を受けましょう」と大統領は言った。

1985年11月のジュネーブ会談で、暖炉の前で語り合うレーガン米大統領（左）とゴルバチョフ・ソ連共産党書記長

「私もあなたの招待を受けます」
おそらくこの瞬間、〈ヒューマンファクター（人的要因）〉が働いたのだろう。私たち双方に直感が働いた。決裂してはならない、接触を続けなければならない。どこか意識の深いところで、合意の可能性への希望が芽生えた。

次の日は、ソ連代表団が招待する側となった。ホストとして、私はソ連代表部の入り口でレーガンを出迎えた。写真撮影のために立ち止まりながら、階段を上がった。明らかに、みんなの気分がいくらか変化し、お互いに〈順応する〉ことで自らを知ってもらえることになり、昨日の相互訪問についての合意も一定の望みを生んでいた。

再び大統領と二人きりになり、今度は人権の話になった。レーガンには自分の計算があった。一対一でこのテーマを協議することは、対立の形をとらずに対話ができるのではないかということだ。彼は、私がどんな反応をするかを事前に察し、それが同僚たちのいるところで起きてほしくなかったのだと思う。私は我々の立場を伝えた。米国は他国に自らの基準と生活スタイルを押しつけてはならない、と。

人権のテーマはその後、米国側によってほとんど最優先のものとなった。これは必ずしも時宜を得たものではなかった。要は、我々自身が社会改革の道を進んでいること、ペレストロイカとグラスノスチは多元主義や思想の自由、言論の自由を意味しているということに対し、米国側に理解がなかったように思える。私は、国に〈政治犯〉はいてはならないと確信していたし、それは間もなく、わが国の社会にも指導部にも理解されるようになった。だからこそ、レーガンが人権のテーマを強調することは、たとえそれがいつも二人きりの会話のときだけとはいえ、余計な行為であり、反発を招かないわけにはいかなかった。

レーガン大統領が何かよく分からない説教をし始めたと、私が感じた瞬間があった。彼の話を即座に止めた。私はこう言った。

「大統領閣下、私はあなたの話を遮ります。どうか私を許してください。でも、私たちのこれからの仕事をはっきりさせるために、いくつか言わせてほしい。分かっておいてもらいたいのは、あなたが先生ではないし、私が生徒ではない、ということです。あなたが検察官ではないし、私が被疑者でもない。あなたが判事ではないし、私が被告でもない。ですから、もしあなたが私に説教するつもりなら、それは受け入れられません。私たちは対等な関係でのみ事を運ぶことができます。あなたは強大な国の大統領であり、国家の長である私はあなたのパートナーです。もし対等にやっていく用意があるなら、あなたと遠くまで行けると確信しています。もし対等にやっていけないなら、私たちの会談は終わったと考えます。なぜなら、対等な立場でのみ、対話と協力は可能となるからです」

大統領は動じることなく反応した。

「私もその用意はできています」と彼は言った。「私は我々の立場を説明したいだけでした」

そして、対話は続いた。

ジョージ・シュルツ国務長官が、私たちの相互関係の雰囲気づくりに大いに貢献した。何年か経って、彼は私の補佐官の一人にこう語っている。

「米ソ関係には意見の相違や困難が伴っていましたが、我々があなた方ソ連側に尊敬の念を持って接していたということを、あなた方に感じ取ってほしいと願っていました」

これは、ソ連側の公邸で開かれた少人数の昼食会でも感じられた。ロナルドとナンシー・レーガン、私とライサ・マクシーモブナ〔ゴルバチョフ夫人〕、閣僚たちが参加していた。

私は乾杯の音頭を取った。

「大統領閣下、我々両国は世界を前に大きな責任を負っています。我々は疎遠になったり抗争したりすることは許されません。聖書の言葉を思い出してほしい。『天(あめ)が下のすべて事には季節があり、すべてのわざには時がある。生まるるに時があり、死ぬるに時があり、石を投げるに時があり、石を集めるに時がある』。私は、今こそ石を集める時が来たと思います。そのために乾杯しましょう」

レーガン夫妻もジョージ・シュルツも、ソ連共産党中央委員会書記長が聖書を引用したのには驚いたと思う。私は宗教者ではないが、これらの言葉は最もいい形で〈時代の要請〉を表現してくれているように思われた。乾杯の言葉は、この記憶に残る食事会のすべての参加者に支持された。

レーガンとシュルツ

米ソ関係でのジョージ・シュルツの貢献は非常に大きかったと言わなければならない。大統領に極めて忠実に接し、直接的な意味でも比喩的な意味でも大統領に〈アクセス〉できた。

すでに最初の会談から、レーガンは具体的内容に関わるのは好きではないと私は感じていた。1ページ半から2ページ、多くても3ページほどの量の情報が、彼のテーブルに置かれると聞いていた。もしそれ以上であったなら、資料は提出者に戻された。交渉に向けて彼には、大きなフォントでカードに印字された項目が用意された。いつものように彼はそれを使い、その先の会談でも、自らの立場を論ずる際に、これらの項目の枠から出ることはまれだった。

レーガンは、お互いがよく分かり合えるような政治一般の話を好んだ。シュルツやシェワルナゼらが加わる交渉の枠組みでは、交渉は極めて具体的な性格を帯びた。これらの協議では、外相たちは決して端役にはならなかった。シュルツが交渉の準備過程で、最大限の対ソ強硬路線を支持する面々との苦闘に耐えなければならないことを、我々は知っていた。これらの戦いのすべてに彼が勝ったわけではない。しかし、いつも建設的であろうと努めていた。

レーガンとシュルツは我々の論拠を理解した。共同声明なしに首脳会談を終わらせてはならない、問題認識や解決方法を双方が単に並べただけの〈並列的な〉声明にとどめてはならない、ということだった。これは何を意味しているのか。双方の代表者というものは、いわば〈自分の利益ばかりを考える〉ものだ。だからこそ、我々は共通の文書にこだわった。そうでなければ負けに終わってしまうと考えたからだ。もし、二つの超大国の指導者がこれほど長時間の交渉に臨んだ末に、意見交換と一方的な声明だけで散会したとしたら、もはや誰にも理解されないだろう。

文言の一致は難しかったものの、外交官や専門家が長時間取り組んだ結果、力強い共同文書に署名することができた。そこには重要なことがたくさん盛り込まれていた。たとえば、人道分野での協力、両国の若者の交流、航空路の再開など、両国関係にかかわるお互いの目標についてである。

しかし、最も重要なものは、二つの確認事項に含まれていた。〈核戦争は許されない、そこには勝者はいない。ソ連と米国は軍事的優位を志向しない〉ということである。

共同声明に署名する前に、私とロナルド・レーガンはお互いの手を握り合った。その写真は、〈ジュネーブの精神〉の誕生について語り始めた全世界の新聞雑誌に掲載された。

続いて、それぞれが短いスピーチをした。

私はこう述べた。信頼はすぐには打ち立てられず、それは困難なプロセスだ。我々は、米国は軍事的優位を志向しないという大統領の約束を高く評価した。この保証が現実に裏付けられることを期待する——と。

今度はレーガンが、政治対話は拡大され、様々なレベルで行われると語った。最高レベルで互いを訪問する合意も明らかにした。両国は二国間協力を発展させ、地域問題の調停も継続して拡大することを伝えた。

共同声明と、こうした最高レベルの接触自体が、大きな意義を持っていた。想像力と直感の人であるレーガンは、こう理解した。何か重要なことが起きた、これを発展させ、成長させることができる、と。

チャンスが訪れた、という感覚は我々にもあった。これを逃してはならない。我々のあらゆる議論、数々の訪問、考え抜かれた行為の効果が現れてきた。そして、何よりも核兵器の削減問題である。核戦争が無意味であると認められ、そのことが実際の政策に反映されれば、核兵器の競争も蓄積も改良も、無意味になっていくからだ。

1986年1月15日の声明

1986年1月15日、私は核兵器なき世界への行動計画を記した声明を発表した。それは具体的かつ段階的で、現実的なものだった。そこに盛り込まれたすべての提案は、所管している国家機関、何よりも軍総司令部の〈鍛錬〉を経てきたものだった。これは交渉のあらゆる方面で前進への道を切り開くものだと、我々は考えた。

西側では、声明はすぐには拒否されなかったが、西側のリーダーたちの反応には疑いの目があることや、我々の提案が黙殺されたりプロパガンダとみなされたりしているのがうかがえた。レーガン大統領はまるで〈ジュネーブの精神〉を忘れ、〈悪の帝国〉に対して激しい非難を再開したかのようだった。アメリカの艦船が黒海に姿を見せ、我々の領海に入った。これは、米ソ関係に進展の見通しが現れるたびに、その後も繰り返された。反撃を受けるまで我々の忍耐を試していたのだ。その最たるものは、ジュネーブで再開された核と宇宙の軍備に関する米ソ交渉が停滞すると同時に、軍備拡大の新たな計画が米国で検討され採用されたことだった。

私はそのとき、この〈不可解なこと〉についてあれこれ考えた。ジュネーブから戻ったばかりの、言ってみれば、あれほど多くの約束をした共同文書の署名のインクが乾ききっていないときに、突然こうしたあからさまな約束違反が起きたのである。まさかアメリカのあらゆる軍産複合体がレーガンに襲いかかっているのではないか、ジュネーブで大統領は〈ゴルバチョフに魅了されて屈した〉と決めつける顧問らがレーガンに圧力をかけているのではないか、レーガン自身があまりにも〈ソ連に譲歩〉しすぎたと怖じ気づいているのではないか、と。

レイキャビクの理念——会談への準備

１９８６年の夏、クリミアでの保養中に、休暇の中ごろだったか、レーガンから書簡が届いた。私には、対話は続いていると見せかけるための、とりつくろいの試みのように思えた。しかし、我々の外務省が用意した返答も、内容が薄く旧態依然としたものだった。

私は、そのときクリミアに一緒に来ていた補佐官のアナトリー・チェルニャエフと状況を検討した。私にはいっそう、約束とは違う行動論理を米国が我々に押しつけようとしているように思えた。これは、ジュネーブで始まったすべてのことと矛盾している。要は、人々の期待に反しているということだ。議論しながら、私は結論に達した。私の懸念を感じとれるように、大統領にはまったく異なる内容の手紙を書かなければならない、と。ジュネーブの核軍備交渉は現に行き詰まり、何も起きていないことを隠すための屏風（びょうぶ）と化していた。状況を検討して新たな刺激を与えるために、できる限り早く会わなければならない。それは、たとえばイギリスでもアイスランドでも可能だ。

すぐに私はシェワルナゼ、それからグロムイコ、ルイシコフ〔首相〕、リガチョフ〔中央委員会書記〕に電話して、自らの提案について話した。全員が私のアプローチに賛同した。米国大統領への書簡が準備され、すみやかに送られた。しばらくして返信が届いた。レーガンは会談に同意し、アイスランドのレイキャビク（両国から等距離にある）を選んだとあった。アイスランド政府と連絡をとり、同意の回答を取り付けた。続いて、新たな米ソ首脳会談についてのニュースが流れた。今度はレイキャビクで開催、と。

すべてが予想外の速さで進んだ。しかし、会談について合意するのは生半可なことではない。重要なのは、突破口を開く提案を持って会談に臨むことだ。同時に、率直に言えば、レーガンには、我々から譲歩をかすめ取るしかないという幻想を持ってほしくなかった。

レイキャビクへの準備が始まった。我々のスタンスを政治局で協議し、〈5人組〉に課題を出してレイキャビクへの特別準備チームを立ち上げた。シェワルナゼ、チェブリコフ（当時はKGB議長）、ザイコフ、アフロメーエフ元帥、チェルニャエフの5人だ。10月8日、詳細な協議を経て、政治局は米国大統領との交渉でのソ連代表団の方針を決めた。

最も重要な考えは、合意の図式を単純化することと、戦略兵器の3要素〔大陸間弾道ミサイル、潜水艦発射弾道ミサイル、戦略爆撃機〕すべてで50％削減を提案することだった。加えて我々は、米国が当初から〈最も不安定化をもたらす〉とみなしていた地上発射重ミサイルの50％削減も準備していた。すなわち、これら二つの中短距離ミサイルに関しても、ゼロ・オプション〔全廃〕を用意していた。

種類のミサイル〔短射程（５００〜１０００キロ未満）と中射程（１０００〜５５００キロ）〕を欧州で全廃するということだ。

しかし、攻撃兵器の競争はやめながら、ミサイル防衛分野で宇宙の軍備競争を始めてはならないとの考えに我々が立脚したのは当然のことだった。

いまとなっては誰もが覚えているわけではないだろう。アメリカ側が仕掛けた一連の〈スパイ・スキャンダル〉〔レイキャビク会談を前に、ソ連の国連職員がスパイ容疑で米国側に逮捕され、その報復措置として米国のジャーナリストがソ連側に逮捕される事件が起きた〕で、レイキャビク会談がほとんど流れかかったことを。その展開はドラマチックだった。

米ソの指導者が会って交渉の行き詰まりを打開することを、非常に好ましく思わない勢力がいた。国連総会のためニューヨークを訪れていたシェワルナゼ外相が数日間、シュルツ国務長官と交渉を持った。時折、すべてが壁にぶち当たったようにさえ思われた。しかし、結局このもつれはほどかれ、誰も〈面目を失わない〉よう難関は切り抜けられた。

レイキャビク会談――失敗か突破か

我々は１９８６年10月10日午後、アイスランドに到着した。車の窓から何を見たのだろうか。草木はまったくなく、岩石、そして石。30分ごとに雨が降る。ずっと雨雲が覆っている。太陽がのぞいてもすぐに隠れ、雨が来たと思えば、もうやんでいる。レイキャビクとは、ロシア語に訳せば〈煙でいっぱいの場所〉のような意味だ。実際、まるで煙か霧の中にいるようだ。しかし、煙のように見えていたものは、実際は間欠泉の蒸気だった。

次の日、最初の会談が行われた。どうやら、我々のプロトコル〔儀典〕担当の動きが鈍かったようだ。アイスランドの責任者は、交渉は極めて少人数で行われると思い込んだため、海辺の小さな建物――ホフディ・ハウス――を割り当てた。私は20年後にレイキャビクを訪れ、改めてその建物を見た。建物は好感の持てるものだが、やや小さくて、我々の交渉団には窮屈だった。私と大統領は小さい部屋で交渉を始め、他の交渉団メンバーはそばで待っていた。ある者は隣の部屋で、ある者はホールで、中には階段に居場所を求める者までいた。

一対一の会談で、私はロナルド・レーガンに対し、会談の提案に応じてくれたことを評価していると伝えた。それに応えて大統領は、我々の会談を終着駅ではなく、ワシントンへ至る中間の駅とみなしていると強調した（もちろん私は、1年前にジュネーブで米国訪問の招待を受けたことを覚えていた）。

我々の具体的提案を述べる段になって、私にはすぐに分かった。レーガンの手元には、会談のための命題を記したカード一式があるにもかかわらず、レーガンはシュルツ国務長官の助けを必要としていたのだ。外相を招きましょうと提案すると、レーガンは喜んで同意し、シェワルナゼとシュルツが加わることになった。

2日間、私と大統領は我々の提案について協議した。夜は、参謀総長のアフロメーエフ元帥とポール・ニッツェ米国大統領特別顧問をトップとする専門家たちが働いた。多くの点で合意することができた。戦略攻撃兵器の50％削減と、欧州での中距離ミサイル全廃案の基本構想について合意に至った。

プロパガンダのためではなく、真剣に、核兵器なき世界への展望を話し合った。

　しかし、多くの時間はミサイル防衛の協議に費やされた。全体の合意が崩れたのは、レーガン大統領がSDI〔戦略防衛構想〕の計画について私から同意を得ようとしたからだった。ここに、会談記録から私の発言を引用したい。〈核軍備の大幅な削減と廃棄をする時期に、10年間宇宙でのミサイル防衛システムを開発し、最終的にはSDIの計画を実現する権利を米国に与えるというなら、そのとき我々はどうやって攻撃核戦力を廃絶すればいいというのか〉。もちろん、私は同意できなかった。

　SDIには、ジャーナリストたちが「スター・ウォーズ」計画と名付けたように、荒唐無稽で実現し得ない、非現実的な点が多々あった。しかし、宇宙に関するわが国の研究を見ても、この計画には、我々に危険をもたらす恐れが具体的にありうることを示していた。もし軍拡競争が宇宙にまで広がったら――まさにこのような絵を、グローバルなSDIに魅せられた者たちがレーガンのために描いていた――、それはすべてをひっくり返してしまうだろう。こんなに苦労して陸・海・空の3要素それぞれの兵器システムに比較対照の基準が決められたことも、こんなに苦労して膠着状態から交渉を動かし、解決策を見つけるのに成功したことも。

　私はその時もその後も、しばしば考えた。アメリカのためにグローバルな迎撃ミサイルの盾をつくるという空想的なアイデアを、なぜロナルド・レーガンは信奉したのか。彼は素直だったのだと思う。米国を反撃から守る手段としてミサイル防衛を考えついたのは、彼本人ではない。レイキャビクでもその後でも、彼は私に、ミサイル防衛を、核兵器から世界を救うための手段とみなしていると語った。核兵器を認めていないという点で彼もまた誠実だったと、私は結論づけた。これは彼の個人的な信念だった。しかし、〈ソ連とミサイル防衛の技術を共有する〉という約束は、我々はもちろん信頼できなかった。これらすべてを、私は彼に言わなければならなかった。

最後の瞬間まで、我々はお互い自らの立場の正しさを納得させようと努めた。私は米国大統領にこう打ち明けた。

「もし私がモスクワに帰って、『核兵器の大幅削減と、10年間は弾道弾迎撃ミサイル〔ＡＢＭ〕制限条約から脱退しないことで合意したが、この期間の終わりには米国がミサイル防衛の展開準備ができるよう、我々は米国に宇宙でのＳＤＩ実験の権利を与えた』などと言えば、私は馬鹿で無責任な指導者だと呼ばれるでしょう」

レーガンは譲らなかった。

「私はもう一度、あなたに考え方を変えるようお願いしたい。私たちが平和の創造者として人々の前に出ていけるよう、私への厚意として、どうかお願いしたい」

そう、ロナルド・レーガンは平和の創造者として歴史に名を残したかったのだ。「合意できないまま別れるのは、とても残念です」と、別れ際に彼は私に言った。私は心の底から彼にこう言葉を返した。「こうなったことは私も非常に残念です。私は合意したかった。そのために、できるかぎりのことをやりました」

40分後には記者会見がある。レーガンは帰路に就くためケフラビークの軍事基地へと向かった。シュルツが軍事基地で記者団に対し、レイキャビク会談は失敗だったと発表した。そう私は知らされた。

もちろん、私も会談は決裂したと言うことができた。そうした場合よくあるように、すべての原因を相手方の米国に押しつけることもできた。しかし、〈ホフディ・ハウス〉から会見場所のホールへ400メートルほど歩いていく間に、これまで起きたことをよく考えてみた。そして、ある考えに私はとらわれた。我々は、戦略兵器でも中距離ミサイルでも、合意に達したではないか。これはすでに新しい局面だ。目先のプロパガンダ戦に勝つために、すべてを犠牲にしていいのか。心の声がささやいていた。カッとならず、すべてを把握しろと。最後まで考えを決めかねているうちに、私はプレスセンターの巨大なホールに着いてしまった。そこでは約千人の記者たちがソ連の交渉団を待っていた。私が姿を現すと、記者たちは立ち上がり、黙って立っている。この容赦のない、えてして冷笑的で、ずうずうしいマスコミが、私を黙って見つめていた。ホールには不安が立ちこめていた。私は深い動揺にとらわれ、おそらくそれ以上に、揺さぶられていた。私の前にいるこれらの人々の顔には、自らの運命の決定を待つ全人類が投影されているかのようだった。

この瞬間に私は、レイキャビクで何が起こり、これから我々がいかに行動すべきなのかについて、真の理解に達した。

記者会見での私の発言で最も重要な内容は、次のフレーズにある。〈あらゆる劇的局面にもかかわらず、レイキャビクは敗北ではなく、突破である。我々は初めて水平線の向こうをのぞき見たのだ〉

この確信は、次の日も次の週も、私の中で固まっていった。1986年10月14日の政治局会議で、何が起きたかを同僚たちに語った。ここに私の補佐官の手記がある。

〈我々の方針の第一と第二の項目、戦略兵器と中距離ミサイルについては、うまく了解し合えた。すでにこれだけでも、大きな経験を積んだことになる。我々は米大統領の難しい立場を理解し、彼が自由に決定できないことを理解した。そして、ミサイル防衛問題でレイキャビクを完全な成功に導けなかったことを悲劇にしなかった。大統領が、起きたことすべてをよく検討し、議会と相談すればいいと我々は考えた。そしておそらく、もうひとつの試みをしなくてはならない。我々をまだ隔てているものを乗り越える試みだ。我々は待つことができる。レイキャビクに持って行った我々の提案を取り下げることはない〉

〈落胆してはならない。レイキャビクは、我々がどこにいるのかを理解する最も重要な段階へと、我々を導いてくれた。合意は可能だと全員が確信している。レイキャビクから我々が得た結論は、対話の必要性はいっそう大きくなったということだ〉

レーガンには実際に圧力がかかった。核兵器なき世界をめざすという彼の声明も、その第一歩として戦略兵器の大幅削減に踏み出す用意も、〈欧州ミサイル〉を撤去して廃棄する用意も、これらすべてが米国や欧州で多くの人々を驚かせた。マーガレット・サッチャーが警告を鳴らし始めた。彼女にとって核兵器はほとんど〈信頼のシンボル〉だった。足元の米国共和党やレーガン大統領の取り巻きの中でも、けっして誰もがレーガンを理解したわけではなかった。〈大統領はそんなことは何も言わなかった〉という会話も広がった。我々は議事録の断片をメディアに公開する必要があった。

レーガン　私はお尋ねしたい。私たちが意味しているのは、これはとても良いことのように私も思いますが、10年後にはすべての核爆発装置をなくすということでしょうか。戦場装備の爆弾も、潜水艦装備や中距離の巡航ミサイルも含めて。

ゴルバチョフ　そうです。そう言ってもいいですし、これらすべての武器を列挙することもできます。

この問題で、どのような〈うなり声〉が米国で上がったかについて、シュルツ国務長官がウィーンでの会談でエドゥアルド・シェワルナゼに語った。

そして交渉は再び止まった。封鎖を解いてジュネーブやレイキャビクの路線に戻ることを可能にする一歩が必要だった。入念な検討の末、レイキャビクで表明されたパッケージを〈ほどく〉ことで打開をめざすという結論に至った。

「パッケージ」をほどこう

パッケージの問題、つまり中短距離ミサイルについての決定を別にできるか、あるいは戦略攻撃兵器、ミサイル防衛、中距離ミサイルをセットで決定する必要性にこだわるかについては、レイキャビク会談のためのスタンスを決める準備段階で、すでに協議していた。政治局は、交渉の過程に沿ってこの問題を決定する権利を私に残した。そのとき私は、よりいっそう厳しい選択肢を選ぶべきだと決めた。すべてをパッケージにするのだと。いまは、政治局で問題を協議して、我々はこのパッケージをほどくことを決めた。私はこれを1987年3月1日のテレビ演説で表明した。ソ連が忠実に軍縮を進めることを再確認しながら、我々は欧州の中距離ミサイルの問題を核軍備全体の文脈から切り離した。

ここには、軍事政策上のロジックと、交渉上のロジックがあった。前者は、とりわけ戦略攻撃兵器とミサイル防衛との間には相関関係が存在しているが、中距離ミサイルはむしろ〈補助的〉な意味を持つというものだ。後者は、レーガンが提案したゼロ・オプションをもとに個別の合意へ道を開きながら、我々がアメリカ大統領に歩み寄り、彼の国内政治での立場を身軽にしてやることだった。

ジョージ・シュルツがモスクワを訪問することで合意した。その目的は、交渉に動きを与え、私のワシントン訪問の〈方式〉を練り上げることだった。我々はパッケージをほどいたが、しかしこれは、戦略攻撃兵器とミサイル防衛の問題をずるずると引き延ばすことを意味しなかった。国務長官とは、米ソ両国がこの先どのように世界の中で生きていくかというような、より幅広い課題についても話したかった。シュルツは、そのようなスケールの大きい問題を話し合える人物だと私には思えた。

国務長官訪問の直前、新たなスキャンダルが持ち上がった。アメリカの新聞に、モスクワで建てられている米国大使館の盗聴器についての情報がリークされた。信じられないほどの騒ぎになった。アメリカ側は、諜報活動もしない、エージェントも雇わない、誰の話も盗聴しないような〈いい子〉なのかと思えた。どうしてこんな騒ぎが噴き出したのか、我々には明らかだった。重要な交渉の前に雰囲気を乱し、その内容を変え、ついでにシュルツ自身を、彼はどこに行くんだ、誰と会うんだとか言って、気まずい状態に置くことだ。

２日間、シュルツとその代表団は、シェワルナゼ、アナトリー・ドブルイニン〔党中央委員会国際部長〕、アフロメーエフと交渉した。仕事ははかどらず、わずかな進捗が垣間見られたのは中距離ミサイルに関してだけだった。そのほかのテーマは〈中ぶらりん〉になった。

これはもちろん、我々のクレムリンでの会談にも影を落とした。私は国務長官に言わなければならなかった。我々の関係には依然として、重大な問題の解決を邪魔しようとする露骨な信頼欠如が認められる、と。私は〈スパイマニア〉のテーマは取り上げないことにした。シュルツは、表向きだけでもこの問題に触れるよう指示を受けていたのは明らかだった。彼は、我々の諜報活動の〈度を過ぎた行為〉と〈無数の量〉の盗聴器について語り始めた。そしてすぐに、冗談とも真剣ともとれるようにこう続けた。

「私はあなた方の大臣に、我々の情報部門はソ連の情報機関がみせた手腕に感心させられたと言いました」

私はこう答えた。「もしそうだとしたら、おそらくこの分野で我々は協力できますね」

お互い笑った。しかし、もちろん、冗談ですませてはならない。だから私は国務長官に言った。

「政治家が顔を合わせて話し合うとき、いい子ぶる必要はないと思う。何のためにＣＩＡ〔米中央情報局〕がつくられ、何をやっているのか我々は知っています。あなた方は我々にスパイ活動をし、我々も行っている。さらに言うと、あなたが我々について多くのことを知っているということは、安定要素をもたらしさえします。お互いをよく知るほうが知らないよりましです。もし少ししか知らないと、必要な安定も信頼もなくなるだろうし、リスクの要素が生まれるでしょう」

私は続けた。「さてここで聞かせてほしい。我々はこの先何をすべきか。あなたの政権のように、状況改善のためにソ連と協力する可能性は、ここ10年、これまでのどの政権にもありませんでした。あなたがこの可能性を生かさなければ、時間は去ってしまいます。我々はすでに、いまの政権と合意することをよしとしました。なぜなら、我々とあなた方との間には一定の対話があり、個人的な関係があり、お互いに理解し合う一定の手段があります。合意への一歩を結局は可能にするような、正常な雰囲気を醸成することがとても大切だと我々は考えています。しかし、毎回、我々があなた方に歩み寄ろうとしても、あなた方はどうやって事をこじらせるか、どうやって合意の芽を摘むかしか考えていません」

残された時間は少ない。残された数カ月で、何らかの問題で合意に至るか、あるいは何もないのか。このように、会談の始まりは容易ではなかった。何時間か、我々と交渉団は、積もり積もった問題の山をかき分けた。すべてをかき分けることなどできなかった。戦略攻撃兵器では状況はさらに複雑化した。アメリカ側は再び、それぞれのミサイルのカテゴリーで、〈個別水準〉という巧妙なトリックへと話を持っていった〔米国側はＩＣＢＭ（大陸間弾道ミサイル）、ＳＬＢＭ（潜水艦発射弾道ミサイル）、戦略爆撃機の3要素で、それぞれ個別の上限を設けて減らすことを主張。ソ連側は各要素とも一律50％削減を主張した〕。これに関して、レイキャビクのワーキンググループの指導者たち——ポール・ニッツェとアフロメーエフ元帥——は論争した。ミサイル防衛に関しては何の進展もなかった。そもそも交渉の最初から、戦略攻撃兵器とミサイル防衛は相互に関連していると双方が認めていたというのに。言わなければならないときが来た。

「もし、あなた方が宇宙にミサイル防衛を展開するなら、我々は戦略攻撃兵器の50％削減にも同意できません」

国務長官は結局、ロナルド・レーガンの政府は〈三つの分野すべてで合意に達するという目標を支持する〉と確認した。すなわち、中距離ミサイル、戦略攻撃兵器とミサイル防衛だ。これは、彼の個人的な志向を反映していたと思う。もしジョージ・シュルツがいなかったら、ワシントン会談に向けての全行程を歩き通せたかどうかは分からない。その当時、ホワイトハウス指導部にいたコリン・パウエル〔1987年11月に国家安全保障問題担当大統領補佐官に就任〕の役割にも触れておきたい。彼は最終段階で交渉に加わった。

会談は核軍縮の問題だけに限られなかった。実り多く前向きな結果を得たのは、地域問題の協議だった。私はアメリカ側に、ウィンストン・チャーチルのフルトン演説〔1946年3月、英国の第61代首相を退任後のチャーチルが米ミズーリ州フルトンでの演説で、冷戦開始のシンボルとされる「鉄のカーテン」という言葉を使った〕や、トルーマン・ドクトリン〔米大統領ハリー・トルーマンによる共産圏への封じ込め政策〕といった古いステレオタイプに基づく政策を打ち立てないよう呼びかけた。そして、これにシュルツは共感したと私は感じた。

「あなたが触れた問題は非常に重要です」と彼は言った。「私はあなた方の誰かと、これらを協議したい。実際、我々は世界の中で強大な力を目にしています。それは、資本主義や社会主義、ソ連や米国に関係なく、成長し、発展しています。我々はこうした力の作用を感じ、世界情勢の変化に与える影響を感じています。この問題を協議することは、我々にも大いに役立つと思います。ここには、多くの潜在的な紛争がひそんでいます。我々は少なくとも、それらをうまく押しとどめて損失を最小限に抑えなければなりません。薬の山より、少しの病気予防の方がいい、ということに立脚しなければなりません」

私は答えた。「私がいつも強調するのは、国際関係に関わっている我々はみな、問題の解決策を模索しなければならないということです。しかし、この解決策は我々のものでも、あなた方のものでもない。それらは共通のものでしかありえません」

国務長官はこれに同意した。

全体的に、我々の対話は、双方が事前準備した枠内から大きくはみ出ていた。のちにジョージとは、モスクワやカリフォルニア、ヨーロッパで会う機会があった。私たちは、あのときの対話を何度も思い出した。あのとき私が感じていたのは、私の前にいる人物はリアリストの目を持ち、真剣に政治に向き合っているということだった。

そのとき我々はまだ、ワシントン訪問までに残された数カ月で、どれほどのでこぼこを乗り越えなければならないのか知らなかった。ひとつだけ例を挙げよう。夏になって我々は、米国が中距離ミサイル〈パーシングー1A〉の問題を〈圏外に置く〉と提案してきたのを知った。そのミサイルは、公式には西ドイツに属しているが、〈付け加えられた〉アメリカの核弾頭を搭載していた。ミサイルは古いし、〈我々のものではない〉ということらしい。が、西ドイツは1950年代半ばから何度も、核兵器拒否を公式に表明していたではないか。

ナンセンスな事態になった。ソ連と米国はミサイルの廃絶に合意しようとしているのに、このようなミサイルが欧州の、西ドイツのようなところに残されている。対話は再び緊迫した。あなた方に条約は必要なのか否か、と。8月になってコール首相は、これらのミサイルは廃棄されると表明した。この約束は別の手続きで進められ、約束は果たされた。

私の米国訪問の方式と、任期2期目の最後の年を迎えたレーガン大統領との会談の形式について合意が成立した。首脳会談では、中距離核戦力全廃条約が署名され、戦略攻撃兵器と宇宙に関する主要な立場で合意に至り、核実験制限の交渉に弾みをもたらすことが期待された。

ワシントン訪問——中距離核戦力全廃条約

1987年12月7日、わがイリューシン62旅客機はアンドルーズ空軍基地に着陸した。ワシントン訪問が始まり、その過程で歴史上初めて、現実的な核軍縮、すなわち中短二つのクラスの核ミサイルを全廃する条約が〔12月8日に〕署名された。この訪問に向けて、我々は苦労しながらも毅然として進んできた。私は、レーガン大統領が自ら示した〈ゼロ・オプション〔全廃〕〉から後退していない事実を評価した。なぜなら、多くの人がそれを、プロパガンダの策略と見ていたからだ。ソ連はどうせ受け入れないのだから、提案したっていいじゃないか、と。

その後、ジョージ・シュルツが語ったように、それが真剣な話し合いにまで進み、ソ連が自らの利益と世界の利益に立脚して、このクラスのミサイルをお互い廃棄する用意があると分かったとき、〈仕事を後ろに戻す〉ための口実を探し始める人が数多くいた。

「サッチャーは反対した。ミッテランは反対した。ヘンリー・キッシンジャーは反対した。ブレン

1987年12月の米国訪問。ホワイトハウスでの記者会見を前にレーガン大統領（左）と握手

ト・スコウクロフトは反対した」などと。

しかし、レーガンは自分の言葉に忠実だった。訪問への準備段階でも訪問の最中でも、レーガン自身が多くのことを考え、彼の周りに形づくられたステレオタイプを踏み越えてきたのだと思う。その先はすべて、この考えに基づいてシュルツが進めた。

この訪問で私は、ジョージ・ブッシュ副大統領とより深く知り合うこととなった。それまで彼と会ったのは1回だけだった。彼がチェルネンコの葬儀に米国代表団を率いてやって来たときだ。会話は非公式なものだったが、そのときの状況では話し相手の人柄をきちんとうかがい知ることはできなかった。しかし、今回は、記憶に残る二つのエピソードがあった。

ジョージ・ブッシュ——車中での会話

訪問の最終日〔12月10日〕、ホワイトハウスでのセレモニーの少し前に、ソ連大使館で副大統領との昼食会が設定された。これは一種の〈儀礼訪問〉で、会話は多分に一般的なものだった。副大統領は、今回の訪問の主人公はレーガン大統領だと理解していた。会談が終わった後、ブッシュは私に声をかけてきた。

「ホワイトハウスまで一緒に行きましょう」

私は反対しなかった。しかし、昼食会が始まる数分前、私にこう報告があった。文字どおり最後の局面で、条約に付加される議定書のひとつに問題が生じたというのだ。問題はテクニカルなものであっても、解決は必要だ。このような報告にも私は真剣に対応していたので、特別回線でドミトリー・

ヤゾフ国防相に電話することを決めた。私は副大統領に、こういう場合はおそらく待ってもらう必要があると伝えた。

「待ちましょう」とブッシュは答えた。

ヤゾフとの会話はそれほど短くはなかった。彼は技術的専門家たちと、合意の中身についても手続きについても協議する必要があった。私は急がせなかった。

やっとのことで、すべてが明らかになり、問題は解決した。私は補佐官に尋ねた。

「ところでブッシュは行ってしまいましたか」

「いいえ、随員たちは行きましたが、彼はＳＰ〔護衛〕と待っています」

この時間は30分か、それ以上だった。ブッシュは大使館1階の警備の小さな部屋で我慢強く待っていた。私が出てきたとき、彼は明らかにうれしそうだった。私は彼を自分の車に招いた。

目的地に向かう途中、私はにぎやかな場所で車列を止めるよう頼んだ。テーブルに着いたりベンチに座ったりして人々が集う場所だ。おそらく、お昼休みはまだ終わっていないようだった。私は車を出てアメリカの人たちに何か話しかけたくなった。率直に言おう。訪問のプログラムは、そうした可能性が総じて生じないようホスト側が調整していた。私の警護隊は驚いて不安げだったが、私はかまわず押し通した。ブッシュも驚いていた。私は通訳と一緒に車から降りた。

すぐに我々の周りの、カフェのテラスや建物のバルコニーには、気づくと何十人もの市民がいた。私はあとから、警護隊にとってあれは悪夢だったと言われた。私はアメリカの人たちにいくつか言葉をかけ、ワシントン会談について、条約についてどう思っているかを尋ねた。人々の反応から明らか

ジョージ・ブッシュ副大統領（当時）と車から降り、市民に手を振った＝1987年12月10日、ワシントンで

だった。彼らは我々両国の接近と、核兵器から世界を解放する第一歩を長い間待っていたのだ。並んで立っていたブッシュは、ほほえみ、会釈して、同胞たちにあいさつした。次の日、このエピソードをとらえた写真は、新聞やテレビで伝えられた。そしてその後、選挙キャンペーンのときには、他のメディアでも取り上げられた。

条約は署名された。そして、しとしと小雨の降る中、ホワイトハウスの庭でお別れの会と意見交換が行われた。私はロナルドと、ライサ・マクシーモブナはナンシー（彼女らは最初のうちはぎくしゃくしていたが、その後は相互に理解し合い、打ち解けた）と別れを告げた。訪問プログラムは終わりに近づいたが、まだ空港への見送りが残っている。プロトコルでは、副大統領が私に同行しなければならないことになっていた（おそらく彼の要望だろう）。再び、ジョージ・ブッシュが私の車に同乗した。

その後、私たちは何度も、この〈車中の会話〉を思い出した。それは、儀礼的な〈厚意の交換〉という枠を大きく超えていた。

「私たちはどうやら、両国関係の新しい段階に踏み出たようです」と私は言った。新しい可能性が目の前にある。それを最大限に生かさなければならない。

ブッシュはこのテーマを引き取った。

「その通りです。いま、そのための条件はそろっています。あなたは自ら、これを健全な形で進めてきました。選挙キャンペーンの一環で今日、私は生放送のテレビ番組『クエッションズ・アンド・アンサーズ』に出演して、わが国の奥地、中西部諸州の住民たちと話しました。あなたの訪問への反応

中距離核戦力（INF）全廃条約に署名するゴルバチョフ書記長とレーガン大統領＝1987年12月8日、ワシントン

は文字どおり、幸福の極みそのものでしたよ」

副大統領の頭の中は実際、選挙キャンペーンで占められていた。彼は自分の見立てを私に話した。

「これから数カ月、私は相当程度、選挙キャンペーンで忙しくなるでしょう。すべては3月半ばから末ごろに明らかになります。もし今のままいけば、世論調査によると、いい形で進みます。第1次選挙〔指名争い〕で大きく勝つことができて、共和党からの私の出馬は決まるでしょう。私は米ソ関係の改善に身を捧げます。もし当選したら、やり始めたことを続けます」

「もちろん、私たちにはあれこれと困難なことが起きるでしょう。でも、それは重要ではありません。かつてリチャード・ニクソンは、中国訪問を成し遂げる必要がありました。今回はロナルド・レーガンが、核兵器削減条約に署名し、批准を保証する必要がありました。これは保守派の役割です。アメリカにはレーガンより右はいません。レーガンより右は〈夢遊病者〉か社会のはみ出し者しかいません。広い範囲で条約は支持されています」

私はブッシュに答えた。「私はあなたが語ったことを高く評価し、どんな思いで語られたのか、その気持ちを尊重しています。もしあなたが国を率いることになれば、共同行動を続けていけると期待しています。あなたがこうした胸の内を打ち明けてくれて本当によかった」

交わされた言葉の意味を、私たち二人はかみしめた。その間に途切れていた会話は、再び始まった。「あなたの見方では、中ソ関係はどう発展し、中国の政策はどう進んでいくでしょうか」とブッシュが質問した。

「我々は分析の結果、確固たる結論に達しました。中国は常に独自の政策を遂行するでしょう」と私は言った。「そしてこれを我々は肯定的にとらえています。中華人民共和国との関係を発展させましょう。もちろん中国側は自分の利益を守り、我々も自分の利益を守ります。しかし、バランスを見つけることはできます。我々は中ソ関係に展望はあると考えています。これに際しては、米中関係に損害を与えるつもりはありません」

ブッシュの口から語られた返事は重要だった。

「私はあなたと同じ意見です。中ソ関係の発展が米国にとって脅威になるとは見ていません。よくこれについて質問を受けますが、いつも危険だとは見ていないと答えています」

実際、話題は真剣な相互理解へと及んだ。私はその相互理解をゆるぎないものにしたかった。私はこう言った。

「ソ連はアジアや太平洋地域で、米国の利益を含めて、どこの利益も損なうつもりはありません。あなたの国や西側にとってこの地域が持つ意義を我々は認めています。隠された意図は何もありません。この地域の国々と共に行動して協力を軌道に乗せたいという願望以外、何もなかったですし、今もありません」

「それは私の考えとも一致します」と言って、ブッシュはこのテーマを終えた。私たちはすでに空港へ到着していた。

この時のやりとりはその後、ブッシュが大統領に就任してから、私たちはしばしば引用した。米ソ関係が急激に転換するまさにその瞬間に、副大統領が吐露したこの告白を、私は高く評価した。そして、彼とは隠し事のない関係となり、その後は、最大限の責任を伴って信頼ある対話を行った。それは、我々両国にとって、世界の政治にとって、大きな意味を持っていたと思っている。

私たちが再会したのは、１９８８年12月にニューヨークの国連を訪れたときだった。彼はすでに当選を果たし、レーガン大統領は自らの使命を終えようとしていた。再会の場で私は、ブッシュ副大統領との車中での会話をよく覚えていて、あのとき私たちが熟慮を重ねた意義や、レーガン時代に始まったことを信頼して尊重する姿勢を高く評価していると述べた。ブッシュはそれに応えて、あのとき言ったことはいまも変わっていないと再確認した。

モスクワ会談への道

こうして、ロナルド・レーガンの2期目の大統領任期は終わりに近づいていた。大統領は自分の使命を、それが始まったときとはまったく違った形で終えようとしていた。彼は時折、共産主義嫌いの言い回しに自制がきかなくなったが、その必要も明らかに減っていた。アメリカの世論調査は、中距離核戦力〔INF〕全廃条約と新しい米ソ関係を非常に高く評価していた。条約反対派にできたのは、条約の批准を少し引き延ばしたことだけだった（反対投票したのは上院議員100人のうち5人という結果だった）。しかし、冷戦の遺物を解体するプロセスを急がなければならないと私は考えた。これに向けた最も現実的な一歩は、戦略攻撃兵器を50％削減する条約に署名することだった。レーガンもこれを望んでいることは分かっていた。彼のソ連訪問に向けた準備が始まった。

1988年2月末、モスクワにジョージ・シュルツがやって来た。この会談は私にとって重要だった。国務長官は、大統領が戦略攻撃兵器の条約を自らの任期中に、できればモスクワ訪問時に署名したい意向であることを確認した。しかし、すでに会談の際に、特にここ数カ月、国務長官も大統領も手を縛られているように私は感じていた。これは、何よりもミサイル防衛問題の協議で顕著だった。ワシントンで採択された共同声明で、ソ連側は戦略攻撃兵器とミサイル防衛との相互関連を確認し、弾道弾迎撃ミサイル〔ABM〕制限条約を〈それが署名され批准された形〉で忠実に履行することも確認した。この規定が戦略攻撃兵器の新しい条約にも反映されなければならない、と我々はこだわった。条約のテキスト自体はすでにかなりの段階まで、専門家の見立てによると95％まで用意されていた。しかし、何度も新しい障害が立ち現れた。一見テクニカルなものであっても、ワシントンで条約反対派が暗躍していたのは明らかだった。

シュルツは建設的な気持ちのように思えた。これは我々の2月の会談、とくに地域問題の対話の中でもうかがえた。国務長官は、アフガニスタンから部隊を撤退するという我々の声明を歓迎し、自分の側からは中東和平問題での協力を提案してきた。

「我々は、あなた方が納得してくれるのを待っています」と、私は国務長官に言った。「ソ連が参加しなければ、この問題の解決は難しい。ここでの私たちの協力は、おそらく実り多いものになると思います」

世界で起きている変化について、真剣な対話が交わされた。私はジョージ・シュルツの言葉に注意を向けた。

「我々には、未来を見通せる魔法のレンズはありません。でも、私は気づいています。世界では、あえて新思考と言いますが、それを求める傾向が強まっています。そして、もしこの新思考の精神で行動すれば、我々の利益も新しく見ることができる気がします。多くのものが、別の光の中に現れるでしょう」

〈新思考〉という言葉が初めて、レーガン政権の高官の口から発せられた。しかし、彼には非常に影響力のある論敵たちがいた。

これからの対ソ連政策をどうするのかをめぐって、米国で闘いが激しくなっていることは、その後の出来事からもうかがえた。最も重要な問題は、戦略兵器削減条約をモスクワで署名するかどうかだった。進展は垣間見えたが、一歩一歩が困難に直面し、前に進むのもやっとだった。5月になり、モスクワ会談では戦略兵器削減条約の署名はできないことが明らかになった。パラドックスだった。我々も条約には賛成で、レーガンも自分の大統領任期をこうした偉大な一歩で飾りたかった。シュルツもできることはすべてやった。しかし、新思考に反対する軍産複合体のロビーは、かつてドワイト・アイゼンハワー米大統領がその影響力について苦々しく語っていたが、いっそう強力になっていた。

それでも、ロナルド・レーガンのモスクワ訪問が儀礼的なものではなく、両国関係が新たな段階に入ったことを印象づけるものになるよう望んだ。米国大統領がここ14年で初めてわが国にやって来ること自体、重要なことだった。我々の関係の新しい雰囲気も、それに劣らず重要だった。我々はそれを確かなものにし、今回の訪問を、内容も豊富で、厳粛なものにもしたかった。

モスクワのレーガン

ロナルド・レーガンとナンシー・レーガンの大統領夫妻が、クレムリン大宮殿の大ホール、ゲオルギーの間に入ってきたときのことを、私は覚えている。そこで大統領の歓迎セレモニーが行われた。ホールの壮大さと豪華さに、二人が感動していたのは明らかだった。最初のあいさつの瞬間に醸された友好的な雰囲気が、訪問全体のトーンを決めた。

私たちの交渉の議事録はだいぶ前に公開されている。私は最初から大統領に対し、ホワイトハウスを去るまでの残された時間内に、戦略兵器削減条約に署名したいと言った。〈個別水準〉の問題で柔軟な対応を示す用意もある。しかし、それは合意を難しくするけれども、我々が開発を進めていた移動式ＩＣＢＭ〔大陸間弾道ミサイル〕に関する我々の立場に米国が同意するのと引き換えだった（その後、この問題はまさにそのように解決され、ブッシュ大統領との間で署名した条約で確定された。これはわが国の安全保障にとって重要だった）。化学兵器の禁止、核実験、通常兵器、監視の問題など他の課題でも、いくつかの前進があった。レーガン大統領と私は、中距離核戦力〔ＩＮＦ〕全廃条約の批准書を交換した。

しかし、それに劣らず重要な出来事が、交渉会場の外で起きた。我々は、レーガン大統領が一般の人々と交流するのをなんら妨げなかった。彼は人権活動家や反体制派との面会を望み、それに我々は反対しなかった。モスクワ国立大学の学生たちへのスピーチを希望し、我々がそれを企画した。クレムリンや米国大使館での公式な歓迎会は和やかな雰囲気に包まれた。私とレーガンがクレムリンの周りや赤の広場へ散歩に出たとき、何かとても重要な、決して形だけのものではなく、外交儀礼でもないことが起きているのが分かった。

散歩は30分以上に及んだ。私と大統領はクレムリンをゆっくり歩き、スパスキー門から赤の広場に出て、レーニン廟のそばを通り過ぎた。彼は、ロシアの歴史的中心である建築の観光名所に深い関心を示した。生き生きとして、いま起きていることに明らかに満足していた。ロナルド・レーガンは観光客たちに熱く迎えられ、彼はそれに応えた。むつまじく大声を交わし、自分から進んで会話に入っていった。誰かに抱っこされていた3歳ぐらいの男の子に、大統領が手を差し出し、カメラのシャッターが鳴り響いた。それから私たちは先へ歩き、クレムリンの敷地内に戻った。「大砲の皇帝」（よく知られているように、一度も発射されたことはない）に近寄った。ここには大勢の記者が集まっていた。そのうちの一人がレーガンにとても単純な質問をした。

「大統領閣下、あなたはいまでもソ連を悪の帝国と考えていますか」

レーガンははっきり答えた。

「ノー。それは、別の期間、別の時代のことでした」

次の日、彼はこうした評価を記者会見で再確認した。記者の一人はこう食い下がった。「何が起きたのですか、大統領閣下。何かを悟ったのですか、大統領閣下。この国をよく知ることができたのですか。これはあなた方二人のおかげでしょうか、あるいはゴルバチョフ氏だけのおかげでしょうか」。レーガンは答えた。「かなりの程度、これは指導者としてのゴルバチョフさんのおかげです。ここ（すなわちソ連）では、ペレストロイカの実現に力を注ぐ過程で変化が起きたと思われます。私がペレストロイカについて理解していることから判断すれば、多くの点で賛同できると思います」

これに関して我々は大喜びしたわけではなかった。結局のところ、我々は自分の国を悪の帝国と考えたことはなかった。しかし私は、このロナルド・レーガンの告白を、彼のモスクワ訪問の主要な成果に位置づけた。つまり彼は、レイキャビクで彼に〈ささやいた〉直感が間違っていなかったことを確信したのだ。それは、変わりつつあるソ連とは実際に〈仕事を一緒にするのは可能〉であり、その仕事、すなわち核戦争を回避することは絶望的ではない、という直感だった。従って、彼は心の中で、自分が正しい選択をしたと自らを祝福することができた。前日彼が私に、米大統領の後継者はこの選択に賛同する人物であることを祈っていると語ったのには、それなりの理由があったのだ。

ここでもうひとつ話しておきたいことがある。何年も経った後、元米国ソ連大使のジャック・マト

モスクワの赤の広場を散歩するゴルバチョフ書記長とレーガン米大統領（右）＝1988年5月31日

ロックが、レーガンから聞き取った〈口述〉のことを私に教えてくれた。ジュネーブでの最初の首脳会談に向けて準備をしていた1985年に、備忘録として記されたものだ。そこに、非常に重要なフレーズがひとつある。〈勝者や敗者についての会話はなしにしよう。そのような会話は我々を後戻りさせるだけだ〉。ロナルド・レーガンはその後も、この原則にのっとった行動をとっていた。そのことは認めなければならない。

国連演説

1988年11月、米国大統領にジョージ・H・W・ブッシュが選ばれた〔就任は89年1月〕。12月初め、私は国連総会で演説するためニューヨークを訪れた。この演説に向けて、私は多くの同志とともに、時間をかけて念入りに準備した。それは、我々の対外政策でも国際関係でも、新しいテーマを強調するものだった。

その中には、この先の国際情勢の改善に向けた一連の具体的提案が盛り込まれた。私は、次の2年間でソ連軍の兵力を50万人削減し、それに従って通常兵器も減らす決定を伝えた。1991年までに東ドイツ、チェコスロバキア、ハンガリーから六つの戦車師団を撤退・解体することでワルシャワ条約機構の同盟諸国と合意したことや、他のいくつかの方法で我々の攻撃能力を低減させることも伝えた。これらすべての提案は、参謀本部や他の国家機関と綿密に検討されたものだった。

しかし、肝心なことはそれだけではなかった。私は世界共同体に次のようなことを示そうと努めた。我々はみな、新しい歴史の時代に入っている。力の相関関係とその競争に基づいた古くて伝統的な国家間関係の根本原理は、共同創造と共同発展という新しい原則に道を譲らなければならない、と。

私は、自由選挙の原則を認めることや、様々な国が発展に向けて多様な選択肢を持つことの必要性について語った。国際関係での脱イデオロギー化とヒューマニズムの浸透を訴えた。すべての国が、まずは強大な国が、自制と、外部への武力適用を完全に控えることが求められていると語った。全人類の価値と利益についても述べた。

そのとき語った多くの理念は、時代遅れになっているどころか、今まさに新たな切実性を帯びていると私は確信している。

グローバル化について。〈世界経済は不可分の構造になりつつある。それに加わらなければ、どんな社会システムに属していても、どのような経済水準にあっても、正常に発展できる国などひとつもない〉

民主主義について。〈世界の多様性というものを認めるならば、高みから周囲を見下ろして「自前の」民主主義を教え込もうとする試みは成り立たない。言うまでもないが、「輸出用」の民主主義は、急速に価値を損なうことがしばしばある〉

グローバル支配の危機について。〈秩序なき無統制は行き詰まる。世界共同体は、文明を維持し、それをすべての人にとって安全なものとし、正常な生活にとってより最適なものにするようなプロセスを形成して整えることを学ばなければならない〉。さらに、〈現代の人類を苦しめている問題を、以前使われて役に立った手段や方法で解決できると考えるのは、もはや愚かだろう〉

多極化について。〈すべての世界秩序を民主化する理念は、力強い社会政治的なエネルギーへと変

わった〉

ヨーロッパ安全保障の新たな構築について。〈ヘルシンキ・プロセスは偉大なプロセスだ。それを維持し、あらゆる見地から、しかし新しい状況を考慮して深めていく必要がある〉

今日私は、これらの考え方をひとつとして拒否しない。

私の演説を聴いたジョージ・シュルツがこのように言ったと記録されている。〈これは冷戦の終結だ〉と。

冷戦の終結は、ひとつの場面の出来事ではなかったと思う。そしてもちろん、冷戦終結とソ連崩壊がイコールだとみなす人は正しくない。対立を解消して軍拡競争を止めるプロセスは決して短くはなく、そして読者もすでに分かっているように、困難であり、劇的な場面や成功や失望に満ちていた。米国や西側との新しい関係はほどなく、大きな試練に直面した。

ガバナーズ島での会談

私のニューヨーク訪問は劇的な局面で行われた。私の国連演説の少し前になって、アルメニア地震の知らせが入った。演説の後、ロナルド・レーガンと米国大統領に選ばれたジョージ・ブッシュに会いに行く途中で、地震の規模についてモスクワから情報が入っていると聞かされた。私は車列を止めるよう頼み、直通電話のある車に移った。ルイシコフ首相は私に、地震規模の巨大さと、甚大な人的被害について語った。悲劇だ……。私はすぐに決めた。外遊を切り上げ、キューバと英国への訪問は取りやめなければならない。しかしもちろん、二人の大統領との面会は必要だった。我々はガバナーズ島へ向かった。イースト川の河口の、ニューヨークの中心から渡し船で15分のところに位置する小さな島だ。

そこで行われた会談は、内容の充実した、真剣で前向きなものだった。アメリカ側の主役はレーガンだった。もっとも、アメリカの新聞の認定では、彼はすでに指導者の舞台から去る〈レームダック〉だったが。ブッシュは機転を利かせて、忠実な副大統領の役割を意識して演じていた。会談は心地よい印象を残した。新しい米国大統領とさらにこの先、目標を据えた道を進んでいくことが期待できた。

レーガンは船の渡し場まで私を送ってくれた。

時が経って、ジョージ・シュルツとモスクワで会談した際、彼にこう尋ねたことがある。あのとき、もしレーガンが大統領ではなかったら、このような進展、具体的には核軍縮の初めての合意はあっただろうかと。

シュルツは少し考えて、こう答えた。

「おそらくノーでしょう。ソ連への不信感はあなたの行動のおかげで克服できましたが、ロナルド・レーガンのような保守政治家があなたに手を貸したからでもあります。この分野では、彼の右に出る者はいませんでした。もし彼ではなかったら、中距離核戦力全廃条約は上院で批准できなかったでしょう」

ジョージ・シュルツやロナルド・レーガンとはその後も何度か会った。1990年夏、私が米国を訪問したときの会談を覚えている。ロナルドとナンシーは、ロサンゼルス郊外にある自分の農場から、サンフランシスコのソ連総領事館までやってきた。そこは、米国西海岸を訪問する際の我々の拠点になっていた。私たちは、街と入り江が一望できる部屋に陣取った。私はロナルドと、ライサはナンシーと話した。前大統領の質問や返答から、彼が世界で起きていることに精通し、ソ連での事態の成り行きを見守っていると私は感じた。重要なのは、彼の心からの関心と好意的な態度を私が感じとれたことだった。そして、私がすでにソ連大統領を退任した後、1992年に前アメリカ大統領の農場を訪れたときは、私たちの会談は友情あふれる雰囲気に包まれた。レーガンは広大な敷地を車で案内し（すでに彼はそれほど上手には運転できなかったので、隣に座った警護官が細心の注意を払わなければならなかったことを記しておく）、我々に友人たちを紹介してくれた。主に映画界や実業界の人々、資産家のアメリカ人たちだった。

1994年8月、我々はレーガンの病を知った。この悲しい知らせは彼自身が伝えてきた。

〈私は最近、アルツハイマー病を患う数百万人のアメリカ人の一人だと言われました。私はいま、人生の終わりへ私を導く旅を始めます。ありがとう、わが友よ。あなた方に神の祝福がありますように〉

私は彼に手紙を書いた。とてもプライベートなものなので、ここでは引用しない。2004年6月、レーガンはこの世を去った。ロシアのウラジーミル・プーチン大統領から私は、ユーリー・ウシャコフ駐米大使と一緒にわが国を代表して葬儀に参列するよう頼まれた。お別れの会は米国議会議事堂のロタンダ〔円形広間〕で営まれた。私は閉じられたひつぎに近寄り、その蓋に手を置き、しばらくたたずんだ。

しかし、これらすべては後に起こったことだ。あのとき私は思った。私たちは一緒に境界を乗り越えた。さらに先へ進まなければならない、と。

第3章　ベルリンの壁崩壊

1989年

1989年は、ペレストロイカの歴史と世界政治、民主化へ向かう多くの国々の歴史にとって、最も重要な転換の年となった。これを前もって予測できたであろうか。もちろん、まったくノーだ。しかし、国内発展と国際関係との相互連関は事実であり、当時それは、いわば感覚で分かる現実になっていた。

まさにそのとき、わが国で政治改革が始まり、急ピッチで進んだ。それがどう企てられたのか、改革の本質を簡潔に性格付けするならば、それは、権力を独占していた共産党の手から、憲法で権力が本来備わっている人々、すなわち人民代議員の自由選挙を経たソビエト〔政治権力機関〕の手へ政権を委譲することだったと言える。明らかにこれは、困難に満ちた、まったく予見不可能な政治的オペレーションであり、大いに痛みを伴うものであった。特にやっかいだったのは、党のノーメンクラトゥーラ〔党幹部や上級官僚らの特権階級。党機関が持つ任命職一覧表の意味から来ている〕の層にとって、いわば〈致命的結果〉を伴っていたことだった。

国の歴史で初めて、自由で民主的な選挙が人民代議員大会で実施された。そこで新しいソ連最高会議を選出しなければならなかった。選挙キャンペーンの過程で、我々がまったく未知の状況に置かれていることが分かった。つらいことや、事前にうかがい知れないことが数多く表面化した。選挙は新たな現実を反映していた。ソ連共産党は命を絶たれても、党のノーメンクラトゥーラが改革のブレーキになっていることが明らかになった。

指導部メンバーの中では、これらすべてが、いらだちと不安、パニックのような気分を呼び起こした。私にとって重要なことは別のところにあった。社会を目覚めさせ、我々がペレストロイカを進める中で勝ち取ったことを実行すること、すなわち国民を政治に関与させることに成功したのだ。自由な選挙によって、数多くの興味深い人たちが頭角を現し、我々がうまくつかめていなかった社会的な各階層の動向が目に見えるようになった。

逆説的だったのは、選ばれた代議員のうちソ連共産党員が85%を占めたものの（最高会議の旧構成では共産党員はほぼ半数だった）、少なくとも党の高い地位にある指導層は選挙結果を敗北と受け止めたことだった。

選挙の直後に、我々は政治局会議を開いた。1989年3月28日だった。大半が意気消沈し、失敗だったという気分が漂っていた。私はこうした気分とは反対に、今回の選挙は、我々が事前に決めた政治改革を実現する中で最も偉大な一歩だと評価した。選挙を通して社会は新たなレベルへと踏み出し、憲法の規定と政治の実践との間の断絶が取り除かれると私は述べた。政権は完全な形で合法性を持った。それ自体が大きな達成なのだ。

そう言いながらも、こうした評価に同志たちが少しも賛成していないと私は感じていた。様々な意見が出され、両極端の意見さえあった。

リガチョフ　主要な原因は、党の歴史や党の仕事に対してマスコミがどのような立場をとったかにある。

ヤコブレフ　実際のところ、国民は停滞と指揮行政システムに反対票を投じたのだ。

議論をまとめながら、私はこう言った。いまは地道な行動によって権威を勝ち取らねばならない、どんなに〈口封じ〉をしても権威は得られない、と。ペレストロイカには防御が必要であることを選挙は示していた。しかし、ペレストロイカを守るには、それを深化させ、発展させるしかない。

正直なところ私は、明るみに出てきた党の〈体調不良〉が不治の病に変わっていくつらさを味わった。ペレストロイカの提唱者であり、我々の社会の民主化を人生の最優先事項とみなしていた私は、同時にソ連共産党書記長として、党がこのプロセスを率い、その抵抗勢力にならないことを心から望んだ。

しかし、党の中でのペレストロイカは、民主化へ向かう国の動きからは著しく取り残されたのが現実だった。

１９８９年４月のソ連共産党中央委員会総会で、党のノーメンクラトゥーラの不安な気持ちがむき出しになった。もちろん、先の選挙が、直接的にも間接的にも演説のテーマとなった。党にとっても自分個人にとっても選挙結果は失望だったと述べるだけの人たちもいれば、明らかに非難的なトーンで、指導部は民主化の実験によって〈これほどまでの醜態をさらした〉と語る人たちもいた。

しかし、後退する道はなかった。今後は、ソ連共産党大会ではなく、人民代議員大会が国の命運を決める主要な政治フォーラムとなったのだ。これは急カーブであり、その後には古い権力構造の段階的な変化が続くはずの、本当の「スメーナ・ベフ」〔政治的イデオロギーなどの思い切った転換〕だった。

初の人民代議員大会

第1回人民代議員大会は1989年5月25日に開幕した。まさに冒頭から、多くのことがこれまでと違っているのは一目瞭然だった。政治局メンバーは議長団にではなく、他の人民代議員たちの中に座っている。議員資格を得られなかった面々は、一般人として来賓の中にいた。大会は、上から用意されたシナリオはなく、荒れに荒れた。

反対派が形成され始めた。そこにはいろいろな人たちがいた。ソ連科学アカデミー会員のサハロフのように、複数政党制への移行を急ぐべきだと考え、それを変化が後戻りしないための担保と見ていた人たちもいれば、結果を考えずに〈騒ぎ立てる〉だけの人たちもいた。

生まれ出た反対派のリーダーのひとり、最近すっかり〈原理主義的な〉党の理論家となったユーリー・アファナシエフは、大会の代議員たちを非難した。彼らが〈ものすごく従順な大多数〉をつくりあげ、〈スターリン―ブレジネフ的な最高会議〉を選んだ、と。そして、まもなく民主的自由と人権の法律を採決し、スターリンの弾圧を断罪し、議論のためだけでなく国の将来を占う最重要決定をするためのフォーラムとなるソ連最高会議〔ペレストロイカの一環として、1989年に大幅に改革された。定数2250人の人民代議員大会の常設機関として、最高会議（定数542人）が選出される形になった〕についても、彼は同様に非難した。

私は、社会の一部が他者を強制する方法ではなく、基本的な政治社会勢力に受け入れ可能な妥協を探る方法で改革を進める原則こそ、重要だと考えた。

そのとき、ペレストロイカを本格的にしっかり前へ進めるために必要な前提条件が形づくられたと思う。しかし、認めなければならないのは、新しい権力と統治の機構の形成よりも、解体プロセスの方が先んじていたことだ。急進的民主化を掲げる反対派は、反動勢力に対してよりも、むしろ中道や穏健主義に闘いの矛先を向け、恥知らずなポピュリズムや愛国主義をあおる方法で組織的に政権の土台を壊し始めた。

私には、相反する感覚があった。ひとつは、無条件な満足だ。改革は〈進み〉、新しい議会ができ、これは党の独裁の通過儀礼ではなく、国民に選ばれた代表たちの本物の議会となったからだ。もうひとつは、度を過ぎた急進派のクレーム、その激しい圧力、すべてをすぐに手に入れようとする欲求への警戒心だった。

そのときも、猛烈な〈暴風雨〉だった最後の数カ月も、私にはひとつ明らかだったことがある。民主主義の手法がどんなに困難でも、前に進み続けなければならないということだ。急進的な民主主義勢力の側からも反動勢力の側からも危険を見定めながら、巧みに行動しなければならなかった。しかし、目的は常に、民主主義のプロセスを維持することだった。そして、失敗はいろいろあったにもかかわらず、この目的は達成された。それゆえ、ペレストロイカは世界の中で、民主的改革の呼び水となった。何よりも、我々の隣の中東欧の国々がそうだった。

ブッシュ——「熟慮のための中休み」

1988年12月から89年1月初めにかけ、アメリカのメディアのニュースで明らかになったのは、ジョージ・ブッシュ政権には、すぐに我々と真剣に仕事に取り組む用意がないということだった。新しい大統領のもくろみの〈ずるい〉言い回し、すなわち〈熟慮のための中休み〉〈戦略的展望〉〈全体の再評価〉の背後には何があるのか。新政府の自立性や、同じ共和党の前任者からの独立性を示したいという願望なのか。〈周りを見回して自分の位置を決める〉必要性なのか。ブッシュの取り巻きの中にリアルな対立と意見の不一致があるのか。実際には、あれもこれもあったのだと思う。

ガバナーズ島で、新たに選ばれた大統領に私は言った。実際に関係改善の路線を継承するという話で進むなら、問題の総体を分析したいという彼の側近の意向には理解を持って接する用意がある、と。ブッシュは正式就任する少し前、モスクワを訪れたヘンリー・キッシンジャーに託して、私に書簡を送ってきた。そこにはこう書かれていた。〈我々の目的は、しっかりした、首尾一貫したアメリカのアプローチを築くことです。いかなる場合も、ここ1、2年で際立ってきた前向きなプロセスを、停滞させたり後退させたりしようという話にはなりません〉。そうか、悪くない。私は他の命題にも注意を向けた。〈重要なのは、軍備制限分野での詳細な提案内容をもとに、特にあなたと私の間の対話を活発にし、私たちが志向しなければならない、より広い政治的関係の問題について協議に入ること

だと思います〉

就任式の日から2日をはさんだ1月23日、大統領は私に電話をかけてきた。彼は〈私たちの関係を前進させたい〉との意向を述べ、両国関係の将来について楽観的に語った。しかし、その後の数カ月、これらの楽観的な言葉の確認はなされなかった。エドゥアルド・シェワルナゼと新しいジェームズ・ベーカー国務長官との会談は3月半ばに行われ、和やかな雰囲気で進んだ。しかし、積み重なった問題と疑念への回答はなかった。なぜ政府は待ちの姿勢なのか。米国からのシグナルはいろいろ入ってきた。それぞれのルートから情報が入った。いわゆる対ソ強硬路線を支持する勢力の活動が活発化している、というものだった。

マーガレット・サッチャー

西欧の米国の同盟国と接触する中で、私は、これから時間を無駄にしてはだめだ、仕事に取りかからなければならないと説いた。1989年4月の英国訪問の際に、これについてマーガレット・サッチャーに正直に話した。彼女とは独自のつきあいがあったので、余計な外交条件なしに接することができた。

サッチャーは、私がソ連の最高ポストに就く前から接触のあった西側で初めての指導者だった。いまこそ、当時の会談を振り返り、この傑出した人物を評価するときだと思う。

サッチャーは、その言葉が大きな重みを持つ政治家だった。私がそれを知ったのは、1984年〔当時のゴルバチョフはソ連共産党中央委員会第二書記。ソ連議会代表団の団長として訪英した〕に彼女と

英国公式訪問で手を振るゴルバチョフ夫妻。右端はサッチャー英首相＝1989年4月6日

の会談に向けて準備をしているときだった。これは、相互理解を模索するという困難な作業の第一歩だった。チェッカーズ〔英国首相の公式別荘〕で催された昼食会での初会談は、はじめから非常に険しく、ほとんど決裂寸前だった。テーブルの向かい側に座っていたライサ・マクシーモブナ〔ゴルバチョフ夫人〕は、この場の話を耐え忍んでいた。私は場をほぐそうと決めた。私たちはお互いに顔を背け合うほどだった。

「私はあなたが、信念の人、決められた原則や価値観に忠実な人だと知っています」と、私は〈鉄の女〉に言った。「これは尊敬に値します。しかし、あなたが念頭に置かなければならないのは、隣にまったく同様な人物が座っているということです。言っておきますが、私は政治局からあなたが共産党に入るよう説得せよという指令は受けていません」

サッチャーは笑い出し、場は収まった。まともな会話ができる状態になった。

この後も会談の機会が多々あり、数多くの論争があった。しばしば私たちは意見が分かれた。すでに述べたことだが、彼女はレイキャビクにも、核兵器なき世界についてのロナルド・レーガンとの会談にも、中距離核戦力全廃条約にも、非常に驚いていた。

「もう一回レイキャビクのようなことがあったら、我々は耐えられません」と彼女は言った。

私は尋ねた。

「核の火薬の樽に座っていて、あなたは本当に大丈夫なのですか」

これこそ、私たちの意見の不一致の中で最も深刻な項目だったと思う。核兵器のない英国は世界の中で従属的な状態に置かれると考え、〈鉄の女〉は決してそれに甘んじたくなかったのだろう。

なぜ私たちが、結局は相互理解に達することができたのか。それは、次第に人間関係が形づくられて信頼が生まれたからでもあると思う。〈ゴルバチョフとは仕事ができる〉。この彼女の言葉は私たちの初会談の後、全世界のメディアで伝えられた。彼女はその言葉を何度も繰り返し、守り抜いた。

非常に重要なのは、サッチャーは決して我々の意図を疑わず、ペレストロイカとは〈西側の警戒心を鈍らせる試みだ〉などと主張する人々に反論したことだ。彼女はこれをロナルド・レーガンにも、他の同僚たちにも語った。これが、敵対から協調へと変わる転換点で役割を果たしたのだろうか。私は、かなり重要な役割を果たしたと思う。マーガレット・サッチャーは信念の人であり、説得させる能力を持った人だったからだ。彼女は政治的対話も世間話もうまくこなせたし、話し相手へのアプローチもうまく見つけることができた。

彼女にはもちろん、強力なイデオロギー的〈傾向〉があった。サッチャーは自由な資本主義市場、経済政策での通貨市場主義の熱烈な支持者だった。しかし、我々は注意深く彼女の動きを追いながら、現実の政治では彼女は余計な急進主義を排し、極めて慎重に事を進めるのを見ていた。そして、対外政策では彼女はリアリストだった。

ペレストロイカの危機的な段階で、わが国の改革を支持する現実的行動についての問題が提起されたとき、まさにマーガレット・サッチャーこそが、ロンドンでの〈G7〉会議〔主要7カ国首脳会議〕に我々を参加させる考えを積極的に推し進め、この会議の準備のために尽力してくれた。しかし、会議が開かれた1991年7月、彼女はすでに首相ではなかった。その8カ月前、英国の保守党指導部は、彼女を解任する決定をしたのだ。

このとき、サッチャーはパリにいた。私たちはともに、欧州安全保障協力会議〔CSCE〕のパリ首脳会議に参加していた。プレス向けの声明や私との会話の中で、彼女は屈するつもりはないと意思表示した。戻って思い知らせてやる、と言って。しかし、ロンドンへ戻った後、彼女は辞任を表明した。90年11月末、彼女は私に〈お別れの〉手紙を送ってきた。

〈親愛なる大統領閣下！〔ゴルバチョフは1990年3月にソ連の初代大統領に就任〕

おそらく、この手紙が届いているころには、ダウニング街10番地〔首相官邸〕で今朝出された表明をお聞きになっていることでしょう。保守党の国会議員団が、新しい党首を選ぶための必要な準備を終え次第、後任に道を譲って首相のポストを辞するという私の決定についてです。もちろん、私の後継者が決まるまでは、政府の長にとどまります。

私たちの間に築かれたすばらしい協力関係に対し、そして、私とあなたが職務に就いて多くのことを成し遂げたこの期間、ずっとあなたが示してくれた厚い友情に対し、私は感謝を申し上げたい。私は心から、あなたの将来のご多幸をお祈りしています。私の後継者も私と同様、両国関係に最も大きな重要性を与えることを私は承知しています。

パリで私たちの最後の会談ができたことをうれしく思っています。そして、あなたが導いている偉大な改革が実現し、成功することを衷心より祈っています。私たちはこれまでと同様、最大限の関心を持ってあなたの成功を見守ります。

デニス〔夫〕と私は、あなたとライサ・マクシーモブナへ、温かい思いを込めて、心よりお幸せをお祈りいたします。敬具　マーガレット・サッチャー〉

ロンドンで〈G7〉首脳との会談が終わった後、マーガレット・サッチャーはソ連大使館にやって来た。そのときの会話は私の記憶に残っている。

サッチャーは言った。〈G7〉との会談が成立したのは、もちろんいいことだ。実際、ここ数日、あなたの存在と、ソ連を世界経済に組み込むテーマに焦点が当てられてきた。いまやもう、ソ連は改革の道を後戻りせず、これらの改革は国民に支持され、西側からの支持に値すると認められている——と。しかし、ここで彼女は感情をあらわにした。

「なぜ、〈G7〉の指導者たちは、こうした支持の具体的で実践的な方法にまで踏み込まないのですか。どこに具体的な行動があるのですか。彼らはあなたを嫌な目に遭わせました。でも、彼らがもし支持や協力を表明したのなら、それに飛びつくべきです。それらを〈取り逃がさ〉ないで、具体的なことを要求してください」

非常事態国家委員会のクーデター〔ソ連の各共和国の権限を拡大する新連邦条約締結の直前だった1991年8月18日、非常事態国家委員会を称するゲンナジー・ヤナーエフ副大統領ら保守派グループが権力奪取を試みて起こしたクーデター。クリミアで休暇中のゴルバチョフは3日間軟禁された〕は我々のプランを台無しにし、ペレストロイカはまもなく中断した。面白いことに、いつも自由市場への信頼を表明していたサッチャーは、ソ連崩壊の後に急進改革派がとった手段、いわゆる〈ショック療法〉を懐疑的に見ていた。

私は彼女とその後も何度か会い、あれこれと議論し、再び論争した。しかし、我々の政治家世代には、冷戦を終わらせるという最も重要なミッションがあり、私たちはそのミッションを成し遂げたという点で、いつも一致した。

おそらく、私が交流したすべてのリーダーの中で、マーガレットが最も純粋な人間味ある個性で際立っていた。それは、私たちが2005年に最後に会ったときにうかがえた。彼女の80歳の誕生日を祝うため、私は娘のイリーナと米国に向かう途中でロンドンに滞在したときだ。ロンドン中心部にある彼女の小さなオフィスで会った。我々の長年の補佐官であるパーベル・パラシチェンコとチャールズ・パウエルだけが同席した。

イリーナがマーガレットにお土産を手渡した。薄い陶器の美しいお皿だった。サッチャー男爵夫人は、これが数日前に迎えた誕生日のプレゼントだとすぐには気づかなかったらしく、不思議そうな顔でパウエルの方を見ていた。でも、数分後にはもう、私たちの話はにぎやかに盛り上がっていた。マーガレットは質問をし、世界で起きていることについてコメントした。何人かの国家リーダーがやり玉に挙がった。そして突然、彼女はこう言った。

「ミハイル、いま起きていることを見ていて、もう一度かじ取りをしたいと思わないの?」

私は、時が過ぎ、新世代が訪れて、すべてがうまくいっているわけではないが、彼らにチャンスを与えなくてはならないと答えた。

「私なら、かじ取りするのに!」と彼女は声をあげた。

モスクワのジェームズ・ベーカー――真剣な会話

1989年の出来事に戻ろう。5月半ば、モスクワにベーカー国務長官が到着した。これに先だって、ブッシュ大統領からシグナルがあった。新政権による〈戦略的展望〉の作業は完了し、ベーカーは二国間関係、軍縮、地域問題、両国のグローバルな相互協力など、あらゆる領域について真剣な話し合いの準備をしている、というものだった。

ベーカーが携えてきた米国大統領の親書は、十分に前向きなものだった。しかし、親書には、〈強硬派〉の影響をうかがわせる表現の痕跡、はっきり言えば、政権の軍国主義的な一派の痕跡があった。大統領はこう書いていた。もし〈より強力なソ連が、より果敢に軍事力を発揮するようになる〉ならば、米国では懸念を呼ぶだろう、と。ソ連指導部に圧力を加え、ソ連とは不信と軍事競争で張り合う

という アプローチの支持者たちの手が、その後も一度ならず感じられた。しかし、我々は相互理解を志向し、対米関係をあらゆる方面でどう動かすかを模索する考えだった。

私とベーカーは約1時間、一対一で話し合った。その後、交渉団による話し合いが長く続いた。

私は国務長官に言った。「新しい空気を社会に吹き込み、国家をより強くし、その顔を人々の方に向けようと、我々がペレストロイカの過程で試みていることはすべて、ソ連の利益になるだけでなく、米国の利益にもなります。あなたはこれに関して、多くの意見や勧告、助言を聞いたでしょう。その中にはこんなものもあったはずです。つまり、なぜ急ぐのか、ソ連ではすべてが不安定と崩壊に向かっているではないか、このリンゴは熟させておけばいい、自然に我々の方へ落ちてくるから、と。このようなアプローチは捨てなければなりません」

私たちはお互い腹を割って話し合えると私は考えた。我々の苦労や、日々深刻化していく問題についても私は言及した。

「ペレストロイカは我々が当初考えていたよりも困難なものだと分かりました。経済面でも政治面でも、精神面でも党の中でも、痛みを伴いながら進行しています。我々はみな、過去という時代から脱しました。そして、誰もが変わらなければなりません」

私は、我々が自らの過ちも認識していると述べ、大切な点をこう強調した。

「わが国民は胸を張って、自由に声を上げています。ペレストロイカは新しい人々を登場させています。これは極めて重要なことです。いま盛んに議論されているのは、改革の戦術やそのテンポについてです。明日がいいことずくめになるように、一気に成果を得たい人たちがいます。一方で、我々があまりにも性急に動きすぎている、立ち止まるべきだ、と考えている人々もいます。コースからはずれずに、あるべき方向を維持することが重要なのです」

ベーカーからの返答は意味深長だった。

「我々はソ連で起きている変化を、実際に根本的で革命的なものと見ています。あなた方の考えがすべてうまくいくよう、心から望んでいます。確かに米国には、もしペレストロイカが挫折したら、ソ連が弱くなって米国が勝つと考える人たちが少なからずいます。でも、政権の中には誰一人として、そのような見方に同意する者はいません。我々の考えは別です。ペレストロイカの成功はソ連をより強くし、安定化させ、開かれた安全な国にするでしょう。確かに我々の間では、あなた方の成功の公算について多少の意見の相違はあります。我々はこうも考えています。ペレストロイカの成功は、ソ連の、ソ連指導部の、ソ連国民の手にかかっているのであり、西側が何をして何をしないかには左右されない、と」

直近の出来事は、ペレストロイカの成功の好機をつぶそうとする有力者が、ブッシュ政権外の政治サークルだけでなく、政権内にもいることを示していた。しかし当時は、国務長官のこの声明こそが我々にとって重要だった。彼は経験と政治センスだけでなく、ブッシュ大統領との親密さでも知られていたからだ。

核軍縮問題や欧州での通常戦力削減についての対話も充実した内容だった。しかし、ひとつの問題を問い詰めなければならなかった。西ドイツに展開されているアメリカのミサイル〈ランス〉の〈近代化〉計画に話が及んだときだ。事実上、それが意味するのは、ＩＮＦ全廃条約で廃止された短距離ミサイルに近い射程の新型核ミサイルが、ヨーロッパに出現することにほかならない。「モラルの観点から、これはどう見えるでしょうか」と私は尋ねた。「これは交渉の見通しにどう影響するのでしょうか。これはあなたが考えついたのですか」

ベーカーは返事として、通常戦力や戦術核戦力分野でのソ連の優位を口実にあげた。私はこう切り返した。もしすべてを合算すれば、戦術核兵器は米ソ間で均衡を保っている。しかし、非常に高いレベルの、不気味な均衡だ。だからこそ我々は、いかなる不均衡もなくす目的で、この問題の交渉を始めようと提案しているのではないか――と。

ベーカーはこう反応した。

「我々はあなた方の立場に政治的な魅力があることを理解しています」

我々は粘り強くこの問題を提起し続け、その後も米国や西ドイツ、その他の欧州諸国とも交渉したことを言っておかなければならない。

結局、１９９０年になって米国はこのもくろみを断念した。

しかし、そのことが、ジェームズ・ベーカーとの初対面の印象を少し損ねることとなった。彼自身は建設的な印象を与えた。相手側の意見にも耳を傾けようとする真面目な人物であり、この印象がその後は定着した。全体として考えると、私とエドゥアルド・シェワルナゼは彼らと数十時間も交渉していた。いわば、現実がそうさせたのである。しかし、その日、同僚たちと会談の印象を語り合いながら、私は言った。米政権に早いテンポで前に進む用意があるかどうかは、まだ明らかではない、と。

ヨーロッパ——歴史は歩みを速める

そのころ、特にヨーロッパでは、急速に事態が動いていた。歴史は自らの歩みを速め、政治や政治家に挑んできた。

何よりこれは、ワルシャワ条約機構の我々の同盟国である中欧、東欧諸国で顕著だった。

私はしばしば、〈東欧を譲り渡した〉〈仲間を裏切った〉と非難された。これに対する私の答えはひとつである。

「誰に譲り渡したか。ポーランドはポーランド人に、ハンガリーはハンガリー人に、チェコスロバキアはチェコ人とスロバキア人に、譲り渡した」

逆に、私がチャウシェスク〔ルーマニア大統領〕やエーリッヒ・ホーネッカー〔ドイツ民主共和国（東ドイツ）国家評議会議長〕、トドル・ジフコフ〔ブルガリア国家評議会議長〕、グスタフ・フサーク〔チェコスロバキア大統領〕の行為に対し、あまりにも寛容に接しすぎたと非難する人たちもいる。彼らに圧力を加えて真剣な改革に進むよう促すべきだった、と。

このような非難は、我々の国家間関係をめぐる古臭い認識に由来している。それに応じて我々は、誰を防御して保護するか、誰を罰して〈除名する〉か、という〈衛星国〉の問題に厚かましく干渉する権利を持っていた。このようなやり方は、共産党の文書で公式にうたわれている原則、すなわち権利の平等、自立、相互不干渉、各国指導部の自国民に対する完全な責任といった原則に反していた。

自らの国民に自由を与えるという目的のペレストロイカを始めたソ連指導部は、数十年のあいだ同盟関係を結んできた国々に対して、別の対応をしたり、異なる基準を適用したりすることはできなかった。隣国への内政干渉には終止符が打たれた。モスクワはもはや、助言も与えず、ましてや命令などしなかった。変化はあまねく必要だと我々は確信していた。しかし同時に、自らの経験や意向を〈輸出する〉つもりもなかった。変化は、人々の意識の中で、現実の社会状況の中で熟さなければならなかった。

私は最初から、自らの将来は自らが決めるという各国民の不可分の権利を大前提としていた。この立場は、私が武力行使を促されたときも譲ることはなく、しっかり堅持した。

中東欧諸国での変化は、わが国にも劣らぬ段階まで切迫していた。これらの国々に存在していた体制は時代遅れとなり、国民を苦しめた。1956年のハンガリー動乱、その年の少し前に起きたポーランドでの暴動、ソ連・東欧軍のチェコスロバキア介入で潰された1968年の〈プラハの春〉、1980年に始まったポーランドの歴史的な〈連帯〉運動〔社会主義政権下のポーランドで、政府主導とは違う自主管理労組「連帯」が民主化運動の主導的役割を担った〕——これらは単なるシグナルではなく、強力な地下震動だった。しかし、時宜にかなった必要な変化が我々に起きなかった以上、我々の友好国での変化も阻止された。一方、ソ連で変化が始まったとき、それは他国にも刺激を与えた。我々のもとで生まれて急速に発展したこと、つまり、自分のことは自分で決め、自らの指導者は自らで選ぶ権利や、言論の自由、弾圧の恐怖からの解放を、隣国の国民たちに対して我々が拒否することなどできたであろうか。

人々は変化を求めていた。わが国で何が起きているのか、彼らは知っていた。とりわけ、ペレストロイカの情報を遮断し、ペレストロイカには〈抑圧〉と〈たがを締めること〉で応えた東ドイツやルーマニアにおいてさえ、人々は知っていた。大半の社会主義諸国では、まさにこうした状況にあった。

社会主義諸国の指導者同士の雰囲気も、我々の友好関係の状況も、ソ連のペレストロイカに対する反応によっていっそう明確になったと言える。私の手もとに届いた情報や、数多くの会談や対話に基づいて言えるのは、すでに我々の改革の第一段階から、同盟諸国の中で、特に知識層や学生層、そしてその他の層の中でも、大きな関心をすでに呼んでいたことだ。そこには、あきあきした生活様式の刷新、民主主義、自由、そして、おそらく何より、自国の運命は自主的に決めるという長く待ち望んだ可能性への衝動や希望が、数多く映し出されていた。

大多数の指導者は別の反応を見せた。外部からの支持や制御のきかない独裁権力への依存に慣れきってしまった彼らは、最初から我々の意図をまじめには受け取らず、好奇の目で見つめた。仰々しい皮肉な態度さえとった。〈何もこれが初めてではない。ソ連の新しい指導者が先任者たちの批判から始めたとしても、その後はいつも自分の仲間たちのところへ戻っていくものだ〉と。しかし、ソ連の改革が〈真剣で長期に及ぶ〉と確信したとき、ペレストロイカ、特に民主化とグラスノスチに不快感を表明し始めた。

これは何も驚くことではない。なぜなら、このプロセスの拡大は、彼らが手放したくなかった体制の終わりを意味するだろうからだ。しかし、もはやソ連の戦車を期待してはならなかった。彼らは自国民と向かい合ったまま、政権に残る権利を民主的に示すか、あるいは政権を退くしかなかった。

ヤノシュ・カダル、ボイチェフ・ヤルゼルスキ

私と理解し合えたのは、ヤノシュ・カダル〔ハンガリー社会主義労働者党書記長〕とボイチェフ・ヤルゼルスキ〔ポーランドの首相、国家評議会議長、大統領を歴任〕だけだった。

ハンガリーの指導者は、すでに1956年の動乱の後すぐに、根本からの改革が必要だとの結論に達していた。しかし、モスクワの脅しを警戒しながら策を講ずるしかなかった。経済改革にいつもブレーキをかけなければならず、政治的な民主化の試みはびくつき、いつの間にか知らないうちに終わっていたものだ。私はカダルを見て、彼が心からソ連の変化を歓迎していると感じた。その変化によってハンガリーでもより徹底した取り組みの可能性が開かれたのだ。しかし、彼の体力はすでに衰えかけていた。

あるときの会話で、彼は私にこう言った。「ミハイル・セルゲービッチ、あなたが10年ほど早く来てくれていたら……」と。彼は最後まで言い切らなかったが、その意味は分かった。

ヤルゼルスキもソ連の変化を熱く支持していた。彼とは非常に親密で、いわば友人関係だった。この人物の運命はドラマチックであり、彼の役割は特にポーランドでは誰からも決して正しくは評価されていない。しかし、ヤルゼルスキは歴史に名を刻んだ。

最初に彼と何度か話をして、我々の間には接点があることが分かった。言うなれば、一種の〈知の懸け橋〉が現れた。それは軽やかに、特段の努力をすることもなく生まれた。その後も会談するたびに我々が親密になったのは、ポーランドとソ連が当時直面していた課題が似たものであり、差し迫った改革への見方が根本的に似ていたからである。

彼と会うのはいつも面白かった。決まって二人だけで話し、それゆえ何でも語り合えた。彼はロシア語を単によく知っているだけでなく、微妙なニュアンスも感じ取っていた。彼の伝記は、家族のシベリア流刑、リャザン歩兵学校での勉強、ドンブロフスキ記念ポーランド第2歩兵師団での参戦など、多くの出来事から形づくられていた。

もはや疑いはないだろう。ボイチェフ・ヤルゼルスキは、自分の国、ポーランドの熱烈な愛国者だったのだ。

ポーランドは困難な時代を生き抜いた。

70年代末、ポーランドは深刻な危機に見舞われた。モスクワでは、それはポーランド指導部の弱さと優柔不断の結果だと考えられた。実際、状況はより深刻だった。ポーランドにとっては異質な社会・政治モデルを導入することは、たとえそれが民族的条件になんとか適合するよう内容変更されたものであっても、国民の抵抗に直面することとなった。反政府勢力〈連帯〉は人々の不満を反映していたが、それが主導したストライキ運動は、完全な経済的カオスの瀬戸際に国を追い込んだ。

ヤルゼルスキ将軍〔ヤルゼルスキは元軍人で、最終の軍歴は上級大将〕による1981年12月の戦時戒厳令導入の決定は、信じがたいほど重いものだった。この決定によって展開するであろう様々な事態を考慮する必要があった。そして彼には、この先の事態の悪化がカタストロフィー〔悲劇的結末〕をもたらすと考える確かな根拠があった。彼はこの難しい決定の責任を自ら背負った。

しかし、彼が採ったやむを得ぬ措置は、それが最終目的ではなかった。目的は別にあった。事態の鎮静化と国民の和解を達成し、政治体制の段階的な改革を始めることだった。このために必要な条件は、ソ連での変化の始まりとともに現れた。

我々はヤルゼルスキ将軍の動きを興味と共感を持って見守った。〈ブレジネフ・ドクトリン〉時代の指導部とは違って干渉はせず、〈もっと強硬に〉〈緩めるな〉といった助言を押しつけることもしなかった。我々には共通の願いがあった。両国の間に友好的で対等なパートナー関係をつくるための新しい土台を築くことだった。

歴史的に、我々両国民の間には、関係の希薄さと不信が存在した。それを乗り越えなければならなかった。ヤルゼルスキのイニシアチブで１９８７年、イデオロギー、科学、文化の分野でのソ連・ポーランド協力宣言が準備され、署名された。この後、ソ連とポーランドの歴史家たちによる共同委員会の作業が活発化した。〈空白地点〉を徹底的に取り除く必要があった。１９２０年のソ連・ポーランド戦争、ポーランド共産党に対するスターリンの粛清〔モスクワに亡命していたポーランド共産党の指導者らが１９３７年、ソ連当局によって粛清され、党活動を禁止された〕、そして特にポーランド人にとって何より痛みを伴うカチンの悲劇〔カチンの森事件。第2次世界大戦中の１９４０年、ロシア西部のカチン近郊で、捕虜のポーランド人将校ら数千人が、ソ連の秘密警察である内務人民委員部に銃殺された。カチンを含め、全体では約2万人が犠牲になったとされる〕に関してである。

何を隠そう、この問題で真実に行き着くのは容易ではなかった。真実が明かされるのを我々すべてが望んでいるわけではなかった。だがついに、機密文書の記録から、この犯罪に対するベリヤ〔１９３８年から45年まで、スターリンのもとで内務人民委員を務めたラブレンチー・ベリヤ〕とその手下の直接的責任を明らかにすることができた。我々はこれについて率直に語った。１９９０年4月13日にタス通信の声明で公式に示されたように、ソ連側はカチンの悲劇に関して深く遺憾の意を示し、これはスターリニズムの重大犯罪のひとつだと表明している。

私は確信している。まさにボイチェフ・ヤルゼルスキのおかげで、そして、反政府勢力との〈円卓〉交渉を支持する彼の断固とした態度のおかげで、ポーランドの変化、すなわち社会・政治的、経済的な体制転換は、血を流すことなく平和的に進んだのだ、と。これは他の国々にとっての見本となり、冷戦を終結させる上でも極めて重要な貢献を果たした。

ここで思い出されるのは、文字どおり狩猟と化してヤルゼルスキに襲いかかった追及キャンペーン〈検察による訴追〉を、私がいかに心配したかということだ。2007年4月、私はポーランド共和国議会の議長や国会議員に書簡を送った。私はこう書いた。〈あの有名な1981年のポーランドの事件から四半世紀以上たったいま、あれほど困難を極めた時代に果たしたボイチェフ・ヤルゼルスキの役割を、偏見に満ちて犯罪的でさえある読み解きで説明するのは、私の考えでは、はなはだ見苦しい政治的怨念に他なりません〉と。

荒れるドイツ民主共和国〈東ドイツ〉

1989年夏は、ポーランドでもハンガリーでも、東ドイツを含めた他の諸国でも、変化が加速し、人々の要求はいっそう明確で過激な性格を帯びていった。変化のプロセスは様々な形で起きたが、そのベクトルは疑いようがなかった。もしこれが、強大な兵力と大量の兵器が依然として集中する中欧の情勢を大きく不安定化させたとしたら、その結末は極めて危険なものとなりえただろう。その閃光（せんこう）

もあらゆる地域に及んだであろう。

1989年秋、東ドイツの状況は爆発寸前と言っても過言ではなかった。多くの市民が集団的に国を後にした。実際、西部の国境を開放したハンガリーやチェコスロバキアを経由して、多くの人がドイツ連邦共和国〔西ドイツ〕へ流出した。ドイツの大規模な都市では、人々は街頭に出て、その興奮は大規模なものになっていた。デモは平和的だったものの、制御不能な結果をもたらす暴徒化や挑発の可能性は排除できなかった。ソ連でも東ドイツでも、いくらか影響力のある勢力は、断固たる〈秩序の導入〉に賛成だった。

9月になって、東ドイツ結成40周年の記念行事のためベルリンを訪問する話が持ち上がった。訪問は容易ではないと分かっていたが、行かないわけにはいかなかった。

東ドイツは、ドイツ人によるナチスの過去の克服、戦後処理、ドイツ人とロシア人の関係改善に自らの役割を果たした。国には現実的成果もあった。しかし、国のトップに立つ人々、とりわけエーリッヒ・ホーネッカー〔国家評議会議長〕は、どんなに重要な変化も退け、民主化を徹底的に拒否した。ホーネッカーは〈マルクス主義の祖国の真の代表〉として、社会主義的な結束で正統派マルクス主義の反ゴルバチョフ勢力を率いることまで決めた。そのうちに、国の現存体制や周囲の状況に対する人々の不満は高まり、そしてこれは危機的状況にまで至った。

ベルリン訪問の際、私が立つ演壇のそばをベルリン市民の行列や他の都市からの祝賀の行列が行進したとき、この不満や張りつめた空気を私は肌で感じた。

その光景は印象的だった。オーケストラの演奏、ドラムの響き、サーチライトの光線、たいまつの照り返し。最も重要なのは、数万人の若者たちだった。聞いたところでは、行進の参加者たちは前もって入念に選び抜かれていた。自由ドイツ青年同盟の活動家や若い党員たちだった。より注目に値したのは彼らの振る舞いだった。彼らはシュプレヒコールを挙げていた。〈ペレストロイカ!〉〈ゴルバチョフ、助けて!〉と。

人々が明確に示したのは、変化への意欲であり、我々のペレストロイカとの連帯だった。同時に、私の隣に立っているホーネッカーへの明らかな侮蔑だった。ドイツ語が堪能なポーランドのミェチスワフ・ラコフスキ元首相〔統一労働者党第一書記〕は、人々が手にしている横断幕の表示を私に訳してくれた。「何が起きているか、あなたは分かっていますか」と彼は私に尋ねた。「彼らは叫んでいます。『ゴルバチョフ、もう一度私たちを救って』と。これは党の活動部です。もう終わりです、ミハイル・セルゲービッチ」。私は彼と同意しないではいられなかった。そして、その後に続く出来事によって、それが実際その通りだったことが裏付けられた。

デモは中断されず、多くの人で膨れあがり、抗議と政治的要求に発展した。出国の自由、言論の自由、既存の権力機構の解体から、ドイツの再統一までを彼らは要求した。東ドイツの統治体制は、雪崩を打つように地歩を失った。

だからこそ、ベルリンの壁の崩壊は我々にとって驚きではなかった。まさにそれが1989年11月9日に起こったということは、その多くは、情勢を見誤った東ドイツ指導部の混乱と、彼らの実際の振る舞いや声明といった諸事情が重なった結果だった。しかし、いずれにしても、これはもうショックではなかった。こうした事態の展開に、我々の準備はできていた。

このような状況下で、ソ連指導部はこれまで通り、武力の行使も、東ドイツに駐留するソ連軍の出動もしなかった。部隊には命令が出された。兵舎にとどまれ、介入するな、と。同時に我々は、ソ連の死活的な利益を侵すことなく、ヨーロッパの平和を壊すことなく、事態を平和な方向に導くために、できる限り手を尽くした。

その先は？――ヘルムート・コール

明らかだったのは、非常に多くのことが、ドイツ連邦共和国〔西ドイツ〕の指導部、そして何よりヘルムート・コール首相がどう行動するかにかかっていたということだ。私と彼の関係には独自の歴史、しかも容易ならざる歴史があった。

ペレストロイカの最初の2年間、ソ連と西ドイツとの関係は、言ってみれば、凍ったままだった。首相は明らかに、我々の国で起きていた変化を過小評価していた。彼がある演説で、ソ連での改革や新しい政治思考のうわさはヨーゼフ・ゲッベルス〔ナチスドイツの宣伝省大臣〕のプロパガンダ風のデマにすぎないと表明したとき、彼には出来事を正しく見極める能力があるのか、私の中に疑念がわいた。

すぐにではなかったが、私たちは両国関係を〈深い凍結〉から救い出すことができた。ここで触れておきたいのは、1987年7月にモスクワを訪問した当時の西ドイツ大統領リヒャルト・フォン・ワイツゼッカーと、後で詳しく述べるが、偉大な政治家であり、ドイツ人でヨーロッパ人でもあった外相のハンス＝ディートリヒ・ゲンシャー、そしてフランツ＝ヨーゼフ・シュトラウス〔キリスト教社会同盟党首〕の役割だ。シュトラウスはそれまで〈反動主義者、反ソ主義者で報復主義者〉と我々には受け止められていたが、偏見を克服できる賢明な政治家として振る舞った。そしてコール自身は、何度も観測気球を上げた。私は彼に書簡で答え、その中で初めて、我々の関係に新たな章を開く用意があると伝えた。その結果、1988年10月に首相がモスクワを訪問することで合意に至った。

一連の出来事が起きた前後関係について読者の理解を助けるために、ここで少し話を回り道させる必要がある。ソ連指導部は、先に触れたような受け入れがたいコール首相の外交工作に過剰には反応しなかった。そもそも我々の対西ドイツ政策の根底には、西ドイツが西欧で果たしている役割への理解があった。この理解は我々にとって戦略的に決定的な意味を持っていた。

ソ連の対外政策を、西側との危険な対立からパートナーシップや協力へと転換させるべく試みながら、我々はまず、西側世界の最強国である米国との関係を円滑にすることに着手した。それでも、統一プロセスに入り、地理的にも近い西ヨーロッパは、我々にとって2番目に重要な問題だった。ヨーロッパ問題には徹底して取り組まなくてはならなかった。我々はこれを最初から意識していた。その確認のために、1987年3月26日の政治局で私が発言した記録を紹介したい。

ゴルバチョフ　私は間違っているかもしれません。しかし、我々はヨーロッパについてあまり学んでいないし、よく知らないのだと思います。我々自身が学び、人々を教育しなければなりません。平和的共存の新たなステージに出つつあるのですから。

ソ連科学アカデミーの研究所には、たとえば〈独・独〉関係のような基本問題を我々のために詳

1989年11月9日のベルリン。壁は壊れた

しく研究する学者グループをつくらせましょう。他にも多くの問題があります。

あなた方の発言から私は、〈我々はヨーロッパを何も分かっていない〉ということを理解しました。唯一明らかなことは、ヨーロッパを考慮に入れなければ問題は何ひとつ解決できないということです。我々の内政のことであっても、ペレストロイカのためにはヨーロッパが必要です。まさに対外政策では、ヨーロッパに代わるものはありません。西欧のようなパートナーがいないと、我々はやっていけないのです。

新しい国際関係構築の見本はあります。いい先例があります。フィンランド、オーストリア、そして、まだ不安定な西ドイツです。政治ではアップダウンが激しくても、ビジネス界は先へ進む用意ができています。

重要な課題は、西欧の科学技術の潜在能力を利用することであり、統一プロセスのような現実があることを受け入れることです。何が我々にとって有用で、何がそうでないか。

二つ目の現実。それは、多種多様なヨーロッパを見ることです。発展した国も、発展途上の国もあります。イギリス、フランス、西ドイツがあります。フィンランドとオーストリアがあります。オランダ、スウェーデンなどがあります。スペインとポルトガルがあります。そしてさらに、各国には野党があり、共産党があり、社会的集団があります。

多くの問題が出てきています。我々の対ヨーロッパ政策を入念に計画しなければなりません。

そして、西欧は我々の基本的なパートナーであることを忘れてはなりません。我々はヨーロッパなしには、本当の意味で物事を動かせないのです。


ついでに触れておくと、現在も存在するロシア科学アカデミー・ヨーロッパ研究所の創設は、この発言がもたらした結果のひとつである。

この時までドイツ連邦共和国〔西ドイツ〕はゆっくりと、しかし着実に、大陸で最も影響力のある国の一角を占めるようになった。経済面だけでなく、政治面でも、我々のもとには西ドイツとの協力の経験が積み重ねられた。例を挙げると、1970年のモスクワ条約、あるいは、1975年のヘルシンキ最終文書〔ヘルシンキ宣言〕の準備作業への参加がそうである。

そして、ペレストロイカの初期に、新思考を国際政策へ精力的に採り入れていた状況下で、対西ドイツ関係が他の影響力ある欧州諸国よりも明らかに立ち遅れていたとき、モスクワにいる我々は、このような状態は正常ではないと考えていた。何度もいろいろな機会に、私は自分の周辺や政治局でこう言った。ドイツなしには、本当のヨーロッパ政策など我々には一切ないだろう、と。

それ故に、ヘルムート・コールが１９８８年秋にモスクワを訪問することでやっと合意したとき、これは両国関係の正常化へ向けた当然の一歩であり、ヨーロッパの針路においても劣らず重要な一歩であると私は高く評価した。

信頼の芽生え

この訪問は西ドイツとの関係の転換点となった。クレムリン〔モスクワにある旧ロシア帝国の宮殿。ソ連・ロシアの政治権力の中枢〕での会談の冒頭でヘルムート・コールが語った言葉を、ここで引用しないわけにはいかない。


「私はドイツ連邦共和国の首相として、そして一市民のコールとして、モスクワを訪れました。私とあなたは同じぐらいの年齢で、戦争を体験した世代に属しています。私は実際、しばらくの間、高射支援部隊にいました。これは戦争に参加したとは言えません。しかし、私たちの家族はずっと恐怖におびえながら戦争のつらさを味わいました。あなたのお父様は兵士として、重いけがを負われました。私の兄は18歳で犠牲になりました。妻は避難民でした。私たちは本当の意味でドイツ人一家でした。あなたにはお嬢さんがいます。私には23歳と25歳の二人の息子がいます。ともに予備役将校です」

「私とあなたは、非常に多くの課題を解決しなければなりません。あと12年で20世紀と二つ目の千年紀が終わります。戦争や暴力はもはや政治の手段ではありません。別の考え方をしてしまえば、それはこの世の末につながります。私たちの個人的な接触も、グラスノスチの状況下では原則を守る新たな性格を持たねばなりません。私はあなたとの密度の濃い個人的な対話に向けて、書簡を交わし、電話で協議し、信任を受けた代理人を派遣する用意があります」

首相の言葉に、私の考えに対する呼応と、新思考の理念への共鳴を私は感じ取った。人間的な側面で、彼の言葉に私は好感を持った。すでに感じられていた新しい雰囲気の中で、個人的な〈協調性〉と、会談相手がとる行動の動機を理解することが、国際政治で非常に大きな役割を果たすとの考えに私は立脚していた。しかしこれは、共同作業や定期的交流のプロセスと、〈言葉と行動〉の相互検証の結果を経ることでしか、成し得ないものだ。

指導者間に信頼がある場合は、多くの難しい問題も、余計な外交措置や手続きなしで簡単に素早く解決できる。私とコールの間には次第に、政治的だけでなく人間的な相互理解がうまく培われてきた。これがなければ、自然発生的に〈下から〉わき起こったドイツ統一プロセスの結果、彼にも私にも文字どおり〈降りかかった〉問題のすべてを解決するのは、はるかに困難だっただろう。

コールは言った。「私たちの関係に新たな章を開きながら、もう600年以上になる私たちの歴史の良き伝統に向き合うことができます」

その通りだ。ドイツ人との関係がどのように始まったか、私には個人的な歴史がある。私が初めてドイツ人を見たのはまだ戦争の前で、そのとき6歳か7歳だった。祖父はプリャーニクという焼き菓子を買うため、スタブロポリ地方とロストフ州の境界にある隣村に私を連れて行った。馬やうさぎの模様が入ったプリャーニクを籠ごと買った。それらはドイツ人居留地で作られたものだった。こうして私は、この世にドイツ人がいることを知った。大切なのは、プリャーニクを作る人はいい人だということだ。その後、私はドイツ人との関係で大きな歴史を歩むことになる。戦争と、占領と、そして戦後と……。

関係の新たな章

感情豊かに、情熱を込めて、コール首相は貿易や学術協力の経験だけでなく、音楽や文学、絵画の分野での共通性や、我々両国の哲学にも多くの類似点があることを語った。

「これは大いなる資本であり、大いなる遺産です」と。

私は首相に賛同し、我々の関係に新たな章を開こうとする彼の覚悟を歓迎した。最初の話題は、新しいページを開くことだった。しかし、これでは不十分のように思えた。そして私たちは、新しい章を開くという課題へと向かうことになる。この章は多くのページになるけれども、重要なのは最初のページだ、と私は言った。両国の関係で最も難しい時代は遠ざかった。

訪問の過程で、重要で象徴的な前進があった。西ドイツの首相が無名戦士の墓〔独ソ戦でのソ連の戦没者を追悼する施設。モスクワのクレムリンの壁沿いにある〕に花を捧げ、ドイツ兵が眠るリュブリノ墓地を訪れたのだ。

この訪問で特別な位置を占めたのは、郊外にある別邸での会談だった。それは、政治的な次元と並んで、もうひとつ人間的な次元を、今回の訪問に付け加えた。これは実際に素晴らしい夕べだった。

共通の問題や不安について多くを語り合い、経験や考えを分かち合い、双方の家族の歴史に触れた。別れるときも、お互いこの上なくいい気分だったように思えた。

訪問の中で、ドイツ統一のテーマは話し合われたのか。

その通り。コールはそれについて語った。しかし、まったく議論するまでもない文脈においてだった。

「我々ドイツ人は、歴史は分断では終わらない、と言います。リアリストである我々は、戦争は政治の手段ではないと考えています。我々が語るところの変化は、平和的な手段でしか、近隣諸国と一緒でしか実現し得ません。おそらく、非常に長く待つ必要があるでしょう。しかし、これは報復主義の再来ではない、と見なければなりません。民族はひとつ、と我々が語るとき、それは何世代か経た後に開かれるチャンスを意味しています。でも、我々はヨーロッパの中で歩み寄りを図らなければなりません。おそらく、私が語っているチャンスは、我々の孫の世代にやってくるでしょう」

私はその当時、ドイツには二つの国家が存在するという現実に断固、軸足を置いていた。

「議論の余地がないほど明らかなことです。我々は、二つのドイツ国家と良い関係を築きます。我々は東ドイツと同盟関係にあります。そして、西ドイツとも良好な関係を築けるよう努めます」

「申し上げたいのは、ドイツ国民のつらい体験を我々は理解しているということです。でも、どうしようもありません。歴史は書き直せません。こういう現実になってしまったのです。一緒に協力して、親しくならなければなりません。我々は西ドイツと友情を結ぶ用意があります。そして、歴史に再びゆだねましょう。ただし、歴史を型にはめることはしません。それは無駄な仕事であるだけでなく、関係をこじらせてしまいます」

実は私には、会談の最後でコール首相に対し、私たちは個人的に良好な関係を築き、誠実で腹を割った対話ができたと伝えたことには根拠があった。私たちを近づけたのは、戦争への深い憎悪だった。ドイツ人とロシア人が気の済むまで戦い、そして二度とそれを繰り返すつもりはないのは、双方にとって明らかだった。両国の接近が必要であるという認識もあった。そして、モスクワでの会談の後、事態は急展開した。コール首相との関係はますます深まった。時とともに、〔「あなた」から〕〈君〉へと変わった。１９８９年6月に私が西ドイツを訪れたとき、私たちの信頼に満ちた関係によって、あらゆる問題を率直に話し合い、お互いの評価や疑念、不安を分かち合うことができた。

私は首相に言った。ジョージ・ブッシュ政権はとても歩みが遅々としているので、レーガン時代の米ソ関係で到達したすべてをお蔵入りさせようとしているのではないか、疑念がわいている、と。

コールはこう答えた。

「もちろん、ブッシュはレーガンとはまったく別の人間です。しかしながら、ブッシュもベーカー〔国務長官〕も、就任からわずかな期間で、非凡な政治的能力を発揮しています。彼らは力があります。大統領も国務長官も。それを過小評価してはなりません。それを活用しなければなりません」

「確信を持ってあなたに言えます。ブッシュはあなたとは個人的に仕事ができるし、それを望んでもいます。彼の周辺も同様にうまくやるでしょう」

首相の見解は私にとってとても貴重だった。その後の成り行きは、彼の見解を完全に裏付けた。訪問の過程で、私とヘルムート・コール首相は、政治的文書、すなわち共同声明に署名した。首相はこの文書が〈過去を終わらせ、未来への道を照らす〉と言った。私も彼の評価に賛同した。

全世界から数百人の記者が集まったボンでの記者会見で、今回もベルリンの壁の問題が持ち上がった。

「ベルリンの壁が依然として存在するときに、あなたがめざしている『ヨーロッパ共通の家』は可能だと考えているのですか」

私はこう答えた。「すべての国民のためにヨーロッパの家を建設するに際しては、多くの問題を解決しなければなりません。彼らの選択や伝統、歴史を尊重しながらです。この世に永遠なものなどありません。私たちが正しい道にいることを期待しましょう。ベルリンの壁は、実際にあった状況の中で現れました。壁を生み出した前提条件がなくなったとき、壁は消えるでしょう」と。

ドイツ問題――議事日程に

しかし、数カ月後には、ドイツ問題は喫緊の課題となっていた。私もコール首相もゲンシャー外相も、この問題の解決は21世紀まで延びるだろうと考えていたのに、である。この局面で私はどう動いたか。

1989年10月11日、私はヘルムート・コールと会談した。首相は私に、西ドイツ訪問で私たちが合意したすべてが効力を維持していると約束した。

コールは言った。「西ドイツは東ドイツの不安定化を決して望んでいません。制御不能の事態とならないよう、ここ数日の感情の高まりが鎮まるよう期待しています。我々はそれをかき乱すつもりも、何らかの行動へと誘うつもりもありません。そんな行動をすれば、我々は後で非難されるでしょう」

私はそれに答えて言った。「ドイツ連邦共和国の連邦首相の口からそうした発言を聞くのはとても重要です。それが言行不一致にならないよう願っています」

私たちはモスクワとボンの間にホットラインを引くことで合意した。

ベルリンの壁が崩壊したとき、最終的に明らかになったのは、これからの展開が〈どこに向かうか分からない〉ということだった。2日後、私はコールと新たな電話会談を行った。私は、お互いよく考えて行動する必要があるとの思いを彼に届けようとした。

「事態がエスカレートすると、予見不可能な方向へ、カオスの方へとつながっていきます。私が期待しているのは、時代とその要請にふさわしい枠組みの中に他の人々も引き留めておくために、あなたの権威、政治的な重みや影響力を駆使することです」

首相はこう返してきた。「私たちの見解は一致しています。この歴史的瞬間には責任ある対応が求められています。いま必要なのは、節度の感覚と、起きうる結果を見越して行動計画を立てる能力、個人の責任感です。あなたに保証しますが、私は自分の責任を特に強く意識しています」

首相は急ぐ

しかしながら、この会話から3週間もたたないうちに、いかなる事前の意見交換や情報さえもないまま、コール首相は自らの〈10項目提案〉を携えて連邦議会で演説した。本質において、それらはドイツ統一プロセスを強化する方向を意味するものだった。ヘルムート・コールは、誰かに先を越されないかを心配して、明らかに焦っていた。1990年春には連邦議会選挙が差し迫ってくるため、なおさらだった。

コール演説の方針は、副首相やゲンシャー外相にとってすら予想外のものだった。ゲンシャーは議会でのコールの演説を聴いて、初めてその中身を知った。

荒れ狂う東ドイツの情勢と、コールがとった態度に不安を覚えたのは、我々だけではなかった。早急なドイツ統一を望まなかったのは、NATO〔北大西洋条約機構〕における西ドイツの同盟国、すなわちフランス、英国、イタリアもそうだったし、いくつかの国は統一そのものに反対していた。私はこれを、ミッテランやサッチャー、ジュリオ・アンドレオッティ〔イタリア首相〕との対話から理解した。彼らは直接口に出しては言わないものの、これには歴史的にも政治的にも重要な根拠があった。サッチャーが最も完全告白に近かった。彼女の言葉からは、ソ連が統一プロセスに介入するために強硬な措置を準備しているのかどうか、探ろうとしているように感じられた。

欧州のNATO加盟国は、イデオロギー的な動機を含め、ソ連が彼ら以上にドイツ統一プロセスに関心を寄せていると考え、私の手でそれにブレーキをかけるのに異論はなかったのだと思う。しかし、私はこう理解していた。どう見ても避けられないプロセスに抵抗すること、ましてやこのために、どんな形であれ軍事力を適用しようとすることは、思いがけない結果をもたらし、ヨーロッパの真ん中で爆発を起こし、冷戦を再発させることになる――と。さらにどこへ向かうのか、誰が知っているというのだろう。我々すべてが、そうした事態を避けなければならなかった。

ドイツ再統一――我々のアプローチ

ドイツ統一は、公式には1990年10月3日に成立した。このプロセスは11月9日、私のボン訪問のときに、基本文書である独ソ善隣友好協力条約によって締めくくられた。その主な条文はいまも、ロシアとドイツの関係で効力を維持している。我々すべてがあのとき確信していたように、ドイツ分断だけでなくヨーロッパ分断の克服をも意味したこの出来事が成就されるためには、さらに少なからぬ力を注ぎ、あらゆる種類の政治的、心理的な障害を突破する必要があった。

ソ連指導部は正しく動いたのか、あのときドイツ統一プロセスに少しブレーキをかけたほうが、あるいはまったくその道を止めてしまったほうが良くはなかったか。そうした論争は、これまで一度も起きていない。そこで、あのときどのような議論と評価にのっとって我々が行動していたのか、いま一度、立ち返ってみたい。

ドイツ人が再統一を志向することは、ずっと以前から深く積み重なったものだった。東ドイツでは党の内部でさえ、再統一への志向が感じられた。ソ連における民主化は、ドイツ人の希望を現実のものに変えた。1989年夏からは相互信頼というものが、世界政治の影響力ある新しいファクターとなった。そのおかげで、国際情勢の根本的な変化が起きうるようになった。ソ連は実際に民主的な国家になりつつあるとの理解が、世界で広まった。1956年のハンガリー動乱や1968年のチェコスロバキア〔プラハの春〕のようなことは決して繰り返されないという確信が芽生えた。そのような確信がなければ、これほど素早く〈ビロード革命〔1989年のチェコスロバキアでの民主化革命〕〉は起きなかっただろうし、民主化を求める東ドイツでの抗議運動にこれほどの人は集まらなかっただろう。それは即座に、民族再統一への感情の高まりへと変わっていった。

ドイツ問題の解決は、いつとも知れぬ将来にまで先延ばしされ、西ドイツの政治リーダーであるゲンシャーやコール、そして私も含めて、それは21世紀のことだと思っていた。そのドイツ問題が、じかに議事日程に上がってきた。歴史は見えない速さで動いていた。

1989年秋に向けて、ドイツ問題は事実上、世界政治の最重要課題となった。交渉の席でも市民のあいだでも、関心の的になっていた。これに関する劇的な出来事についてはよく知られ、たくさん書かれている。ここではもう一度、ドイツ問題の解決に向けた私の原則的なアプローチを述べておきたい。まさにこの原則が、実際の再統一プロセスにおける私のその先の行動をすべて決めたのだった。

その内容はこうだ。

・**モラル的原則**＝私は道徳的観点から、過去の罪をすべての新しい世代に背負わせて民族の分断をいつまでも支持するのは容認できないと考えた

- **政治的原則**＝ドイツ人の再統一への思いを邪魔するには、東ドイツに駐留するソ連軍の助けを借りるしかなかった。これは、冷戦や核軍拡競争を止めるためのすべての努力が完全に無になることを意味した。これはまた、わが国でのペレストロイカの全政策に取り返しのつかない打撃となるだろうし、全世界の目の前で国の名誉を汚すことになるだろう
- **戦略的原則**＝東ドイツ国民への武力行使と、再統一に向けた全国民の民主的な運動への圧力は、我々両国民の関係に長期にわたって害を与えるだろうし、ロシア自身の利益にも取り返しのつかない損失をもたらすだろう

始動したプロセスでの私の主な留意点はこうだった。

- ドイツ人の統一への衝動が、冷戦を清算する国際的な努力を妨害することは許されない。だからこそ、すべては段階的に進むべきだ
- ドイツ人は、近隣の利益を考慮しつつ自らの民族の運命を決める権利を持っている
- 武力や、武力による威嚇は、いかなる形であれ排除されなければならない

これらすべての原則を実現することに我々は成功した。

それはそれとして、時間軸に沿った出来事の話に立ち返ろう。

第4章　冷戦終結

ヨハネ・パウロ2世

我々は1989年12月にマルタでブッシュ米大統領と会談することで合意した。これは、すでに新しい文脈の中で実現した。世界は〈乱気流〉に巻き込まれたかのように揺れ動いていた。そして、大いに象徴的だったのは、ソ連側と米国側の代表団がマルタで本当の暴風雨に遭遇したことだった。

しかし最初は、マルタ到着前のこと、ある人物との会談について述べたい。歴然たる足跡を歴史に残し、最も奥が深い対談者のひとりとして、偉大な人格者として私の記憶に残る人物。ローマ教皇ヨハネ・パウロ2世のことである。

マルタへはイタリアから入った。そのイタリアでは、ジュリオ・アンドレオッティ首相やその他のイタリアの指導者たちと話し合いを持った。内容豊かな対話となり、普遍的な面でも個別具体的な問題でも、非常に近い立場であることが明らかになった。しかし何よりも、この3日間は人間味あふれるものだったと記憶している。イタリアの人々は我々に、びっくりするようなもてなしをしてくれた。ヨーロッパの政治から恐怖は去りつつある、自由に息ができる――と感じ取って信じてくれたのは、イタリアが最初のひとつだったと思う。締めくくりの記者会見で私はこう述べた。「今回も、私の他

バチカンでヨハネ・パウロ２世と会談するゴルバチョフ大統領＝1989年12月1日

の訪問や会談で確認されたのと同様のことが言えます。世界では重大な変化が起きていて、人々は賛同したり拒否したり、現代にふさわしい行動を助言したり政治家に要求したりしながら、政治の分野にしっかりと入り込んでいます」と。

１９８９年12月１日、ローマ教皇ヨハネ・パウロ2世の個人的な招待で、ソ連の最高指導者による初めてのバチカン訪問が実現した。並々ならぬ出来事であると同時に、世界で重大な変化が起きている状況の中では、極めて自然なことであった。

サン・ピエトロ大聖堂の鐘楼アーチを通って、我々は聖ダマズの中庭に入った。そこには、スイス衛兵軍の儀仗兵が、ミケランジェロがデザインしたとも伝えられる色鮮やかなコスチュームで整列していた。すぐに私はヨハネ・パウロ2世との会談に向かった。一対一の話し合いだった。

現代世界におけるローマ教皇の高邁（こうまい）な使命を歓迎しながら、私は、教皇と私の発言にはしばしば同様の表現が見受けられると指摘した。「これはつまり、よって立つところにも考え方にも共通点があるということではないでしょうか」。これに呼応するかのように、ヨハネ・パウロ２世は我々のペレストロイカについて、「個々の人間や様々な民族の要求と、個人や国家の権利を相当程度かなえる新たな次元、すなわち人々が手を携えて生きていくための新しい次元への活路を、一緒に模索することを可能にする」プロセスだと評価した。

彼は言った。「あなた方が始めたこうした努力は、我々に大きな関心をもたらしているだけではありません。私たちはその努力を分かち合っているのです」

彼はもうひとつ、重要な考えを強調した。

「ヨーロッパや世界での変化が西側をモデルに進むことを要求する人がいたら、それはいけないことです。それは私の深い信念と矛盾しています。世界の歴史の参加者としてヨーロッパは、二つの肺で呼吸しなくてはなりません」

「実に的確な表現ですね」と私は感想を述べた。

教皇は１９８０年、ヨーロッパの守護聖人として、ラテン的伝統を代表する聖ベネディクトのほかに、東方のビザンチン、ギリシャ、スラブ、ロシアの伝統を代表する聖キリルと聖メトディウスを選ぶと宣言した。これには理由があったのだと、教皇は振り返った。

「これが私のヨーロッパに関する信条です」とヨハネ・パウロ２世は言った。

もちろん、我々の会談の主要な話題となったのは、基本的人権のひとつである信教の自由のテーマと、そこから派生する宗教的自由の権利だった。ヨハネ・パウロ２世は〈正教の兄弟たち〉について語り、正教会、特にロシア正教会とのエキュメニズム〔世界教会主義〕的な対話を積極的に進めていると指摘した。同時にローマ教皇は、ソ連でのカトリック信者の状況について、いくつかの問題に触れた。

私は、提起された問題についての自らのアプローチを説明した。とりわけ、次のような考えを述べた。

「我々は、めざしているものを民主的な手段で実現したいと思っています。しかし、ここ数年の出来事をよく考えてみると、民主主義だけでは不十分なのです。モラルも必要なのです。民主主義は善だけでなく、悪ももたらします。そういうものです。我々にとって極めて重要なのは、親切、慈悲、助け合いのような人類共通の永遠の真理、そして道徳を社会にしっかり根付かせることです。我々は、信仰を持つ市民たちの内面世界を尊重する必要性を認めることから出発しています」。そして私はこう付け加えた。「これは正教徒にも、カトリックを含めた他の宗派の信者にも関係していることです」と。

我々はその後も、ヨハネ・パウロ2世との関係を保った。素晴らしい人物であり、偉大な思想家だ。国家の共同体と全人類がめざさなければならない世界秩序について、その最も正確で内容豊かな定義は、彼が体現しているのかもしれない。〈私たちには実際、新しい世界秩序が必要です。それは、もっと安定した、もっと公平な、もっと人道的なものなのです〉

この言葉に言い尽くされている。

マルタ

ここでマルタの話に移ろう。ブッシュ大統領との交渉に向けて、我々は徹底した準備を進め、本気で仕事に打ち込む気持ちでいた。

すでにかなりの時間がむなしく過ぎていた。こちらに非はなかった。しかも、アメリカの指導部には、ジョージ・ブッシュ大統領の側近にさえも、もっと時間稼ぎをして、直接の接触や真剣な話し合いには進まない方がいいと説得する者たちがいた。だからこそ、ブッシュ大統領から夏に受け取り、1989年9月に再確認されたシグナルは、我々にとって非常に重要だった。相互の公式訪問を待たずに、その〈中間地点で〉首脳会談をする用意があるとのシグナルだった。会談は、軍用艦で行われることが想定されていた。地中海に浮かぶマルタの首都バレッタの港には、ソ連の巡洋艦〈スラバ〉と米国の巡洋艦〈ベルナップ〉が入っていた。さらにバレッタの港に我々は、旅客船〈マクシム・ゴーリキー〉を送った。我々のホテルになるはずだった。そして、それは大正解だった。なぜなら、自然の力が我々の議事日程に根本的な修正を迫ったからである。

海は嵐で荒れていた。投錨している巡洋艦〈スラバ〉で交渉を始めるはずだったが、そこまで小型船艇でたどり着くのは容易ではなかった。我々もアメリカ側も、水兵たちは断固として〈上陸〉に反対した。そこで、最初の会談は、入り江の岸壁に係留してある旅客船〈マクシム・ゴーリキー〉の船上で行うことが決まった。会談開始の遅れはわずかだった。

会談は一対一で始まった。会談の呼びかけ人として、ブッシュが最初に口火を切った。彼はいくつかの地域問題について信頼を持って協議したいと語り、こうした問題を選挙と民主主義に基づき、平

1989年12月2日に始まったマルタ会談。旅客船「マクシム・ゴーリキー」での交渉で握手するゴルバチョフ書記長（左）とブッシュ米大統領

和的な変化を通して解決していきたいと強調した。

しかし、中欧や東欧での社会変動について話し合う前に、大統領は重要な発言をした。

「米国の世論はあなたを支持しています。断固としてペレストロイカを支持しています。同じように、東欧で進む多元化プロセスでもあなたの役割を支持しています。その役割は事態を制御するだけでなく、変化への刺激にもなることなのです」

米国大統領のこのスタンスを考慮に入れて、私はこう述べるのが必要だと考えた。

「アメリカの政治家たちが、ヨーロッパの分断を乗り越えるには西側の価値観をベースにしなければならないと語るなら、私は受け入れられません。以前は我々を〈革命の輸出〉だと非難しておきながら、いまはアメリカの価値観を輸出する話をあなた方はしています。これは、今日の変化の精神にはそぐわないし、プロセスの進行を混乱させると思います」

「我々はあなたのヨーロッパへの思い入れを非常によく理解しています。旧世界〔ヨーロッパなど〕での米国の役割を別な形で見るのは、現実的ではないし誤りです。結局は建設的ではないと思います。これが我々の基本的なスタンスであるということを、あなた方は知っておく必要があります」

「そして、ヨーロッパでの変化についてです。これらは実際のところ、根源的な性質のものです。全ヨーロッパがこれほどダイナミックな変化を経験している時期には、私たちはとりわけよく考えて責任ある行動をし、お互いに協力し合わなければなりません」

ブッシュはこれに賛同した。

私は続けた。「新しい局面で、別の時代にできた制度をどう扱うのか。そこでも同様に、よく練られた責任あるアプローチが求められます。そうでなければ、いまはポジティブな変化プロセスの方向が逆行して、安定を壊すことになるでしょう。バランスを支えている既存の制度は壊してはなりませんが、時代の要請に従って形を変えていかなければなりません。それらを、安全や安定の強化、国家間の関係改善のために使わなくてはならないのです。NATO〔北大西洋条約機構〕もワルシャワ条約機構も、単なる軍事機構ではなく、もっと大規模に政治機構化させて、その敵対的な本質を変えさせればいいのです。すでに私たち双方の将軍たちが、時代の精神を感じ取り、お互いに行き来し、最も複雑な問題を協議していることは、素晴らしいことです」

こう語りながら私は、マルタ会談の前にヤゾフ国防相率いるソ連代表団が訪米したときのことを思い描いていた。訪米について政治局で報告しながら、ヤゾフは褒め言葉を惜しまなかった。

「驚くほどオープンでした。破壊工作部隊の中にまで入れたのです。このような訪問なら実際のところ、緊張や疑念は払拭されます」

わが国の参謀総長アフロメーエフ元帥（参謀総長の在任は１９８４～88年。その後はゴルバチョフの顧問を務めた）と米統合参謀本部議長のウィリアム・クロウ海軍大将も有益な関係を築いた。

マルタで協議される中心課題のひとつは、一対一の対話でも代表団の交渉でも、ドイツのテーマであることは分かっていた。

ブッシュは、米国の立場は再統一に賛成で、コールの路線を支持していることを隠さなかった。同時に、彼の言葉から、状況は険しいと見ていることは明らかだった。

「西側同盟国の中には、ドイツ国民が望むならと言葉では再統一に賛成しながら、先行きを不安に思っている国があることを、コールは知っています」

私は大統領に答えた。「そうです。私もそれについては知っています。こうした見方については私から首相に伝えました。コールは何度も私に言いました。自分の責任は分かっている、我々が合意したことはすべてやる、と。いま始まったポジティブな変化を損なわないために、私たちはどこで最大の注意を払うべきか、それが問題です」

ブッシュは「同感です」と答えた。

「我々はどんな軽率な行動も、再統一問題の解決を急ぐこともしません。私はこの問題には慎重に対処するつもりです。わが国の民主党員から臆病だと非難されても構いません。私は壁に飛び上がるつもりはありません。なぜなら、この問題は極めて多くのことが賭けに近い状態にあるからです」

この大統領の言葉は、あの有名なロナルド・レーガン演説をほのめかしたものだった。１９８７年

6月に西ベルリンを訪問した際の演説だ。アメリカ大統領のフレーズは多くの人の記憶に残った。〈ゴルバチョフさん、この壁を取り払ってください〉。その後、私は何度も尋ねられた。これにどう対応するのか、と。ここで私の答えを引用しておこう。

「私たちは、ロナルド・レーガンの最初の職業が俳優だと知っています。彼が語るフレーズは見栄えがします。でも、この壁を作ったのはゴルバチョフではありませんし、それを取り払うのも一人の人間の力ではできません。これは、国民の意思によって起き得たのであり、そして起きたのです」

そこで、私はブッシュにこう言った。

「その通り。壁に飛び上がるのは大統領のやることではないですね」

「素晴らしいように見えても危険な結果をもたらす行動には誘惑されません」

私たちが拡大メンバーでの協議に移ったとき、ブッシュはこう言った。

「今年の夏、パリからワシントンへ向かう機中で、私は今回の会談での質問に関して、あなた宛ての書簡の草案に目を通していました。そのとき、これまでの自分の立場を180度変えようと自覚したのです」

「我々のアプローチの変化は、アメリカの国民にも理解されました。はっきりと申し上げたいのは、あなたがニューヨークで語ったこと、すなわち、もしペレストロイカが成功すれば世界は良くなるということに、私が完全に同意しているということです。米国では少し前まで、この考えに疑いを持つ人がたくさんいました。あのときニューヨークであなたは、ペレストロイカの成功を望んでいない一派がいると語りました。米国にそうした一派がいないということは断言できません。しかし、真面目でしっかり考えている米国の人々は、そのような見方には与しないと確信を持って言えます。東欧での変化や、ペレストロイカの全プロセスは、米国民の心情にも変化をもたらしているのです」

会話の核心

さらに、米国大統領の話は具体的なものとなった。

「わが政権は、ジャクソン＝バニク修正条項〔移民規制や人権侵害を行っている共産圏国家には最恵国待遇を与えないとする米国の法律〕の効力を停止する方向へ踏み出すつもりだとお伝えしておきたい。ソ連に最恵国待遇を与えるのを妨げている条項です。もちろんご存じでしょうが、この分野で前進するには、一連の問題の解決が必要です。それは我々の法律が要求していることです。我々が理解しているように、ソ連で準備されている出入国法は来年初めに発効します。こうした見通しを考慮して、すみやかに新たな貿易条約の締結について協議に入るよう我々は提案します。この分野での進展をできる限り迅速にするためにも、次の米国での首脳会談までに、締結へ向けてのしかるべき合意が準備されることを期待しています」

「同時にお伝えしておきたいのは、わが政権がスチーブンソン修正やバード修正の条項も廃止する路線をとったことです。これはソ連への借款供与を制限しているものです」

ブッシュは続けた。「我々がこうした形の提案をめざしたのは、あたかも米国がソ連を〈救って〉いるような印象を与えないためです。我々は援助のプログラムではなく、協力のプログラムについて話しています。アメリカの政権は、援助の供与についてではなく、経済問題の効果的な協力発展のための条件づくりについて話すつもりです。この点に関して、文書の形で我々の考えをソ連側に伝えることを念頭に置いています。これは、金融、統計、市場機能などの分野における一連の重要なプロジェクトに関係しています。そのリストはまだ完全なものではなく、付け加えられることもあるでしょう」

ブッシュの発言の中でかなりの部分を占めていたのは、軍縮の問題だった。大統領は特に、化学兵器の問題に関して若干立場を変えて話をした。もしソ連側が、1989年9月の国連総会演説でブッシュが述べた米国の提案に原則的に同意するなら、化学兵器禁止の包括協定が発効した後は、米国は自らの近代化プログラム、すなわちバイナリー兵器〔化学兵器の一種〕の生産停止に踏み切ることができるというのだ。実際これは、近い将来に米ソが化学兵器保有量の大幅削減で合意するのを可能とし、米国は現在の保有量を20％まで、条約発効の8年後には2％まで減らすという保証を与えることを意味していた。努力すれば、来年半ばには、しかるべき協定案を署名に向けて用意することはできるだろう。

ブッシュは通常戦力について語りながら、目標を次のようにまとめた。ヨーロッパの通常戦力を大幅削減する協定の署名は、ウィーンでの交渉に参加している国々の首脳会談の場で1990年に行うことをめざす、というものだった。

戦略攻撃兵器についてもブッシュは詳しく語った。

大統領は言った。「アメリカ側は、これに関する交渉にしかるべき刺激を与えようと努めています。我々は、来たる米国での首脳会談に向けて、積み残されたすべての重要問題を協力して解決することに賛成です。たとえば、長距離の空中発射巡航ミサイルの算定基準、ミサイルのテレメトリー〔遠隔測定〕信号の暗号化、未配備ミサイルの制限などの問題です。同様に、可動式の大陸間弾道ミサイルを禁止するアメリカの従来の提案については、最終的に取り下げるようジュネーブ交渉の米代表団に指示するつもりです」

大統領はさらに、ミサイルやミサイル技術の拡散規制にソ連が加わる問題や、ソ連が自らの軍事予算を資料公開する可能性についての問題を取り上げ、環境保護分野で協力していくことを提案した。

全体的にブッシュのスタンスは建設的に見えた。私は次のように返答した。

「大統領閣下、あなたの公開声明や、今日あなたが示された米ソの協力発展に向けた具体的な提案は、平和についての明確な理解があなた方に育まれたことを意味しています。そして、その理解は時代の要請にかなっています。もちろん、我々は米国大統領から、確認だけではなく、その確認を裏付ける具体的な行動を期待しています。そしていま、そうした行動が示されました。あなたがたったいま口にしたことを聞いて、私はそう結論づけました。たとえこれが、ただの行動計画でもかまいません。でも、これは非常に重要なことです」

私は続けた。「過去の経験、すなわち〈冷戦〉からどんな結論が導き出せるかについて、あなたと語り合うのはとても重要なことだと思います。起きたことは歴史に刻まれます。歴史プロセスの特性とはそういうものかもしれません。それでも、過去の出来事の経過を顧みることは、私たちに突きつけられた義務なのです」

「イデオロギー上の理由から対立を期待するのも正しくありませんでした。その結果、私たちは互いに罵(ののし)り合うばかりでした。危険な線まで近づきました。そして幸いにも、踏みとどまることができました。素晴らしいことに、いま、私たち両国の間では相互理解が生まれました」

「世界では、大規模な勢力編成の組み替えが起きています。私たちが二極世界から多極化の世界に向かっているのは明らかです。望もうが望むまいが、経済的に統一されたヨーロッパと関係を持つことになります。西欧の問題については突っ込んで話し合いましょう。同様に、いやおうなく日本はもうひとつの世界政治の中心です。かつて私たちは中国についても話しました。これも、もうひとつの大きな現実です。我々もあなた方も、その現実を互いに敵対して利用してはなりません。世界で起きているプロセスから疎外されていると中国が感じないようにするにはどうすべきか、それを考えなくてはなりません」

「互いに敵視することから解放されなければなりません。それは多分に、私たちの脳の中に潜んでいます。そして、米ソ関係を軍事面だけで見てはいけないということを念頭に置くべきでしょう」

「米国が国家安全保障や進歩といった自らの課題解決の観点から、自国は揺るぎないという感じを抱いていることに、我々は関心を持っています。しかし、米国も他の国々の利益を考えなければなりません。ところが実際は、教え諭し、押さえつけ、無理強いしたいというさらなる願望があります。いまもまだあります。我々はこれらすべてを知っています。だからこそ、私はこの点についてあなたの意見を聞きたいのです」

　それに答えてブッシュは言った。

「東欧で起きている変動を受けて、米国はソ連に損失をもたらすような横柄な態度はとりませんでした。あなたにはそれに気づいてほしい。しかしながら、米国では私を非難する人たちがいます。慎重すぎる、と。きっと私は用心深い人間だけれども、決して臆病ではありません。わが政権は、あなたの立場を傷つけるつもりはありません。しかし、私のところには執拗に別の提案が寄せられました。言ってみれば、ベルリンの壁によじ登って仰々しい演説をすべきだ、というものです。しかし、我が政権はそうした行動には飛びつかないで、抑制的に振る舞うつもりです」

私は言った。「我々はそれをこの目で見て、高く評価しました。あなたの言葉を歓迎します。私はそこに政治的意志の表れを見ました。私にとってはそれが大切なのです」

私は、化学兵器や通常戦力、戦略攻撃兵器に関する米国の提案に詳しく意見を述べ、建設的な要素を支持し、一刻も早い条約締結に賛成だと伝えた。そして、こうまとめた。

「米ソの対話は、ダイナミックに動いています。新しい息吹を吹き込むためには、新たな努力と新たな歩みが必要です」と。

我々は敵ではない

12月3日も会談は続いた。まさにこの日、私は次のような言葉を述べた。

「新しい米国大統領は、ソ連はいかなる状況でも戦争を始めないということを知っておくべきです。これはとても重要なことなので、私個人としてはこの発言をあなたに繰り返したいほどです。しかも、ソ連はもう米国を敵とは考えず、これを広く公表する用意があります」

これらの言葉は、その場の思いつきではなかった。私は、ソ連指導部に同意を得たうえでの立場を説明した。

そして、まさにこうした背景の中で、中欧や東欧の激変をめぐる協議が進んだことを述べておかなければならない。

ブッシュは言った。「広がる変化の速さに我々は衝撃を受けました。このダイナミックであると同時に根源的な変化に際して、あなた個人とソ連の対応を高く評価しています」

米国大統領は続けた。「昨日の一対一の会談で、たとえ細かいところまでは検討しなかったにしても、ドイツの再統一問題を話し合いました。あなたは分かってくれているでしょう。我々がドイツ再統一に賛成しないよう我々に要求することはできない、ということをです。同時に我々は、これがどれほどデリケートで慎重さを要する問題かを理解しています。しっかり抑制の効いた振る舞いをするよう努めましょう。この考えを少し別の言葉でまとめてみます。要は、私も、わが政権の代表たちも、挑発と見られるような態度はとりたくないということです。ここで強調しておきます」

私はこう答えた。「そうです。ヨーロッパでの変化は根源的な性質を帯びています。だからこそ、いま重要なのは、ヘルシンキ・プロセス〔1975年にフィンランドのヘルシンキで開かれた欧州安全保障協力会議で、最終の合意文書（ヘルシンキ宣言）に米ソや欧州など計35カ国が署名し、冷戦時代の信頼醸成を図った前例がある〕を継続して発展させ、新たに首脳会談を開くことです。そこには、もちろん米国やカナダも含め、ヘルシンキ宣言に署名したすべての国が参加するべきです。新しい状況の意味を理解し、共同の基準と目標をつくるためです」

1年後の90年11月、この考えは、欧州安全保障協力会議の首脳会議で実現された。そこで、新しいヨーロッパのためのパリ憲章が採択された。パリ憲章は最も重要な文書である。それについては後に話そう。

今回の会談では、ブッシュとの一対一の話し合いがもうひとつあった。その議事録を、ここで実際すべて紹介しよう。

ブッシュ　米国で私はよく、こう尋ねられるのをご存じでしょうか。もしゴルバチョフがバルト海沿岸諸国〔バルト3国〕で〈たがを締めたら〉、あなたはどうするのかと。私はいつもこう答えます。ゴルバチョフはソ連国内でと同じように、その外でも平和的発展の擁護者です、と。だからこそ、この問題は起きるはずがないですし、私がそれに対応することもないでしょう。

しかし実は、わが国にはバルト3国からの移民が非常にたくさんいて、ときどき極めて過激になります。彼らはいつも、この問題をあなたに提起するよう私に求めています。おそらく今日も、アメリカの特派員たちが、同様の質問をあなたにぶつけてくるでしょう。彼らは、あなたの計画の実現は困難に直面していると指摘して、これが武力行使を招くことにならないか尋ねてくるでしょう。

繰り返しますが、私はこのような質問にはいつもこう答えています。それらはまったくの仮説に基づく話であり、ゴルバチョフは武力によらない平和的手段を支持しているのだ、と。いずれにしても念頭に置かなければならないのは、どんな抑圧手段であっても、わが国では激しい反応を呼び、我々両国の関係をより複雑にする問題が持ち上がるということです。とはいっても、私はこういうことが起きるとは思っていないし、何らかの弾圧があるとは信じていません。

ゴルバチョフ　大統領閣下、私はもう、わが連邦の問題と将来をどう見ているのか、あなたに語れるようになりました。それはこういうことです。連邦の問題、〔ソ連を構成する〕共和国の問題は、より広範で実質的な権利を各共和国に提供し、政治的、経済的、精神的な分野での自主独立と責任を拡大・強化する方法で解決されなければならない、ということです。そしてこれは、好意的な反応を呼び、緊張緩和や問題解決に役立っています。

同時に強調しておきたいのは、ソ連からの離脱をめざす分離主義的志向は正しくないということです。分離主義は最も悲劇的な結果を招くでしょうし、ペレストロイカにも大きな打撃を与えるでしょう。そしてもちろん、これは国民自身にとっても危険な道です。

エストニアとラトビアでは、ほぼ半数の住民がロシア語を話す人々です。彼らはロシア人とその他の民族から成っています。タリンやリガといった大都市では、その割合はもっと大きくなります。リトアニア人が優勢を占めるリトアニアでは、状況はいくらか異なります。その代わり、ウクライナには1500万人のロシア人がいます。カザフスタンではカザフ人は人口の35%だけです。そして、どんなものであれ分離主義的な動きが現れてきた途端、その反動は極めて激しいものになります。たとえば、かつてはロシアの一部で、いまはウクライナになっているクリミアでは、分離主義的傾向がウクライナで最初の兆候を見せたとき、人々はクリミアをロシアの構成体へ戻すための署名集めを始めました。

ご覧のように、我々にはなんと複雑な歴史と複雑な国家があることでしょうか。すべてが混ざり合い、絡み合っています。この問題は民主的にしか解決することができません。よく考え抜かれたアプローチと、外部からのいかなる干渉も排除する形でしか解決できないのです。不干渉こそ決定的に重要なことです。干渉への反応は、わが国民においても非常に厳しいものがあります。もしあなたが関係を断ち切りたいなら、もし米ソ両国民の関係をだめにしたいのなら、そのときは干渉して分離主義を鼓舞してください。しかし、我々はもちろん、この極めてデリケートな局面で、米国大統領が注意深く、よく考え抜かれた行動をしてくれると期待しています。

ブッシュ　よく分かりました、大統領閣下。

マルタでは、もうひとつの先例が生まれた。米ソ首脳会談の歴史上初めて、共同記者会見が旅客船マクシム・ゴーリキーのデッキ上で行われた。全体としての成果は、関係が新たなレベルに移ったことだった。

ドイツ——平和路線でプロセス保つ〈2＋4〉

それに続く数カ月、何が最も重要で、何に注意を注いできたのか。もちろん、西ドイツと東ドイツの統一プロセスである。

東ドイツでは指導部が交代した。最初はホーネッカーに代わってエゴン・クレンツが就き、その後、ハンス・モドロウに代わった。指導部のイニシアチブが顕著になり、計画が立案された。それらの中には、二つのドイツの連合案、〈東ドイツ—西ドイツ条約共同体〉もあった。モドロウは西ドイツのリヒャルト・フォン・ワイツゼッカー大統領、コール首相と会談した。東ドイツの新しい指導部は、状況をつかめていないだけでなく、現在起きていることの重要性や危険性への理解が深刻なまでに遅れていることが、私には次第に分かってきた。

荒れ狂う民衆の海は鎮まらなかった。人々は静かに街頭に出て、暴力に訴えることはなかった。しかし、彼らの要求はいっそう急進的になってきた。そうした日々の緊迫状態を物語るエピソードをいくつか紹介したい。

1990年1月3日のベルリンでの集会には、25万人が参加した。

1月8日にライプチヒであった10万人デモで、〈ドイツはひとつの祖国〉というスローガンが叫ばれる。

1月11日にはベルリン中央部で、政権政党の社会主義統一党（SED）や秘密警察シュタージに反対のスローガンを掲げた数千人のデモがあった。

1月15日には、東ドイツのすべての主要都市に、デモやストが広がった。

1月22日には、再び数十の都市で多数の市民が参加したデモがあった。

我々がモスクワで知らされた情報では、1月半ばには政権組織の崩壊が始まっていた。

1月26日、私はドイツ問題についての会議を開いた。ルイシコフ、シェワルナゼ、ヤコブレフ、アフロメーエフ、クリュチコフ、党中央委員会国際部長のワレンチン・ファーリン、補佐官のチェルニャエフとシャフナザロフが参加した。議論は約4時間続き、時に白熱した。

ここで問題が持ち上がった。我々は誰を頼りにして動けばいいのかと。なぜなら、西ドイツでは連邦議会選挙を前に、統一問題は国内の政争の具と化していた。あるメンバーたち、特にかつて西ドイツ大使を務めたファーリン、そして同様にルイシコフは、西ドイツの社会民主党勢力を優先し、彼らを対象とすることに賛成を唱えた。〈すべてをコールに託してはならない〉と。その他のメンバーは、もっともな反論をした。コール〔キリスト教民主同盟党首〕とゲンシャー〔自由民主党党首〕は連立与党であり、彼らが推進のレバーを握っているため、彼らと緊密な接触を図るべきである、彼らはドイツ再統一が平和的に欧州諸国や我々とも合意のうえで進むことに関心を持っている、との主張だった。

その結果、こんな合意に達した。基本的にはコールを軸とするが、社会民主党も無視はしない、と。さらに〈6カ国会議〉の考えが支持された。つまり、ドイツ統一の過程で解決が必要となるヨーロッパ問題や国際問題を協議するための特別なメカニズムをつくることだ。この特別組織のメンバーには、第2次世界大戦の戦勝国である国連常任理事国、すなわちソ連、米国、英国、フランスと、二つのドイツ国家、東ドイツと西ドイツが入ることになった。

東ドイツからのソ連軍撤退の準備は、参謀総長アフロメーエフ元帥に委任されていた。会議の参加者はみな、これは不可避だと理解していた。統一に同意するかどうかの問題は、単に提起されなかった。誰の頭にも浮かばなかったし、この会議でも別の協議の場でも持ち上がらなかった。いまこの話をするのは、その後に様々な臆測が出たからだ。

最も重要な課題は、プロセスの平和的な路線を維持し、我々を含め関係するすべての国に利益をもたらすことだった。だからこそ、ロンドン〔英国〕やパリ〔フランス〕といっそう緊密に取り組むことが必要だった。そしてもちろん、米国とも。

2月9日、私はモスクワでベーカー米国務長官と会談した。彼との話し合いで私が強調したのは、いかに我々両国の一致した行動が重要か、両国の根本的な関係改善と冷戦終結の事実そのものがいかに重要か、ということだった。

「多くの兆候から判断して、ヨーロッパの情勢は手の届かないところに行きつつあります。このような時期に、何よりも強大で影響力のある両国の関係が、これほど好ましい局面に至ったことは、とても素晴らしいことです」

ベーカーは、統一プロセスは前年末に誰もが予想したよりもはるかに速く進んでいると答えた。彼は、前日に会ってきた仲間たち、すなわち英国、フランス、西ドイツの外相らが抱く不安について説明した。安定的な枠組みでプロセスを維持するためには、統一がもたらす対外的影響について問題を解決するメカニズムが欠かせない。

こうしたメカニズムが創設され、〈2プラス〉と名付けられた。後になって、私の批判者たち、特にファーリンが、このメカニズムの〈表現〉が〈4プラス2〉ではなく〈2プラス4〉へと逆になったことに対して、非難の山を浴びせてきた。前者の形ならば、まず第一に大国の側が決定権を握り、ドイツ側はそれに同意するしかなかったのに、というのだ。しかし、これは正真正銘の現実離れした空論であり、無責任極まりない発言だ。統一を決定したのは国民であり、誰もこのプロセスを止めることも、ブレーキをかけて速度を落とすこともできなかった。

2月9日の会談でベーカーは言った。

「我々両国はともに〔第2次世界大戦を〕戦い、ともにヨーロッパに平和をもたらしました。残念ながら、その後、我々は世界をうまく回すことができず、冷戦へと至りました。あなたにぜひとも知っておいていただきたいのですが、大統領も私も決して、いま起きているプロセスから一方的なメリットを引き出すつもりなどありません」

ドイツのＮＡＴＯ加盟問題

そして実際すぐに、ドイツのＮＡＴＯ加盟問題が持ち上がった。

国務長官は、米国側も、一緒に協議したドイツ側も、統一ドイツにとって中立（西側陣営にも東側陣営にも属さないこと）が最適な決定だとは考えていないと言った。そしてこう続けた。

「もしドイツが中立となっても、軍国主義化しないとは限りません。逆に、アメリカの核抑止力に頼る代わりに、独自の核潜在力を持つことを決める可能性があります。我々の西欧の同盟国すべてと東欧諸国のいくつかは、米国がヨーロッパでの軍事プレゼンスを維持してほしいと知らせてきました。あなたがこうした見通しを支持するかどうかは分かりません。しかし、はっきり申し上げたいのは、米国が軍隊を引き揚げるとするなら、それは我々の同盟国が米国のプレゼンスに反対と言う場合のみです」

「我々はどこであれ、米国のプレゼンスを望まない国からは出て行くでしょう。こうした気持ちは、アメリカ国民の中にはいつも強くありました。ですが、もし統一ドイツを現在の西ドイツ指導部が率いるとするなら、この指導部はこれまで、我々が出て行くのには反対だと主張してきました」

「最後に言いたいのは、ヨーロッパでの米国のプレゼンスを担保しているメカニズムがＮＡＴＯだということです。もしＮＡＴＯが活動を停止したら、米国のプレゼンスのメカニズムはヨーロッパには存在しなくなるでしょう」

「もし米国がＮＡＴＯの枠組みでドイツでのプレゼンスを維持するなら、ＮＡＴＯの管轄権もしくは軍事的プレゼンスは1インチたりとも東方に拡大しない、との保証を得ることは、ソ連にとってだけでなく他のヨーロッパ諸国にとっても重要なことだと、我々は理解しています」

ＮＡＴＯ拡大について――「ここから――より詳しく」

その後、これらベーカーの言葉や、統一ドイツの軍事政治的地位をめぐる当時の議論を反映した他の資料は、数多くの臆測や思惑の対象となった。ある人々はこう言う。ゴルバチョフにはＮＡＴＯを拡大しないという保証がなされた、と。別の人々はこう語る。ゴルバチョフはＮＡＴＯを拡大しないという保証は得ていなかった、もっと食い下がるべきだった、そうすれば中東欧諸国のＮＡＴＯ加盟問題も後で起きることはなかっただろうに、と。同じようなことを、よく知らずによく分からないまま話す人もいるし、悪意を持って話す人たちもいる。そんなわけで、どのようなやりとりだったのか、より詳しくここで紹介したい。

ベーカーはモスクワでこう表明した。「〈2＋4〉のメカニズムの枠組みで調整や協議を行うことは、ドイツ統一が軍事機構ＮＡＴＯの東方拡大につながらないという保証を与えるはずだ、と我々は考えています」と。

というわけで、保証はもっぱらドイツ統一に関して与えられたものだった。しかも、政治的、外交的レベルでやり遂げられた膨大な作業の結果、この保証は条約の形で具現化された（1990年9月

12日署名のドイツ最終規定条約)。これは、旧東ドイツ領での外国軍の配置や核兵器とその運搬手段の配備を禁止し、西ドイツの兵力を大幅に削減(37万人まで)するものだった。条約のすべての条文は履行され、むしろそれを上回っている。現在のドイツの兵力は18万5千人である。

あのとき我々は、旧東ドイツ領だけではなく、東方全体へのNATO不拡大問題を提起すべきだったのか。私は確信している。この問題を我々が提起するのは単に愚かなことだったであろう、と。なぜなら、当時はNATOだけでなく、まだワルシャワ条約機構も存在していたからである(この機構の解散決定が効力を持ったのは1991年7月1日になってからだった)。あの当時こんなことを言っていたら、我々はもっと非難されていただろう。我々自身が西側のパートナーにNATO拡大のアイデアを〈こっそり届け〉、そしてワルシャワ条約機構の崩壊そのものを早めてしまった、と。

NATOの東方拡大のプロセスは、別の問題である。それが始まったのは、私がソ連大統領のポストを退き、ドイツ統一で成し遂げた合意の精神に背き、あれほど苦労して築き上げ、試練に耐えてきた相互の信頼を壊してしまってから、何年か後のことだった。そしてさらに、こうも確信している。もしソ連邦が維持され、すでにソ連と西側の間にできていた関係が保たれていたら、NATOの拡大は起きなかっただろうし、双方は別の形で欧州安全保障システムの創設にアプローチしていただろう。そしてNATOもまた、とりわけ現在、1990年夏に採択されたロンドン宣言の条文が忘れられていなかったら、違った性質を帯びていたことだろう。その宣言には、NATOの政治的機構への発展、冷戦の遺物を克服するための貢献、現在の欧州安全保障協力機構(OSCE)〔前身の欧州安全保障協力会議(CSCE)が1995年に機構化され、名称変更した〕の役割強化がうたわれていた。

ベーカーとの会談が終わりになるころ、私はこう言った。

「あなたが語ったことの多くは現実主義的です。ともに考えましょう。我々も、あなた方も、事態に影響力を及ぼす可能性を持っています。この可能性を生かせるのは、私たちが他の国々の利益も考慮に入れた理性的なアプローチを見つけ出し、それにふさわしいメカニズムを生み出したときです。もちろん今は、選挙キャンペーンや社会の熱の高まりによって、事態は非常に複雑になっています。事態を見守り、どう行動すべきかを考えましょう」

コールとの真剣な会話

その翌日の2月10日、モスクワを訪れたヘルムート・コールと私は会談した。

私は訪問客に言った。「私たちに意見の相違はありません。ドイツ人自身が自らの選択をすべきです。ただし、現実に根ざした状況においてです」

「私たちに重い遺物を残した戦争がありました。私たちはいま、この遺物を見直し、それを変えたいと思っています。対立や敵意から抜け出たいと思っています。ヨーロッパ共通化のプロセスに、世界政治の新しい思考に、私たちは踏み出しました。このような状況下で、〈ドイツ問題〉を別の局面へと移す可能性が開かれたのです。力を合わせて、自らの利益だけでなく近隣の利益も考慮して、これをやる必要があります」

「こうした問題設定に私も加わりましょう」とコールは答えた。「ドイツの土地からは、平和のみが生まれなければなりません。そして、これは言葉だけではなく、本当に真剣なものです」

それに答えて私は「これは非常に重要な確認です」と述べた。

コールは言った。「激動する事態に適切な対応ができるよう準備しておかなければなりません。私は事態を加速させたくはありません。しかし、波が私の方に打ち寄せているのが見え、それに逆らえないでいます。それが現実です」

さらに首相は私に、統一後の最終的な国境線は、現在その国境があるところで引かれると保証した。西ドイツが兵力と軍事力を大幅削減する用意があると語り、統一ドイツは大量破壊兵器の放棄に関して最も厳しい義務を自らに課すと請け負った。

統一ドイツのNATO加盟問題についてのコールの立場は、米国と完全に一致していた。中立には反対しながら、首相は1919年のベルサイユ条約がもたらした結果を引き合いに出した。ドイツを他のヨーロッパから孤立させ、ナチス政権の誕生という誰もが知る結果をもたらした条約だ。同時に、〈NATOは自らの影響力の範囲を広げてはならないと我々は考えている〉（速記録から引用）とも言った。この問題を〈2プラス4〉のメカニズムの枠組みで協議することで合意した。〈ドイツ統一の対外的影響を検討するため〉のメカニズム創設については、外相らが翌日に承認した。

私がすでに語ったように、ドイツ統一プロセスは、多くの国々で疑問と不安を呼び起こした。そのテンポだけではなく、潜在的に強力な統一国家がヨーロッパの地図に出現すること自体がそうだった。わが国の人々も問題を投げかけた。我々は人々と語り、いま起きていることを正直に公表し、ソ連指導部がどういう立場をとるのかを説明しなければならなかった。2月21日のソ連共産党機関紙プラウダに、私の回答が掲載された。

ドイツ人の統一の権利を、我々は一度も否定していないことに注意を促した。

〈わが国民に正当な勝利の誇りと、計り知れない悲しみと、その張本人〔ナチスドイツ〕への当然の憎しみをもたらしたあの戦争の直後でさえ、ソ連はドイツの分割に反対した。この分割の考えは我々のものではないし、《冷戦》の状況下でその後、事態がどう展開し始めたのかについての責任もない〉

しかし、私はこう続けた。

〈ドイツ統一はドイツ人だけの問題ではない。この彼らの民族的権利にあらゆる敬意を表しながらも、ドイツ人がお互いに合意した後に、その他すべての国々に対し、すでに決定されたことに同意するよう提案することは考えられない、という状況にある。国際社会が知る権利のある基本的な事柄があり、そこにはあいまいな箇所があってはならない〉

〈東西ドイツの接近プロセス自体もドイツ統一も、近隣であれ、外部のどこであれ、他国の国益に脅威も損失ももたらしてはならないということが、最初から明確でなければならない。そしてもちろん、他国の国境へのいかなる干渉もあってはならない〉

〈第2次世界大戦の結果として設けられた国境の安定性、これは最も本質的なものであるが、それとは別に、戦争がもたらした結果がある。四つの大国〔米ソ英仏〕の責任に誰も注意を向けてこなかったことだ。その責任を取り除けるのは本人たちだけである。ドイツとの平和条約はまだない。そして、その条約だけが、国際法の秩序にのっとり、ヨーロッパ機構の中でドイツがどんな地位を占めるのかを最終的に決めることができるのだ〉

私は、次のような最も厳しい質問から逃げることはしなかった。

〈ドイツの統一国家がヨーロッパの真ん中に出現することの見通しについて、ソ連国民が抱く、そして他のヨーロッパの国民が抱く明確な不安をどう評価しているのか〉

私の回答はこうである。

〈歴史的にも精神的にも、こうした不安は理解できる。だが、ドイツ国民がヒトラー支配と第2次世界大戦の経験から教訓を学んだということは否定できない。両ドイツ国家には新しい世代が育ち、彼らは世界におけるドイツの役割を、ここ100年余の間とは、特にナチズムの時代とは違った目で見ている〉

〈しかしながら、過去にドイツで形づくられたネガティブな力の潜在性を無視する権利は誰にもない。ましてや、国民が持つ戦争の記憶、その悲惨さや損失についての記憶を考慮しないことはありえない。だからこそ、ドイツ人が統一問題を解決しながら、自らの責任を理解し、他の国民の利益だけでなくその感情をも尊重することが極めて重要なのだ〉

〈特にこれは、わが国、ソ連の国民に関係していることだ〉

主役は――国民、二つの国民

これが重要だった。政治的にも外交的にも、ドイツ統一に関する仕事では、我々は常にこれを考慮していた。そして、ここ25年間の経験を振り返って、こう結論できる。わが国の人々、とりわけロシア人は、ドイツ人の統一の願いも、これに関するソ連指導部の立場も、理解を持って受け止めた。だからこそ、再統一の主役は誰だと思うかを尋ねられたときには、いつも私はこう答える。それは国民だ、と。私は政治家の役割を軽んじているのではない。その役割は非常に大きかった。しかし、ここでの主役は国民が演じた。二つの国民が。ドイツ人は覚悟を持ってはっきりと、民族統一への意志を表明した。そしてもちろん、ロシア人も、ドイツ人の悲願に理解を示した。今日のドイツは以前のドイツとは根本的に違うと信じ、ドイツ国民の意志を支持した。ロシア人もドイツ人もいま、誇りに思う権利がある。あのような流血の後に、お互い歩み寄ることができたのだ。これがなければ、ソ連指導部も、あのときのような行動はとれなかっただろう。

1990年3月18日、東ドイツで選挙が行われた。東西ドイツ両国の一刻も早い統一に賛成する政党が、ほぼ70％の票を獲得した。東ドイツの新政府は、西ドイツの憲法23条にのっとってドイツ統一に望みをかけた。つまり、西ドイツが東ドイツを単にのみ込むのである。東ドイツの新首相ロタール・デメジエールはモスクワでの私との会談で、〈我々はわが有権者からこれに信任を得た〉と表明した。

もう一度言っておきたい。急速な統一のテンポが問題を呼び起こしたのは、何も我々のもとだけではなかった。私はすでに、マーガレット・サッチャーの立場について語った。フランスのフランソア・ミッテラン大統領も心配していた。彼らとは信頼関係があったおかげで、統一問題での当初の立場は実際に一致していた。1989年12月初め、キエフでの会談で我々は、ヨーロッパ共通化プロセスの枠組みで西ドイツと東ドイツの段階的な接近に賛成する意向を示した。

変わりゆく状況の中で、フランス大統領の立場を知ることが重要だった。なぜなら、フランスにとっては、ドイツ問題のいかなる決定も死活的な意味を持っていたからだ。我々は90年5月25日、モスクワで会談した。

ミッテランが事態を神経質に受け止めているのは明らかだった。次に引くのはミッテランの偽らざる気持ちである。

「我々はドイツ人と良好な関係にあります。しかし、我々は盲目ではありません。ドイツ統一ができる限り早く実現するよう彼らが全力で取り組む姿をつぶさに見てきました。

現状では、避けることのできない客観的な現実が存在しています。西ドイツは、ありのままに言えば、東ドイツをのみ込みます（……）。どの世代も自らのために生きています。だからこそ、政治の最高指導者たちにとって最も重要な課題は、歴史の継承を可能にすることにあります。しかし、いまの世代はもはや、自分が過去の重荷と関係があるとは考えたがりません。

前年11月に始まったドイツ統一プロセスの加速化は、この問題で唱えられた異議を追い散らしました。これまで欧州共同体の首脳会談で、コールは統一についてほのめかすことすらしませんでした。しかし、すでに今年の4月には、少なくとも頭の中では統一は起きていた、と考えることは可能でした。

このプロセスに働きかけるために、我々には何ができたのでしょうか。あのとき、私には何ができたでしょうか。核の手段まで備えた機甲師団を送ることでしょうか。その当時、私はマーガレット・サッチャーと相談しました。彼女の考えは私と同じ方向でした。しかし、これに関して言えば、ドイツの人々が統一に賛成の投票をした後、最初にドイツ側へお祝いの電報を送ったのは彼女でした。

我々には、影響を及ぼすためのどんな手段があるでしょうか。もちろん、脅威を与えること以外に。単に言いっ放しにするつもりはありません。衝突の激化ではなく、その調整をめざさなくてはなりません」

ドイツ問題をめぐるフランソワ・ミッテランの気持ちは、このようなものだった。政治経験の豊かな人物である彼は、いまの状況の中で、どんな課題を実際に解決できるかについても語った。

「ドイツに今後、核兵器保有を禁止する問題を、オフィシャルな形でどう解決するのか、そこに大きな関心を持っています。

東ドイツにはソ連の、西ドイツには西側の外国軍が駐留していることに関しては、私はこう考えます。NATOにとっては、自らの戦闘隊形を、現在の西ドイツ領から、将来統一されるドイツの東方部分へ動かさない方が、いまの力のバランスを壊さないためにも賢明だろう、と。7月5〜6日に開かれるNATO首脳会議の中で、私はこの方針を貫くつもりです。

さらに、ヨーロッパには様々な合意が締結されたという側面があります。第一に、ヘルシンキ・プロセスの枠組みで合意された規約を実行する必要があります。欧州安全保障協力会議の内容にいっそう重みを与えなければなりません。単に外相らが時々会談するようなものではなく、彼らを固定メンバーに置く常設の組織機構が必要です。具体的な権限を持った常設の事務局も必要です。ところで、米国はこのようなアプローチに不満は言えません。なぜなら、米国自身、欧州安全保障協力会議のメンバーだからです。

これらすべての会議や交渉の中で、ソ連が自らを対等なメンバーだと感じる必要があります。さらに、ソ連を孤立させようという誘惑を避けなければなりません。誰かがそれを試みているという印象を持たせることさえ避けなければなりません。だからこそ私は、あなた方の安全のために、同様にヨーロッパ全体の安全のために、条件づくりをする必要があると強調しているのです。この目的にのっとって私は行動してきました。特に、欧州連合創設のアイデアを提起したのがそうです。それは、あなたのヨーロッパ共通の家のコンセプトにも似ています」


ミッテランは何度も、自分が賢明で現実主義的な政治家であることを見せようとした。おそらく、彼はまさに、あらゆる西側の指導者の中で、我々の立場を最もよく理解し、我々の立場の政治的、心理的な基盤を認識し、それを考慮しようとした。そして私も、統一ドイツのＮＡＴＯ加盟問題についての彼の発言には、非常に注意を払わなければならなかった。ＮＡＴＯの状況や、そこで支配的な雰囲気を引き合いに出しながら、彼はこう言明した。ドイツを〈ブロック外〉とするソ連のアイデア、あるいは両ブロックに加盟するアイデア、あるいは、（フランスを見本に）ＮＡＴＯ軍事機構〔ＮＡＴＯは文民機構と軍事機構から成り、フランスは１９６６年に軍事機構から脱退、２００９年に復帰した〕にドイツを加えないというアイデアさえ、拒否されるだろう、と。

フランス大統領は言った。「私個人としては、ドイツ自らの選択を禁止するいかなる可能性も見ていません。もし話が行き詰まったら、ドイツ側とＮＡＴＯ加盟国は単純な選択、すなわちドイツのＮ

ATO加盟を決定することができます。それで終わりです」

「あなたは厳しい立場をとることもできます。でも、そのようなアプローチはヨーロッパを不安定化させる原因になるでしょう。他のすべての問題では合意は可能です。しかし、NATO加盟問題が本丸です」

このミッテランとの会話から明らかになったのは、ドイツのNATO加盟問題では、私はアメリカ側と差しで向かい合う状態に残された、ということだった。

米国の立場については、5月18日にモスクワを訪問したベーカー国務長官が詳しく語っていた。彼の〈9項目〉は、賢明で我々も受け入れ可能な規定をいくつも含んでいた。そのいくつかは後に、ドイツ統一条約に盛り込まれた（ドイツ連邦軍の兵員制限、ドイツの大量破壊兵器不保持について）。その他は政治的義務に則したものだった（段階的なNATOの政治的機構化、欧州安全保障協力会議の政治的常設機構化について）。

米政権のこの立場は、すべての問題を片付けたわけではなかった。心理的な側面、すなわちソ連の人々の意識がNATOを受容できるかという問題が残っていた。しかし、現実的に考えなければならなかった。私は現実を見た。実際にドイツを、ベルサイユ条約後と同じような状況に置いてはならなかった。ドイツが同時にワルシャワ条約機構にも加盟することや、NATOの軍事機構に入らないことは、同じく不可能なことだった。そしてもちろん、最も重要な点は、両政府の顔、すなわち西ドイツと、まだ存在する東ドイツの顔を持つドイツが、NATO加盟を支持することだった。

第5章　試練

米国訪問——困難な対話

1990年5月末の米国訪問に向けて、我々は極めて入念に準備した。国内でも世界でも、事態はダイナミックに動いていた。情報の洪水が押し寄せ、数十年の間に国内に蓄積していたあらゆる問題が新たに表面化した。政治闘争はますます激しくなり、時に先鋭化した。これらすべてに力をとられ、増える一方の重荷に対処するのは至難の業だった。

急転する国内の事態も重要だったが、外交日程の維持を我々の基本線とした。国際関係における建設的な傾向を確かなものにし、いよいよ目前にはっきり見えてきた平和と協力の展望を誰にも邪魔させないことが必要だった。この課題は、米ソ間の冷戦の遺物を最終的に克服することなしには解決できなかった。

しかし、その関係はまだまだ安定的とは言えなかった。我々は対立からは脱したものの、軍事的・政治的な競争のロジックは、頭の中でもアプローチの仕方でも根絶できてはいなかった。協力は徐々に軌道に乗ってきた。だが、真のパートナーシップにはほど遠かった。結果として、数十年の間に形づくられた対立構造が一気に変わることはなかった。

にもかかわらず、後戻りすることはありえないと私は確信していた。世界の一体性と相互依存に対する自覚は、すでに政治にも深く浸透していた。数十年にわたって〈冷戦〉と対立を育んできた〈敵国イメージ〉も、目に見えて薄まった。後戻りに対する最良の保障になるのは、新たに前へ進むことだと私は考えた。政治的な変化に遅れをとり続けている軍縮問題でも、多国間にまたがる諸問題の協力でも、経済的、科学技術的、文化的な交流でも、いろいろな世代や職業の人々による一般的な人的交流でも、前進することだ。

1990年5月30日、私はワシントンに到着した。いくつかの問題で意見の相違があるとしても、建設的な対話の雰囲気を保って、多くの本質的な問題でうまく合意できる――。そう期待を持てるしっかりした根拠があった。

私は大統領にこう言った。「協力を可能にするには、米国はソ連に、ソ連は米国に、どうあってほしいのかを明確にしなくてはなりません。はっきり申しましょう。我々は、弱体化した米国も、世界規模の問題で役割を低下させた米国も、我々の利益になるとは考えていません。これは我々にとって勝利でも何でもありません。なぜなら、弱くなる米国、どこか手を縛られた米国は、世界の不安定化につながるからです」

このテーマは、今回の会談で議論の中心となった。様々なルートで入ってきた情報や、上下両院、経済界や学界の代表らとの会談から私が受けた印象は、新しいソ連が自らの国益に合致するとの理解が、米国でも優勢になってきたということだった。しかし私は、状況を単純化せずに、アメリカ社会の政治的な現実を考慮に入れた。そこではまだ、冷戦の惰性が強く働いていた。こうした状況では、動き始めたばかりの相互理解のプロセスをあらゆる方法で刺激し、米ソ関係をパートナーシップへと前進させることが必要だった。

一般的に、フルバージョンの首脳会談は、当時も今も極めて重要である。二国間関係の行き詰まりを克服する方向へ国家機関や部局の動きを刺激し、改めて詳しく検討したり立場を比較させたりし、問題点や可能な解決策を新しい視点から見るよう促すこともしばしばある。まさにここから、我々はブッシュ大統領とそのチームとの交渉に備えた。

議題は盛りだくさんだった。将来締結する戦略兵器削減条約の基本原則の合意を含む軍縮問題のパッケージ。欧州プロセス、何よりもドイツ統一の対外的影響。貿易協定締結の見通し。地域紛争地帯の状況。結局のところ、そのときは24の文書がソ連とアメリカの間で署名された。もちろん重要なことは、文書の量ではなく、安定した協力関係の基盤をつくることとの意義にあった。

政治家も世論もマスコミも、第一に関心を注いだのがドイツ問題だった。すでに5月31日の最初の会談で、ブッシュはこう述べた。

「ドイツが脅威の源泉になってはいけないという点では、私たちに隔たりはありません。ドイツは民主主義の原則を信奉しなければならないし、過去を繰り返さないとの保証を与えなければなりません。将来のドイツの軍事的・政治的な地位を、私たちはそれぞれの視点から見ています。あなた方にも我々にも、将来への不安があります。ドイツに任せることはできます。ドイツは自らの債務を支払いました」

米国大統領は続けた。「あなたの懸念は理解できます。アメリカの犠牲者は、ナチスドイツとの戦闘の犠牲になった2700万のロシア人の命とは比較にはなりません。にもかかわらず、ドイツの地での50年に及ぶ民主主義の経験を無視することはできません。統一プロセスは、我々の誰もが想像したよりも急速に展開しています。それにブレーキをかけるだけの力はありません」

そう、これは否定できなかった。もちろん、ブッシュと彼の仲間も不安に思っていたのは明らかだった。そして、統一ドイツというこれほど強大な勢力がNATOの域外にあったら、このNATOというブロックの命運があらかじめ決められてしまうという懸念は、それなりに根拠のあることだった。しかし、重要な点はこれではなかった。どんなに優れた論拠によって政治家や外交官を自らの支持する立場に導いたとしても、決定的な意味を持っていたのは、いま起きているプロセスのテンポだった。そしてもちろん、ドイツ人自身の立場を考慮する必要があった。

我々は米国大統領が、我々の提起した他の問題に理解を示したことに注意を向けた。ドイツ統一の対外的影響や、ソ連の利益も含めたヨーロッパの安全保障に関わる問題である。これらの問題はすべて、〈2プラス4〉のメカニズムを通しての検討や決定に付されることになった。そこに対立はなかった。

統一ドイツのNATO加盟問題については、対話は困難を極めた。そのうえ、双方がお互いを非難した。「あなた方はドイツ人を不安に思っている、ドイツが再びヨーロッパで、そして全世界で、平和を脅かすのではないかと恐れている」と。ブッシュは次のように主張した。

「私は西ドイツに恐怖を味わったことはありません。この民主主義国家を侵略的な大国とは見ていません。もしあなたが自分の心理的偏見を打破しなければ、私たちは合意するのが難しいでしょう。しかし、合意は可能です。なぜなら、我々もコールも、あらゆる分野であなたと協力したいと思っているからです」

私は答えた。「あいまいな点があってはなりません。我々は誰も不安視していません。米国も、西ドイツも。ただ単に我々は、関係改善の必要性、ネガティブなものを壊して、両ブロックの関係の建設的なモデルづくりの必要性を見ているのです」

それでもやはり、このドラマチックなやりとりは、意見の一致をみて締めくくられた。それは、次のようなものだった。

ブッシュ　もしドイツがNATOに残ることを望まなかったら、別の運命を選ぶ権利があります。

ゴルバチョフ　私たちの交渉結果について声明を発表しましょう。米国大統領は、主権を持つ統一ドイツが、どんな軍事的・政治的地位を選ぶか、すなわちNATOに加盟するか、中立になるか、あるいは別の形をとるか、自ら決めることに同意したのです、と。

ブッシュ　同盟を選ぶ権利は、どんな主権国家も持っています。もし西ドイツ政府が、これはまったく仮定の話ですが、NATOにとどまることを望まず、我々の軍の撤退さえも申し出るなら、我々はその選択を受け入れましょう。

ゴルバチョフ　つまり、このようにまとめられます。米国とソ連は、第2次世界大戦の結果を考慮した最終的な調整を達成するまでに、統一ドイツがどの同盟のメンバーになるか、ドイツ自身が決めることに賛成である、と。

ブッシュ　私は少し違った表現を提案したい。米国は明確に統一ドイツのＮＡＴＯ加盟に賛成するが、もしドイツが別の選択をするなら、我々はそれに反論はせず、尊重することとする、と。

私はこの表現に同意した。そして、いまでも思う。これは現実的な一歩であり、歴史が我々に示した条件にのっとった、正しい決定だった、と。

軍縮問題の協議

この会談で多くの時間を費やしたのは、軍縮問題の協議だった。双方とも十分に準備して交渉に臨み、将来の戦略兵器削減条約についてほぼすべての主要な問題で相互理解に達したといえる。これは非常に重要なことだった。なぜなら、たとえ戦略兵器削減条約が公式に署名されるのは1年後だったとしても、合意達成によって、数年、数十年先の軍需生産や軍備組織、それらの発展計画を決定づけるからだ。

我々にとっては次のようなシナリオを避けることが重要だった。すなわち、米国があるタイプの装備で短時間のうちに優位に立ち、戦略攻撃兵器の50％削減後の低い水準に設定されたバランスを崩すことだった。海洋発射巡航ミサイルの問題は別の文書、つまり条約付属書で調整し、空中発射巡航ミサイルの射程を６００キロに制限することに米国が同意した結果、これらの危惧の多くは取り除かれた。

この数日で、化学兵器を80％削減する協定にも署名した。いずれは化学兵器を全廃することで合意したものだ。長年足踏みしていた化学兵器の多国間協定締結への道が開けた。

ワシントンでは、地下核兵器実験制限条約と平和目的地下核爆発制限条約の議定書も採択された。それによって、70年代半ばに署名されていた条約本体を批准することがついに可能となった。考えてみると、もう遠い過去の問題だ。しかし、これがなければ完全な核実験禁止に至るのも不可能だった。そして、たとえこの問題がいまに至るまで未解決であっても、すでに核大国はかなり前から核実験をしなくなった。我々の最後の核爆発は１９９０年だった。英国は核実験を１９９１年に終えた。米国は１９９２年、フランスと中国は１９９６年だ。プロセスが進んだのは、まさにあのときだ。

私が注意を促したいのは、核兵器や化学兵器、それらを搭載する軍事ミサイル、こうした兵器やミサイルの生産技術の拡散防止措置についても合意に達したことだ。何しろ、世界にはその当時、すでに少なくとも15の国が、遠くない将来に核兵器を開発する能力があったからだ。この拡散防止ができなければ、ソ連とアメリカによる核軍縮の努力は意味を失っていた。

それから数年の間で、核兵器とミサイル技術の不拡散分野では、新たな問題が持ち上がった。解決が非常に難しい複雑な問題である。しかし私は、道はひとつしかないと確信している。どんなに困難であろうと、交渉を通じて、政治的な手段によって、解決の糸口を探すことだ。好ましい実例はそう多くないものの、それは存在する。それは何よりも、イランの核開発についての合意だ〔核開発疑惑のあるイランと米英独仏中ロが２０１５年7月に締結。イランが高濃縮ウランやプルトニウムの生産を一時停止する代わりに、米欧が経済制裁を緩和した。米トランプ政権は18年5月に離脱した〕。その規定をつくる際には、米国とその同盟国、ロシア、中国が力を合わせた。イランも建設的な立場をとった。この合意を崩すことは無責任の極みだろう。

私の1990年の米国訪問に話を戻そう。

二国間関係をめぐる一連の問題の中で、最も厳しい折衝が行われたのは貿易協定締結の問題だった。最後の瞬間まで、アメリカ側がその署名に同意する確信はなかった。訪米の直前、アメリカのメディアや議会では、貿易協定の反対派が声高にこう主張した。ソ連が自由な移住を認める法律を可決し、モスクワがリトアニアをはじめ全バルト海沿岸諸国〔バルト3国〕をソ連から〈解放〉しない限り、米国はソ連に〈経済的なプレゼント〉を贈るべきではない、と。

最初の項目、移住の自由についての話は、とくに大きな問題は起きなかった。米政権にも、もちろんブッシュにも、出入国に関する法律はソ連最高会議の第一読会〔第一読会から第三読会まで、法案の審議に三つの段階を踏む。英国議会で始まった制度〕まで進み、まもなく採択されることは周知のことだった。この一歩を、我々は米国への譲歩とは考えていなかった。それはペレストロイカ政策の自然な流れに沿っていた。もちろん、わが国の国民自身の利益、そして国家安全保障の利益を考慮してのものだった。

「我々は右からも左からも非難される」

大きなつまずきの石となったのはリトアニアだった。ブッシュに強い圧力がかかっていることを私は知っていたし、彼自身も特にそれを隠さなかった。訪米が始まるほぼ1カ月前、彼から私に秘密書簡が届いた。その中でブッシュは、どれほど複雑な状況かを私に説明しようと努めていた。

会談でブッシュは私にこう述べた。「信じてほしいのですが、この問題で私が控えめな態度をとり続けるのは大変です。私が自制しているのは、リトアニア問題でどれほどあなたが苦労されているかを分かっているからです。この件で私は、右からも左からも非難されています。民族自決の原則を支持する姿勢から逸脱しているとの非難です」

公式記録によると、やりとりはこう続く。

ゴルバチョフ　これはわが国の状況と似ています。我々も同じように、右からも左からも非難されています。

ブッシュ　そうでしょう。ビタウタス・ランズベルギス〔リトアニア最高会議議長〕があなたに挑みかかり、あおりたてていることを私は分かっています。

ゴルバチョフ　私は時々こう言います。米国でもし同じようなことが起きたら、アメリカ大統領は24時間のうちに事態を収拾するでしょう。なぜなら、あなたの国では憲法が尊重されているからです。わが国では憲法に対する姿勢はまるで違います。第一に、国の指導部自身が憲法を守らず、誰も憲法のことを気にかけませんでした。いまは状況が変わり、憲法尊重を学ばなければならなくなっています。これは容易なことではありません。歴史も伝統も慣習も様々な国民が、3億人近くもいるのですから。

ブッシュ　ランズベルギスは私をチェンバレン〔1937年から40年まで在任した英国首相。ヒトラーに宥和政策をとった〕にたとえました。私はそれが気に入りません。それは正しくありません。

彼は私を非難しています。私〔ブッシュ〕が支持しているのはあなた〔ゴルバチョフ〕であって、偉大なアメリカの民主主義と自由の原則ではないというのです。

米国大統領が何らかの決定を下す際に、国内政治の勢力分布を考慮しなければならないことは、私にもよく分かっていた。しかし、リトアニア情勢については、我々の抱える問題もブッシュに劣らず困難なものだった。ソ連からの離脱を含め、我々がリトアニアに民族自決の権利を原則として認めないという話ではなかった。我々は一定の法的手続きの実行と〈離婚プロセス〉の手続きの期間にこだわっていた。

ブッシュは私の主張に親身に耳を傾け、問題はソ連の国内法規をベースに解決されるべきだということに同意した。そして、彼は私に、どうすればいいのかを指示するつもりもなかった。しかし、ソ連側から一定の譲歩がない限り、貿易協定への署名はしたくてもできなくなると強調しながら、極めて礼儀正しく、一方で根気強く、自分の立場を守り続けた。

私たちの一対一交渉の2日目、この問題では行き詰まってしまったと思える瞬間があった。そのとき私は、これが私の最後通牒だと分からせるために立ち上がり、こう言った。

「まあいいでしょう。私はあなたに自分の見解を述べ、あなたは私に自分の見解を述べました。選択のときが来ました。おそらくあなたは、バルト3国を支持することを選び、私の論拠には共感を示しませんでした。私もまた、米国大統領に何らかの行動様式を強制することはできません。もしも今日、米国大統領にとってバルト3国への支持が何よりも大切なら、私はそれを考慮に入れます。この件は突っ込んでやりましょう。私の発言はこれがすべてです。代表団のところに加わりましょう」

しかし、ブッシュは場を和らげようとした。この場で終わりにせずに、明日もう一度、より静かな環境で、受け入れ可能な解決を模索しようと提案した。そこは、首都ワシントン郊外にあるキャンプ・デービッド〔米メリーランド州〕の米国大統領の別荘だった。

まさにここで、ブッシュは私に、貿易協定に署名することを決めたと伝えた。これについてはぜひ言っておきたい。米国大統領はそのとき、極めて重大な選択をしたのだ。最も重要なものを優先し、日和見的で一時的な判断には流されなかった。

私はこれを高く評価した。このとき、経済的な側面にはさほど重要性はなかった。米国との貿易取引の現実的なレベルを考えると、協定がもたらす恩恵を我々は実際すぐに得ることはできなかった。最も重要なポイントは、ソ連の大転換期における、この協定の政治的な意義だった。

世界の様々な地域問題についても真剣な協議をし、対立することはなかった。これまで米国とソ連は、原則として対立的な立場をとってきた。もしアメリカ側が一方を支持すれば、我々はほぼ自動的にもう一方を支持した。そして反対に、ソ連の友好国や同盟国が出現したところでは、アメリカ側はありとあらゆる手でソ連に対抗したものだった。

今回、中東、アフガニスタン、ラテンアメリカについて協議しながら、我々は接点や合意点を探し求めた。そして、時にはうまくいくこともあった。それが現れたのは、文字どおり何週間か後にイラクのクウェート侵攻で中東情勢が急激に悪化したときだったように思う。これは冷戦後の世界政治にとって重大な試金石となった。しかし、これについては後に改めて話そう。

1990年6月2日、キャンプ・デービッドで。左からベーカー米国務長官、ブッシュ夫妻、ゴルバチョフ夫妻、シェワルナゼ・ソ連外相、スコウクロフト米大統領補佐官、アフロメーエフ・ソ連大統領顧問

アメリカを知る

ソ連国内で起きる政治的な出来事が深刻化してきたため、米国訪問は最低限のプログラムにせざるを得なかった。しかし、ソ連の指導者にとって長年なかった米国巡回の機会を逃すわけにはいかなかった。そこには、ミネソタ州ミネアポリスやサンフランシスコといった大都市の訪問も含まれていた。

わが国に対するアメリカ人の態度に変化が起き、敵対心が過去へ遠のきつつあるのを我々は知っていた。しかし、我々にとってまったく思いがけないもてなしがあった。米政権と、何よりミネソタの住民たちが我々に用意してくれたものだった。

空港から我々は雨の中を車で進んだ。傘や新聞をかざしながら、数十キロの長さにわたって市民が並び、我々を熱狂的に歓迎してくれた。

車が街の中心部に入ると、人垣をかきわけるようにして進まなければならなかった。学者や企業家たちとの会談は興味深くて有益だった。ビジネス界の代表らは、貿易や共同事業、投資について調整する用意があると語り、同時に、官僚主義の壁や他の障害について不満を漏らし、投資の保証やルーブルの兌換性などの問題を取り上げた。明らかに、ここにはやるべきことがいっぱいあり、しかも、それらはまさに我々の側からやるべきものだった。

サンフランシスコの滞在プログラムは非常に過密だった。米国西海岸の政治やビジネスのリーダーたちとの会談のほかに、二つの思い出深い出来事があった。ソ連総領事館でのレーガンとナンシー・レーガンとの再会であり、スタンフォード大学への訪問だった。

美しい景色に包まれ、様々な建築スタイルが丘の上を彩るサンフランシスコから、郊外にスタンフォード大学の建物群が並ぶパロアルトまでは、車で1時間ほどだった。我々は、ドナルド・ケネディ学長と、この大学の教授になったジョージ・シュルツ元国務長官（彼とはその後さらに2回、スタンフォードで会った）に面会した。大学の教授陣との会談には、有名な経済学者のミルトン・フリードマンやロバート・ライシュのほか、優れた学者たちがいた。学生たちの前で私が語ったのは、将来の世界秩序をいま事細かに思い描くことはできない、重要なことは、この新しい世界で人々がいっそう幸せに、いっそう自由に暮らすことだ、といったことだった。シュルツは答礼の言葉として、経済に関する情報と知識の役割が大きくなっていると語った。

緊急事案

我々はモスクワへ戻らなければならなかった。緊急対応が必要な国内問題が待ち構え、国際的な喫緊の課題を継続してこなす必要があった。ドイツ統一に関する問題のすべてで、最終的な合意をしなければならなかった。同時に、欧州安全保障協力会議のパリ首脳会談に向けた準備もあった。我々が第一に掲げた目標は、ドイツ統一プロセスとヨーロッパ共通化プロセスをシンクロさせることだった。それは達成しがたいものであったが、しかしそれ以上に、ヨーロッパでの兵力削減と、新しいヨーロッパへの道を切り開く全ヨーロッパ憲章の内容について、速やかな合意実現に努力する必要があった。

90年7月半ば、コールとゲンシャーがモスクワに到着した。モスクワで始まった話し合いを、私たちはスタブロポリで続けた。戦争犠牲者の慰霊碑近くで繰り広げられた出会いのことは、とてもよく覚えている。私たちが訪問するとあって、多くの人々が集まっていた。花束を捧げ、礼拝し、大戦の功労者たちと言葉を交わした。彼らは勲章を胸に飾っていた。私と西ドイツ首相に、こんな言葉が投げかけられた。「あなたたちが一緒にいることは素晴らしいことです。ロシア人とドイツ人、ドイツとソ連の友好関係を築こうというあなた方の努力を支持します」と。

その後、ヘリコプターで大カフカス山脈の方へ進路をとり、アルヒズ峡谷へ向かった。そこで私たちの最終段階の交渉が行われた。そこには、シェワルナゼやゲンシャーのほかに、西ドイツのテオドール・ワイゲル財務相と、当時ソ連で対外経済関連を担当していたステパン・シタリャン副首相が参加した。彼らすべてが、ドイツ統一に関する総括文書のとりまとめに多大な貢献をした。それはドイツ最終規定条約と独ソ善隣友好協力条約だった。そしてここで、ハンス＝ディートリヒ・ゲンシャーについて詳しく話しておきたい。

ハンス＝ディートリヒ・ゲンシャー

彼とのつきあいはほぼ30年にわたる。個人的にも、手紙を交換し、電話で連絡をとり合った。最後に電話で話したのは２０１６年の春だった。彼が亡くなる数週間前のことだ。私が85歳を迎えた３月２日の誕生日に、彼とバルバラ夫人からお祝いメッセージを受け取ったばかりだった。

最初に出会ったときから、ゲンシャーは物静かで落ち着いた人物だ、との印象を私は持った。極めて注意深く相手の話を聞き、非常に論理的にはっきりと自分の考えを話せる高い能力を持っていた。彼は聞いたことの本質をすぐに把握するだけでなく、発言のニュアンスやイントネーションまでも鋭く捉えているように思えた。

クレムリンでの会談で、私は彼に、ソ連と西ドイツの関係の〈冷え込み〉の原因について、我々の評価を率直に語った。それは、ペレストロイカをナチスドイツ宣伝相ゲッベルスのプロパガンダにたとえたヘルムート・コールの容認しがたい発言に関係していた。同時に〈コール首相からは謝罪の用意があるとのシグナルが入っていると伝えながら〉、我々は原則的に相互尊重の条件下では、経済分野だけに限らず、思い切った関係拡大へと踏み出すことには反対しないと説いた。私は〈ヨーロッパ共通の家〉の建設について、歴史の教訓と、ヨーロッパや世界におけるソ連と西ドイツの現状を考慮に入れて、両国には相互の双務的な責任があると強調した。

ゲンシャーの訪問後、対西ドイツ関係の雰囲気は、ゆっくりではあっても好ましい方向へ変わり始めた。明らかにゲンシャーは他の誰よりも注意深く、わが国の情勢を観察していた。いずれにしても彼は、西側で初めてソ連のペレストロイカを真剣に受け止めた政治家といってもよかった。

外交は容易なものではない。ゲンシャーは時折、難しい局面に陥った。すでに私が語ったように、コール首相はドイツ統一を強行する自らの〈10項目提案〉についてゲンシャーの耳に入れることすらしていなかった。しかし、たとえゲンシャーにとってコールの声明が私以上に驚きだったとしても、1989年12月のモスクワ会談ではそのそぶりも見せず、〈動揺を見せず〉、首相と共有した立場であると繰り返した。なんと規律ある態度だろう。その後ゲンシャーは、これが外相時代の最も不快でつらいエピソードのひとつだったと明かした。

年とともに私はいっそう、ゲンシャーを人間としてよく知るようになった。我々の交流は、私が先に国家の職を辞し、しばらくして彼も辞めた90年代も途切れなかった。

ボン郊外の彼の自宅を、私はよく訪ねた。私とライサは彼の家族全員と知り合いになり、妻のバルバラとも親交を重ねた。ゲンシャーも一度ならずモスクワの私の財団を訪れた。あるとき、ドキュメンタリー映画企画の一環で、私たちは一緒に私の故郷であるスタブロポリのプリボリノエという小さな村に滞在した。彼は私の両親がかつて住んでいた家を訪れ、父の墓へも足を運んだ。

私もドイツ東部ハレ（ザーレ）にある彼の故郷を何度か訪れた。彼が学んだ学校にも一緒に行ってきた。ゲンシャーはそこに在籍していた15歳のとき、当時の同級生らと同様に、高射砲部隊の〈補助員〉として召集された。1945年1月、17歳になっていた彼はドイツ国防軍に召集された。最初は訓練部隊だった。ドイツ降伏まで間もない終戦間際、ゲンシャーは直接前線に送られた。

そのときのエピソードを、彼はかつて私に語ったことがある。

当時の前線は必ずしも明確な境目がなかった。このため、多くの予期せぬ事態が起きた。あるときゲンシャーは、自分の部隊へ戻る途中、一息つこうと村の外れの納屋に入っていた。突然、扉が勢いよく反対側に開き、ひとりの兵士が中へ踏み込んできた。ロシア兵だった。お互い見つめ合い、身動きできなかった。双方の胸には自動小銃が向けられ、指は引き金にかかっていた。ゲンシャーと同年齢に見えたロシア兵は、敵をじっと見つめた。ゲンシャーはロシア兵をじっと見据えた。恐ろしい緊張が漂った。これはほんの短い瞬間だったが、ゲンシャーには永遠の時間に思えた。突然ロシア兵はくるりと向きを変えて納屋を出ていき、扉をばたりと閉めた。ロシア兵は引き金を引かなかった。ロシア兵の行動を、ゲンシャーは一生忘れなかった。

「撃ちたくない者は、折り合わなくてはならない」と語ったのは、ゲンシャーの同胞であるウィリー・ブラント〔西ドイツ元首相〕である。

１９９０年夏の交渉で、我々はドイツとロシアの新しい関係を切り開いたと思っている。これは、ドイツ統一が個別の問題ではなく、新しいヨーロッパへ向けた共同歩調の構成要素であるという我々の認識を反映させた包括交渉だった。繰り返しを恐れず、何度も何度もコール首相に言う必要があると私は考えた。

「わが国の世論は次第に、一歩一歩、ドイツ国民が統一をめざして下した選択を理解する方向へ変わってきています。過去は忘れることはできません。わが国のどの家族にも、かつて悲しい出来事がありました。しかし、ヨーロッパと向き合い、偉大なドイツ民族と協力する道へ踏み出さなければなりません。これは、ヨーロッパと世界の安定を確かなものにするための、我々の貢献でもあります」

ドイツが再びひとつになって間もなく30年になる。これに関する論争はいまも鎮まらない。当時もいまもペレストロイカの批評家がお気に入りの言葉に、注意を向けてほしい。彼らは、ドイツ統一に向かう中でソ連指導部が〈安売りした〉かのように主張している。もっと有利な条件でドイツ統一を達成できたはずだ、とも。あからさまにこう語る人々もいる。ドイツ人からもっと〈ふんだくる〉べきだったと。私は、そのようなアプローチははねつけたし、いまも拒否する。それはモラルを欠いたものであり、ただ単に愚かなことである。

我々は、相互の信頼と、信頼に基づいた協力関係を築くことをめざした。もし我々が、そうした土台の上にドイツ連邦共和国との関係構築を試みなければ、どんな信頼がありうるというのか。二つの偉大な国民の歴史的和解の結果として現れ、獲得された政治的な信頼の資産を、我々はただ食いつぶしていくだけだろう。

この時期に国際政治で達成されたものの中で、最も有意義で希望をもたらしたのは、この信頼である。それはソ連とドイツの〈大きな条約〉にも反映された。その後もドイツはこの条約に従うだけでなく、ヨーロッパ共同体と〈G7〉の影響力あるメンバーとして、西側先進国とわが国との経済協力の調整で主導的な役割を担うようになった。ドイツ指導部は、ロシアと欧州連合〔EU〕との友好協力協定の締結にも手腕を発揮した。そして私は、たとえ多くの可能性があのとき取りこぼされていたとしても、ロシアとドイツの関係には大きな潜在力が維持されていると確信している。

1990年11月9日から11日まで、私はすでに統一されたドイツを訪問した。式典と文書の署名が行われた。それらの文書は、ドイツとソ連の間の健全で現代的で実際に友好的な関係に対して、国際法上、政治倫理上の土台を据えるものだった。

私たち共通の古い歴史、新しい歴史、そして最新の歴史は総括され、ロシアとドイツの関係で長年積み重ねられてきたすべての価値あるものが機能するような、そんな両国関係の時代が開かれた。きっと永遠に。両国民にあれほどの不幸と悲しみをもたらした歴史には、終わりが告げられた。

全欧州の安全保障問題——パリ憲章

1989年秋に東欧諸国で繰り広げられた出来事は、新たに全ヨーロッパの安全保障の問題を呼び起こした。これは、1990年夏にブッシュ、サッチャー、ミッテラン、アンドレオッティ、コールと進めた話し合いの中で、最も重要なテーマのひとつだった。その結果として、パリ首脳会議への道が開かれた。

1975年のヘルシンキ以来2回目となる全ヨーロッパ首脳会議を、それが予定されていた時期（1992年）を待たずに開催しようという提案は、私が呼びかけたものだった。ストラスブールの欧州評議会議員総会で、議員たちを前に行った演説の中でそれを提案した。この呼びかけは当初、西側諸国から警戒をもって受け止められたものの、その後は支持され、準備に移ることになった。パリで特別会議が開かれることが決まり、それに合わせて欧州通常戦力条約が締結される見通しになった。

このパリ会議は１９９０年11月19日から21日に開かれ、34の国と政府の代表が参加した。いずれも、欧州安全保障協力会議の参加国だった。

全ヨーロッパ首脳会議が開かれる前日、エリゼ宮の式典ホールに、ＮＡＴＯとワルシャワ条約機構の加盟国の首席代表と外相が集まった。彼らは欧州通常戦力条約（ウィーンでの交渉で準備されていた）と、22カ国の共同宣言に署名した。この宣言に署名した国々はもはや敵ではなく、新しい協力関係を築き、お互い友情の手を差し伸べるということが、高らかにうたわれた。

二つの世界大戦、そして、二つの軍事・政治ブロックと社会体制による半世紀もの核対立で特筆される時代は、過去へと去っていった。会議の結果として、〈新しいヨーロッパのためのパリ憲章〉と名付けられた文書が採択された。その文書の末尾に、欧州安全保障協力会議に参加する34カ国の首席代表と、ヨーロッパ共同体の名で欧州委員会のジャック・ドロール委員長が署名した。

欧州安全保障協力会議の全参加国に共通する原則を確認すること以外に、パリ憲章はヨーロッパ共通化プロセスの新しい機構や制度についての規定を含んでいた。定期的な政治協議を行うための中心的な場として外相で構成する理事会をはじめ、高級事務レベル委員会、欧州安全保障協力会議事務局、紛争防止センター、諮問委員会が創設された。

さらに先を行く提案も盛り込まれた。一種のヨーロッパ安全保障会議の創設である。このアイデアを何らかの形で支持したのは、フランソワ・ミッテラン、ハンス＝ディートリヒ・ゲンシャー、米大統領補佐官のブレント・スコウクロフトだった。ついでに言えば、パリ憲章は、地域での安保機構創設の可能性を予見している国連憲章と完全に合致していた。しかし、ヨーロッパが予測していなかった出来事が次々と起こることになる。

ソ連の8月クーデター〔1991年発生〕と国家の解体、それに続く、当時のヨーロッパや世界で新しいバランスの支柱のひとつだったソ連の消滅、そしてユーゴスラビアの内戦と崩壊。それらが、ヨーロッパの情勢を根本的に変えた。ヨーロッパ共通化プロセスは深刻な試練の時期を迎え、新たに創設された機構も完全な力を出し切れず、経験も積めず、ヨーロッパで発生する軍事紛争を多少なりとも食い止める影響力も示せなかった。パリ憲章については、何年もの間、触れられることすらなかった。90年代末期に思い出されたときには、率直に言ってもう手遅れだった。ヨーロッパ・プロセスの参加国の間で信頼が失われてしまうようなことが、あまりにも多く起きていた。

ヨーロッパ安全保障の機構創設の考えを復活させる試みは、2008年、当時のロシア大統領のドミトリー・メドベージェフによって着手された。ヨーロッパ安全保障の新しい包括的条約を署名しようという提案だった。ヨーロッパにおける安全保障と協力の機構を近代化し、紛争予防外交のメカニズムや、欧州大陸で平和への脅威が起きた際の調整メカニズムをつくることを呼びかけていた。私にはこの提案が、先見性があって支持に値するものと思われた。しかし、西側のパートナーたちは即座に、極めて冷ややかな態度をとった。そして、ロシアの外交もまた、それほど熱心に取り組まなかったのも確かだ。とても残念でならない。なぜなら、効果的に機能する有効な安全保障の構造をヨーロッパが持っていたら、ここ10年の間に私たちの大陸で起きた多くのことは回避できた可能性が十分あったからだ。

中東危機——新思考の試練

1990年の夏の終わり、中東で突然の危機が生じた。新しい政治思考と冷戦終結後の新たな国家間関係を厳しい試練にさらすものだった。これは、歴史のページの最も劇的な、最も教訓的なもののひとつとなった。そう言っても過言ではないだろう。

8月2日、イラクの戦車部隊がクウェート領内に侵攻した。この小さな国家は併合され、イラクの19番目の州になったと表明された。サダム・フセイン体制のこの蛮行を私が知ったのは、クリミアで休暇を過ごしていたときだった。

認めなければならないのは、この行為が我々に深刻な問題を突きつけたことだ。とりわけ、イラクとソ連の長年の関係で培われてきた軍事力に対してである。ソ連はイラクとは友好協力条約を結んでいた。イラクには、軍事顧問や技術専門家などの役割で数千人に及ぶソ連の人員がいた。結局のところ、イラクとは巨大で無数の経済的利益でつながっていたといえる。我々の深刻な台所事情に照らせば、格別そう感じられた。

〈冷戦〉期なら、このような紛争は、競合するブロック間、米ソ間の危うい対立につながったであろう。今回、侵略者を抑え込むのに成功し、地域紛争が大国間の対立へと転化するのを許さなかったことは、世界政治で近年起きている変化の進展とその不可逆性を示す重要な裏付けとなった。しかし、これは容易なことではなく、大変な努力が必要だった。

当初から私は、先延ばしすることもためらうこともなく、この侵略行為を非難し、侵略の阻止とクウェートの主権回復を目的に共同行動をとることに賛成した。これについて我々は断固とした立場をとった。この目的を達成するために、軍事的手段ではなく政治的手段を使うという立場である。このためには、アメリカ側とも、イラクの国家体制とも協調行動をとることが必要だった。

中東問題にかかわった経験は我々にもあり、それも長きにわたっていた。しかし、これまでは、我々もアメリカ側も、対立する状況の中で行動していた。しばしば冷戦の論理に従い、惰性で動いた。中東紛争の調整が長い間停滞した理由のひとつは、ここにあった。これを変えなければならなかった。

より我々に親しいアラブ諸国の指導者たち、とりわけシリアやパレスチナとの接触の中で私は、イスラエルとの対決ではなく、和平をめざすことの必要性を説いた。我々はエジプトとの関係を正常化し、イスラエルとの関係修復に乗り出した。ヨルダンの持つ影響力と、個人的には経験も力量もあるリーダーのフセイン国王の力を借りることもめざした。そして、我々の対米関係が変化するにつれて、米ソのアプローチも接近していった。

1990年2月のクレムリンでの会談で、シュルツ国務長官がどのように語ったかを覚えている。

「我々はこれまで、中東におけるソ連の役割をネガティブに見ていて、共同行動も避けてきました。いま、これは変わりました」

シュルツはそのとき、モスクワへ調停案を持ってきた。彼はそれを中東地域へ持って行くつもりだった。この計画の中には、我々に懐疑的な見方をさせるものもあったが、立場を調整して接点を探すという事実そのものは、私も歓迎した。

その後も米ソ関係が好転するにつれて我々は、まるでソ連と米国はあらゆる緯度と経度で利害がぶつからなければならないという古い意識を克服していった。中東問題についても協調行動が図られた。

それは、時に足踏みし、苦労を伴うものだったが、中東国際会議への準備も進んでいた。まさにこのとき、サダム・フセインの侵略行為があったのだ。イラクのリーダーは明らかに、世界のこの地域で危機が起きた場合、米国とソ連が四方八方をバリケードに囲まれて身動きがとれないだろうとの前提に立っていた。

しかし、まさにここで彼は計算違いをしていたのだ。ペルシャ湾での出来事は、地域的な危機に対する超大国の振る舞いの分岐点となった。すなわち、超大国同士が初めて意見を一致させたのである。我々は即座に侵略行為を断固非難し、クウェートからの侵攻部隊の無条件撤退と、クウェートの主権回復を要求した。厳しい経済制裁を含め、しかるべき国連安保理決議は、我々の積極的な参加によって採択された。同時に我々は、この状況からの平和的な打開策を探る必要性にこだわった。この方向に沿って米国や他の諸国と接触を保ちながら、アラブ諸国がフセインに働きかけるよう促した。

軍事的解決か平和的解決か？

クウェート侵攻から約1カ月後の90年9月9日、ヘルシンキでブッシュ米大統領と会談を持った。私たちはともに、この状況下で〈時計を合わせ〉、立場を比較し、共通の路線を模索するのがいかに重要かを理解していた。だが、これに先立つ9月5日、私はイラクのタリク・アジズ外相と会っていた。

我々はイラクとの接触を維持するのが重要だと考えて、イラク指導部に我々の評価を伝えること、肥大化した自己過信の幻想からイラクを救い出すこと、国連安保理決議を履行しなければならないと説得することを試みた。

私はアジズに言った。「これまで我々はあなた方と協力関係にあったし、この協力は保っていきたいと思っています。もしイラクが問題解決の政治的努力に建設的な形で加わるなら、その結果は明白です。もしそのような参加をしなければ、すべては良くない結末になり得ます。できる限り早急に、危機脱出のための政治的措置を模索したほうがいいでしょう」

イラク外相は、イラクは「自国の力を確信しており、アメリカ側との対立を恐れていない」と答えた。さらにこう述べた。「対決が大規模かつ全面的な衝突につながり、その結果が我々アラブ地域だけでなく全世界にも影響することを我々は知っている。しかし、そのような見通しにも我々がひるむことはない」と。

会談の最後に私はこう言った。

「おそらく、あなた方は神の思し召しを受けているのでしょう。しかし、助言はしておきます。現実的で建設的な基盤に立った政治的解決を模索することは、もはや拒否できないと思われます。あなた方はまだ、考えが熟していないようですが、この先の情勢はもっと悪化すると考える必要があるでしょう」

ヘルシンキでのブッシュとの会談で私は、この危機の政治的解決を模索する必要性を強調した。もちろん、侵略は止めなければならない、イラク部隊は完全に撤退してクウェートの主権は回復されなければならない、といった主要な点では、いかなる妥協もするつもりはなかった。

ブッシュは理解を示した。彼は「紛争のエスカレートは避けたい」と述べ、我々との共同行動の用意があると語った。そして、こう強調した。

「ペルシャ湾危機のまさにこのとき、ソ連と米国が並んで一緒にいる。それを全世界に示せたのは素晴らしいことです」

以前は文字通りあらゆる地域問題で対立していた二つの大国が相互理解に達したことは、世界に大きな希望を与えた。私は、〈サダム・フセインが自らの侵略行為から利益を得ることは許さない〉というブッシュの方針に賛成した。問題は、これをどう達成するかだ。ブッシュ自身も語ったように、大統領が米国内で、一刻も早い武力行使を求める勢力から圧力を受けていることは、我々も理解していた。

アラブ諸国の支持を得ながらサダム・フセインは、中東に積もり積もったあらゆる困難な問題を全部ひっくるめ、まさにそれによって、イラクの侵略行為を中東和平問題の中に埋もれさせようとしていた。これはもちろん、単なるデマ宣伝だったが、アラブ諸国の中では一定の共感を得ていた。だからこそ私は、今回発生した危機の政治的調整を、アラブとイスラエルの紛争解決を前進させる呼び水として活用するようブッシュに提案した。つまり、中東和平会議の考えに戻るということだ。

ヘルシンキ会談の後、我々は精力的に動いた。イラクとの対話も継続した。しかも、厳しいトーンで対応した。同時に、この危機を平和的に解決する路線をとりながら、西側やアラブ世界、その他の国々のリーダーたちと共同歩調をとった。ほとんどの場面で我々は理解を得ることができた。しかし、サダム・フセインが侵略行為の停止と部隊撤退に乗り気でないことが、軍事的解決にこだわる勢力に正当性を与えていることも我々は見ていた。それらの中には、マーガレット・サッチャーや米国の有力者たちがいた。しかも、話はすでに、イラク軍を単にクウェートから追い出すだけでなく、イラクに壊滅的な打撃を与えて〈侵略者をその巣穴でたたきのめす〉ことにもなっていた。

我々は推移を見守っていた。サダム・フセインが、事態がどう展開するかという現実的な理解に欠け、国際社会が究極的な措置に踏み切れないかのような幻想にとらわれ続けていることも、我々は見ていた。事態がいっそう騒然とする中で、私はイラクと中東にエフゲニー・プリマコフ〔ソ連最高会議連邦会議議長。後にロシア外相、首相を歴任〕を特使として派遣することを決めた。中東に関して豊富な経験を持ち、サダム・フセインを含め、この地域の多くのリーダーと個人的な面識がある人物だ。彼ならイラクの大統領とも率直に語り合うことができた。プリマコフにはさらに、難しい問題も託された。まだイラクにいるソ連の専門家たちの避難問題と、イラクの軍事施設や他の戦略的施設で抑留されている外国人の人質についての問題だった。

断っておかなくてはならないのは、プリマコフ派遣の決定に、エドゥアルド・シェワルナゼ〔外相〕が不快な反応を見せたことだ。外相が自分の〈管轄区域〉を守らないではいられないこと、自らの責任範囲を保持する権利を有していることは分かっている。しかし、特使を任命する慣例は、わが国だけでなく広く受け入れられているし、今回の場合、あらゆる可能性とチャンネルを活用することが必要だと私は考えていた。その結果、イラク外相タリク・アジズがジュネーブでベーカー米国務長官と会談する合意がうまくまとまった。そして、この会談は実現した。しかし、7時間に及ぶ交渉は何ももたらさなかった。タリク・アジズのカバンには何も新しい提案はなかった。

自分の立場から率直に言えるのは、平和的な解決のために必要なことはすべてやったということだ。

いくつか選択肢を提案し、そして同時にしっかりと、あらゆるチャンネルでバグダッドに対し、国連安保理をトップとする国際的連携の分断にイラクは失敗したことを伝えた。国連安保理は、イラクに部隊撤退とその期限を設定した決議を11月に採択した。

しかし、常識では理解できないサダム・フセインの強情さと、特にクウェートでの略奪や破壊などの野蛮行為、イラクで働いてきた専門家らを人質にしたことなどによって、ワシントンでは、軍事力行使に踏み切りたくて仕方がない人々の立場が強くなった。

軍事行動は1991年1月16日から17日にかけての夜間に始まった。1カ月以上、アメリカ空軍は攻撃を実施した。最初はイラクの部隊や軍事施設を狙い、その後は製造業やインフラ施設、住宅地まで対象にした。これに対してイラク側は、イスラエルやサウジアラビアをミサイルの砲撃にさらして、戦線を拡大しようと試みた。明らかに予想されたのは、これがイスラエルの反撃を招き、その軍事攻撃が、それ相応の政治的結末を伴うアラブ対イスラエルの性質を帯びることだった。事態はいっそう、危険な方向へと進んだ。

イラク軍の撤退を基礎とした政治的解決への努力を止めるわけにはいかなかった。私はブッシュ大統領ともイラク指導部とも、常にコンタクトをとり続けた。サダムがもっと早く道理をわきまえていたら、多大な犠牲は避けられていたはずだった。しかし、2月中旬になってやっと、イラクの立場に分別の兆しが見え始めた。2月17日、ソ連が差し向けた特別機で、タリク・アジズがモスクワを訪れた。厳しいやりとりが交わされた。彼が数日後にモスクワへ戻ってきたとき、私と彼の交渉は深夜12時から朝の3時にまで及んだ。

結果として、６項目をまとめることに成功した。その主なものは次のような内容だった。〈イラクは国連安保理決議６６０を履行することに合意する。すなわち、ただちに無条件で、クウェートから自国の全部隊を撤退させ、１９９０年８月１日の時点に駐留していた位置に戻る〉というものだった。

２月27日夜、バグダッドのソ連大使がイラク外務省に招かれた。彼は、国連事務総長と国連安保理議長にソ連ルートで早急にこう伝えてほしいと依頼された。イラク政府は国連安保理決議６６０の受け入れを確約し、クウェートからのイラク軍の完全撤退を数時間のうちに完了させる、と。クウェートでの合法政権の復活と、イラクがクウェートにもたらした損失に対する賠償や補償の支払いを定めた決議の履行に同意することも、同時に表明された。２月28日、ジェームズ・ベーカーはソ連外相のアレクサンドル・ベススメルトヌイフに対し、クウェート危機に関するすべての国連安保理決議の履行をイラクが受け入れたことを受けて、米国は軍事行動を停止することを決めたと伝えた。

その結果は?

結果として我々は何を得たのか。

クウェートの主権とその存在自体は回復された。サダム・フセインは、世界共同体に侵略を受け入れさせることにも、世界共同体を分裂させることにも失敗した。

国連安保理決議は履行された。これによって米軍はイラク国境を越えず、そのときは国の占領も〈体制変革〉も起きなかった。

我々は、侵略とその阻止をめぐり、世界共同体がひとつになった対応をとるうえで主要な役割を果たした。国連の任務をひとつにまとめることもできた。最も危機的な紛争の急展開、すなわち〈冷戦〉終結後初めて迎えた試練を通して、私たちは新しい米ソ関係を築いて乗り切ることができた。

スペインの首都マドリードで中東和平の国際会議を開くことでも合意に達した。

これはプラスの兆候だ。

しかし、今回の事態の結果としてもたらされたものは、破壊されたクウェートとイラクであり、数万人に及ぶ死傷者であり、環境的な災いであり、他の多くの悲しい結末だった。

ペルシャ湾危機を政治的に解決するプランの実現は可能だった。そしてこれは、最後の局面で軍事的解決を優先した米国の立場からは起こりえなかった。私はそう思っている。

第6章　ラストチャンス

危急存亡の１９９１年

〈危急存亡の１９９１年〉は、私の著書『人生と改革』〔日本語版『ゴルバチョフ回想録』〕のいわば一部であり、その年の出来事について語ったものだ。あのときソ連の運命は決められた。そして、この厳しい試練の中で、あらゆることが国内外で顕在化した。このドラマの込み入ったシナリオの中で、大小の出来事が絡み合い、その意味は時とともにいっそう明白になった。

何が我々を１９９１年の危機に導いたのか。なぜ事態はこれほど深刻化したのか。その原因は、ソ連国家が存在した数十年の間に蓄積した客観的要因と同様、ペレストロイカ期の誤りや見落としなど人為的なものもあった。

我々は、民族同士の関係や、共和国の強い自立志向の問題に対応するのが遅れた。はっきり言えば、この問題の重要性と深刻さを過小評価していた。主権国家の自発的統合の原則に基づく連邦改革プログラムが遅れた。これによって、分離主義者に対し、イニシアチブを握って多くの人々を味方に引きつける可能性を与えてしまった。

何よりも重要なのは客観的な原因である。憲法に主権と連邦制の原則が明記されているにもかかわらず、ソ連は実際のところ、民族共和国が完全に中央に従うというスターリンの〈自治体化〉の理念によって建てられた、極めて中央集権的な国家だった。

もちろん、かつての連邦には重要な成果もあった。数十年の間、多くの国民が世界的な文明の達成に携わり、人々や民族が親しくなり、共和国の発展レベルが向上して均等になった。連邦全体の経済集合体の枠組みで、各共和国には固有の経済が現れ、技術分野や人文科学分野で民族の知識層が育ち、自然な形で彼らに強い自立志向が芽生えていった。

中央と共和国との関係の問題に並んで、とりわけ深刻だったのは民族問題だった。あらゆる民族に対するスターリンの厳しい弾圧が暗い影を落としていた。肉体的、精神的な抑圧や侮辱によって毒された種から、怒りと憎悪の房が時とともに育った。民族と連邦の諸問題は絡み合って固くもつれ、それをほどくにはソ連の連邦制を思い切って近代化し、新しい輪郭を与えるしか方法はなかった。我々はこれを自覚するのが遅れたが、何もしないわけにはいかなかった。

1991年を迎える前夜、私は国民に向けた演説でこう述べた。

「来年は特別な年です。多民族国家であるわが国の運命に決定が下されるでしょう。我々すべてのソ連国民にとって、あらゆる民族が自由で良い暮らしを送ってきた連邦を維持し、それを刷新すること以上に輝かしいことはありません。この国の諸民族は数百年にわたって一緒に暮らしてきました。諸民族をひとつにしているのはソ連時代に蓄積された価値であり、諸民族を結びつけているのはまさしく破滅的な大祖国戦争〔独ソ戦〕での勝利の記憶なのです。おそらく我々はいま、お互いに孤立しては生きていけないと、かつてないほど痛切に感じています。そうです。危機を脱出し、立ち上がり、刷新の道をしっかりと進むことができるのは、我々が一緒になるときだけです。まさに連邦の中にこそ、その維持と刷新の中にこそ、１９９１年に我々が直面する運命的に重大な課題を解決する鍵はあるのです」

連邦の維持と改革の問題は、武力の行使や流血なしに、政治的手段で解決できると確信していた。しかし、早くも1月前半には嵐が急に襲ってきた。リトアニアで流血の事態が起きたのだ。

バルト海沿岸の共和国、すなわちリトアニア、ラトビア、エストニアには、固有の歴史と自らの運命があった。戦争と戦争の間の期間は独自の国家体制を持っていたため、第2次世界大戦初期のソ連への併合は望んだものではなかった。自主独立への欲求、それに続く民族自決権行使への欲求が顕在化したのにはそれなりの理由があった。１９９０年のリトアニア訪問の際、私はこのテーマを避けることはしなかった。しかし、こう強調した。

「このような権利を実現するためには、憲法のメカニズムが必要です。しかるべき法案はすでにあり、全連邦の討議に諮（はか）られるでしょう。もし、今日か明日にも選挙があり、投票に行き、すぐにソ連から離脱できると単純に考える人がいたら、それは政治でも何でもありません」

しかしながら、選挙の結果、政権に就いたランズベルギス〔リトアニア最高会議議長〕のリトアニア指導部は、ソ連中央との関係を悪化させる路線をとり、何としても独立を獲得すると決めた。それでも私は歩み寄りを提案し、話し合いの用意をした。1月12日、危機は憲法にのっとって解決されるだろうと表明した。しかし、1月12日から13日にかけた夜間、首都ビリニュスではソ連軍によってテレビ塔とラジオ局が占拠される事態となり、市民に犠牲者が出た。

もちろんソ連大統領〔ゴルバチョフ〕は、そのような命令を出さなかったし、出すこともできなかった。起きたことは、大統領としての私に対する挑発だった。時がたつにつれ、特に8月クーデター後になると、これは完全に明らかになった。これを裏付ける文書もある。

1月13日の流血事件の後、リトアニアや他のバルト諸国がソ連から離脱するのを防ごうという努力は、すべて水の泡となった。しかし、連邦のための闘いは続いた。結局のところ、経済的、政治的、法的な改革の見通しはこれにかかっていた。わが国民の命運を握るこれらすべての問題は、国民の参加なしでは決めることはできないと私は考えていた。しかも、正直に言えば、わが国民の大部分は国民投票で、ソ連を維持して活力ある連邦へと転換することに明確に賛成すると確信していた。ソ連最高会議は国民投票の提案を支持し、すでに1月16日には大統領令が出された。3月17日に国民投票を実施するとの内容だった。

国民投票を妨害する試みもあった。しかし、それが失敗したことが明らかになると、すぐに分離主義者たちは、国民投票へのネガティブな反応を有権者に促す猛烈なキャンペーンを全共和国で展開した。ボリス・エリツィン〔当時はロシア共和国最高会議議長〕をトップとするロシア共和国指導部も、あいまいな立場をとった。彼にとってそのとき最も重要だったのは、「ゴルバチョフと闘う」ということだった。2月になると、彼は私に辞任を要求した。

3月17日、国民投票は実施された。国全体の76%、ロシア国民の71・34%が連邦に〈賛成〉した。

ウクライナやベラルーシでも、国民投票の結果は同様に印象的なものだった。エリツィンとその周辺は、この結果を考慮せざるを得なかった。この投票がなければ、ノボ・オガリョボ〔モスクワ郊外の大統領公邸〕での会談もなかったと思う。国内の情勢を少しの間やわらげ、危機を克服するための前提条件を設けるための会談だった。

これは、ボリス・エリツィンと私の関係にも影響を与えた。その春の間に、何度か彼と会って話をした。その当時起きていた問題のすべてを協議した。たとえエリツィンが公の発言で、しばしば我々の会談を都合よく解釈して不遜な態度をとったとしても、私は個人的関係ではなく国の運命を第一義として、この共同行動を重要なものと考えていた。そういう経緯があって、後にこれはノボ・オガリョボ・プロセスと呼ばれるようになった。ソ連大統領と、ロシア、ウクライナ、ベラルーシ、カザフスタンを含む九つの共和国の指導者との枠組み（〈9プラス1〉）である。これによって新連邦条約案の準備を加速することができた。

しかし、私も、そして国家指導部内の私の仲間も、連邦を解体しようとする分離主義者や〈急進改革派〉の試みと同時に、民主化プロセスを止めて国家を過去に戻したいと考える勢力とも闘う必要があった。

民主化改革に伴う党職員や指導部メンバーらの不満は、1989年から90年にかけて、様々な形で現れるようになった。当初は、党職員のいわば遺伝子に組み込まれていた書記長ポストへの敬意が、その不満をまだ抑えていた。しかし、1991年には堰（せき）が切れた。4月の中央委員会総会では、指導部更迭の要求が出るまでになった。党上層部は自らの反乱を下からたき付けようとした。〈修正主義との闘い〉〈プロレタリアート独裁の復活〉といった目的を掲げたグループが形成され始めた。４月初めにはキエフ市委員会が、続いてレニングラード州委員会が、その後はベラルーシ共産党中央委員会が、同じような要求を掲げた。その要求とは、中央委員会臨時総会の招集とその指導部からの報告である。

私のデスクの上には、様々なレベルの党委員会から、数十、数百の至急文書が届けられた。社会主義体制を救うために速やかな措置をとる必要性から、国家非常事態導入の必要性まで、最後通牒のような形で問題提起したものだった。４月22日、ソ連経済の危機脱却についてのソ連閣僚会議報告の審議が、当時のワレンチン・パブロフ首相の提案を受け、アナトリー・ルキヤノフ最高会議議長が賛同して行われた。代議員の何人かが、国家全体もしくは最も重要な経済部門への非常事態導入について大げさに主張し始めた。再び私は、勢いを増す保守勢力に反撃を加え、議会の審議に介入して正常化させる必要があった。

私の側近を含め、国家指導部の中には、私と同じ考えの持ち主だけでなく、表裏ある面々もいた。民主主義を尊重していると口では言いながら、実際の行動では、民主主義も、私個人をも裏切ろうとしていたのだ。私は、自分の意見を述べてそれを貫く指導部メンバーの権利を否定するつもりはない。だが、彼らは何でもできた。公の論争の中で、むき出しの政治闘争の中で、それが可能だった。その代わり、彼らは舞台裏の共謀、最終的には国家転覆の道を選んだ。何人かの人物、特にゲンナジー・ヤナーエフの副大統領への抜擢は、私の側からすればまったくの誤算だった。しかし、当時はすべてが明らかなわけではなかった。

私の選択は揺らぐことはなかった。民主化の道からそれないこと、〈非常事態〉を拒否すること、改革のために社会のあらゆる健全な勢力を結集することだ。そして、4月の中央委員会総会で共産党ノーメンクラトゥーラの官僚らが、ゴルバチョフは非常事態を導入するか、中央委員会書記長の職を辞するかだ、ときっぱり言い放ったとき、私はこう言った。

「デマは十分だ、私は辞任する」と。

自分の発言を撤回するよう説得された。私は拒否して執務室を去った。

1時間半後、総会は政治局の動議に従い、圧倒的多数の賛成票（反対は13人だけで、棄権は14）で、ソ連共産党中央委員会書記長を辞任するという私の提案を審議から外すことを決めた。

このあと情勢はいくらか和らいだ。しかしいま、私は思う。書記長のポストに残ったのは間違いだった、と。その後の展開が物語っているように、党は、自らを改革することも国の改革にも参画できない保守勢力として残った。

民主化の試みに耐えられなかった指導部メンバーも何人かいた。最初のうちはペレストロイカの主な方向性を支持していた面々だ。1991年6月の最高会議で、パブロフ首相は治安関係省庁の指導者の支持をもとに、緊急措置権限を内閣に付与するよう求めた（私はその会議には出席していなかった。そのときはノボ・オガリョボにいて、連邦条約案の最終的な規定をめぐる審議に加わっていた）。改めて〈非常事態〉に反撃する必要があった。さらに、条約の署名後に組織される新しい指導部の中には、パブロフ、KGB議長のクリュチコフ、国防相のヤゾフ、最高会議議長のルキヤノフの居場所はないことが明らかになった。

事態がいっそう緊迫化する中で連邦条約案の準備が進められ、その基本的な規定をめぐる闘いが繰り広げられた。手の込んだ政治工作や、敵対勢力との討論や衝突の結果、7月末には、ペレストロイカの過程で複雑化した根本的な問題を合理的解決に近づけることができた。これによって、いまの危機を克服するための必要な前提条件がそろった。

決定的な意味を持っていたのは、言うまでもなく、7月23日に連邦条約案の合意が成立したことだった。共和国と連邦中央の権利と権限に関する問題、統一された金融政策や税の問題が解決された。7月には危機対応の経済プログラムが実行された。我々にとっては骨の折れることだったが、結局は共和国も支持できる形にたどりつくことができた。バルト3国でさえ、その規定を履行する用意があると表明した。

1991年7月に〈同時に起きた〉すべてのことは、長きにわたる模索と努力の結果であり、1985年4月から我々が歩んできた道の終着点でもあった。国家を危機から救い出し、芽生えた民主化改革を大幅に前進させるための現実的な前提条件が確立された。だからこそ、私は8月4日に休暇へ出た。2週間後にはモスクワで連邦条約が祝賀ムードの中で署名され、我々の改革の新たな段階が切り開かれることを疑う余地などなかった。

この数カ月に国外で起きたことは、最も重要な目標に沿うものだった。すなわち、世界の先進国との関係を、対立から協力へ、将来的にはパートナーシップへと確実に転換させ、わが国を世界経済へ実際に組み入れるための統合に着手することだ。これは、1991年の外交日程を彩る主要な出来事を、ひとつにまとめるライトモチーフだった。すなわち、日本訪問と、ロンドンでの先進国首脳会議

〈G7〉への参加、そしてブッシュ米大統領のソ連訪問である。これらの準備には、時間と、多大な努力と配慮が求められた。

日本訪問は必要だった

いうまでもなく、日本訪問は必要だった。非常に難しい条件下で準備しなければならなかったが、先延ばしはできなかった。このときに向けて、我々はすでにアジア太平洋地域の国々に対して多くの取り組みをしていた。1986年7月28日のウラジオストク演説で述べた政策の中で、最も重要な成果となったのは、中国との関係正常化だった。天安門広場でのデモを背景に劇的な局面で行われた中国訪問〔ゴルバチョフは1989年5月半ばに中国を公式訪問。その約半月後の6月4日、民主化を求めるデモ隊に人民解放軍が武力行使した天安門事件が起きた〕で、私は最高指導者の鄧小平と会談した。それはかなり難しいものだったが、もたらされた成果については、中国のリーダーが次のようにまとめた。

「あなたの訪問は、国家のラインと党のラインにおける関係正常化でもあると我々は考えています。関係正常化とともに、両国の交流と結びつきが深まり、関係進展のテンポも早まるでしょう」

強い刺激が、我々とインドとの相互関係にもたらされた。ラジブ・ガンジー首相との間で育まれた非常に親密な関係のおかげもあった。インドシナ諸国やASEAN〔東南アジア諸国連合〕との新しい協力の展望が開けた。

日本に関して言えば、我々は日本に対して非常にややこしい状況を引き継いでいた。そして初めのうちは、この国との関係改善の道に横たわる障害を過小評価していた。それは、日本側の代表者らとの関係にも影響を与えた。

中曽根康弘首相、日本共産党の代表たち、社会党の土井たか子委員長……。誰と話しても、全員が〈領土問題〉、南クリル諸島の問題を持ち出した。グロムイコの時代に公式化された我々の立場は〈鉄筋コンクリートのように堅固な〉ものだった。そのような問題は存在しない、それは第2次世界大戦の結果だ、〈我々に余分な領土などない〉、と。

日本側との話し合いでは、日本が南クリル諸島の問題に担わせている、国家的、政治的、感情的、伝統的、心理的な、独特の意義に気づかないではいられなかった。考え抜かれた対日政策が我々にはないことが明らかになっていった。

これから数年間、何を土台に我々の関係を発展させていくのか。この問いへの答えを出すためにも、訪問が必要だった。

領土問題に関して言えば、ソ連国内に統一された意見はなかった。学者や専門家、特にマスコミの中には、即時解決の支持者たちがいた。彼らは1956年の日ソ共同宣言を念頭に置いていた。それは、日本とソ連の外交関係を回復するとともに、二つの南クリルの島〔色丹島、歯舞諸島〕を日本に引き渡す条項を含んでいた。これをもとに問題解決を模索しようとする動きは、外務省にも、私の周辺にもあった。極東の住民の大部分は、いかなる領土的譲歩にも反対していた。しかし、経済的なつながりを拡大することは強く望んでいた。

我々のスタンスを固める上で、これらすべてを考慮しなければならなかった。日本側は我々の意向を探ろうと、盛んに接触を図ってきた。公式の会談があり、水面下の折衝があった。しかしこれは、複雑な国家間問題をめぐる話では正常なことだ。特に積極的だったのは、自民党幹事長の小沢一郎だった。

3月末、小沢はモスクワに到着し、彼と二度の会談を持った。彼が口にした立場は、私にとって新味はなかった。実は、日本側はいろいろなチャンネルで様々な選択肢を我々に伝えてきていた。それらの本質は、単なる〈交換〉とも言えた。ソ連側は段階的であっても〈島を渡す〉義務があり、一方で日本側は経済援助を約束する、というものだ。日本側はマスコミ情報と独自のルートで、ソ連国内にもそうした解決への支持者がいることをつかんでいた。小沢は私の訪日前に、そのような路線をとる用意が私にあるかどうかを知りたがっていた。要するに、私の手荷物の中には何があるのか、と。

我々がとるアプローチについて入念な準備と検討を終えると、私の中ではすでにスタンスは固まっていた。それは、協力を拡大し、お互いの国民の理解に基づいて社会の雰囲気を変え、地域的、国際的な情勢を変えることを通して交渉を進め、問題解決に最適なアプローチを模索する、というものだった。私は小沢に言った。協力して我々の関係発展の道を探そう、あらゆる問題を話し合おう、と。平和条約に向けた作業を続けよう、いずれにせよ我々には善良な意志があるのだ、と。別の言い方をすれば、問題が存在することとその解決が必要であることを認め、段階的で全方位的な関係改善の枠組みで進めていこうと提案したのだった。

小沢は次のような〈訪問のコンセプト〉を提案した。

「1956年の日ソ共同宣言の有効性を認めて、それを新たな平和条約交渉を始めるための基礎とする」

「今後の日ソ間の領土問題では、別の二つの島、すなわち国後島、択捉島の将来的な解決を念頭に置くことを確認する」

「訪日後の交渉で、おおよそ今年の秋までに国後、択捉の地位を決めなければならない」

「これらすべては、〈切実な経済支援〉の約束との交換である」

これは本質的に、訪問の成果を前もって決めてしまおうという試みだった。と同時に、我々を請願者の状態に置いて、取引を迫るものだった。私は小沢に、このようなやり方は断固として拒否すると言った。これは決して日ソ間の対話に限らず、原則として容認しがたいことだ。私の訪日の最重要課題は、新たなレベルの関係へ引き上げるための条件整備だと私は考えていた。

私は言った。「これをベースに、平和条約を含めた問題の総体について協議を始め、その文脈で国境の画定についても協議するのは可能です。日本の世論の趨勢と、それに従わざるを得ない日本政府の立場は、私もよく分かっています。しかし、ソ連の政権もまた、世論を考慮しなければならないのです」

東京へ向かう途上、私は2日間ハバロフスクに滞在した。そこで私は、日本人捕虜の墓地で献花をした。これは和解の印であり、長く続いた敵意に終止符を打ちたいという我々の願いの印でもあった。日本側はこの行動を高く評価した。訪問の雰囲気は、一緒に力を尽くしたおかげで、極めて友好的だった。

日本側との交渉は、とても骨が折れる。これについては、米国のジェームズ・ベーカー国務長官との会話でも話題に上がったことがある。

彼は私にこう言った。「日本に行くのですね。私は何度も、難しい問題を含めて日本側と交渉しました。基本的には貿易についてです。忘れないでください。あれ以上しつこい交渉相手はいません。彼らは何時間も自分の主張を繰り返し、言い張り、すでに言ったことに戻っていきます。相手が〈長居して疲れる〉のを、ただただ待っているのです」

東京での交渉

そう、我々は、日本の海部俊樹首相との6ラウンドに及ぶ交渉に耐えなければならなかった。彼の頑固さと根気強さは、誰もがうらやましく思うだろう。私が理解したように、彼にとって重要なのは、1956年の日ソ共同宣言を首脳レベルで確認し合うことだった。歯舞、色丹の引き渡しと、それに続いて、あらかじめ定められた時期にその他の二島、すなわち国後、択捉の引き渡しへと道を開こうというのだ。何十年も近寄ることさえできなかった問題をめぐる交渉の結論は、こうした〈一発勝負〉の形であらかじめ決められていたのだった。

会談の記録から、私がどう返答したかを引用しよう。

〈あなたは我々を1956年に戻しています。しかし、そこでは我々の立場は違います。アプローチがそれぞれ違う中で、最終文書にどのような立場を盛り込むのか、考えを巡らせています。我々はあなた方に歩み寄って、次のような妥協の一文を最終文書に書き込むことはできます。双方は、国後島と択捉島、小クリル列島（すなわち歯舞諸島、色丹島）の帰属問題をめぐる双方の立場を考慮しながら、領土問題、もっと正確に言えば、領土画定問題で協議した、と。

ソ連の世論にとっても、日本の世論にとっても、島の帰属問題が話し合われたこと、平和条約の準備の過程で今後も話し合いが行われていくことは、これで明らかでしょう。この成果を確かなものにするために、イニシアチブをとって我々は具体的な行動ができるでしょう。たとえば、3年以内に南クリル諸島の兵力を削減すること、水産資源も含めこの地域で共同経済活動を調整すること、日本国民がビザなしの簡素化された形で島を訪問することなど、こうした問題を検討することです。政治的にはこのような形式をとり、それに伴う具体的な提案をすれば、私たちが前へ進んだことを示すことになるでしょう。

もしあなた方がこの方向で進むなら、私たちが平和条約の準備で前進したこと、平和条約をめぐる一連の基本的な考え方について共通の理解に達したことを書き込むことができます。これはつまり、平和条約が領土画定も含め、あらゆる方面での国益バランスに基づきながら、最終的な戦後処理を確かなものにするということです。

海部さん、あなたの問題の立て方については、心から率直にこう申し上げましょう。いま、それは非現実的であり、受け入れることはできません。私の主張はこれですべてです〉

今回の訪問の総括となる共同コミュニケでは、1956年の日ソ共同宣言にどう言及するかが極めて難しい問題だった。それを歴史から消し去ることなど、もちろんできない。しかし、日本の立場は明らかだった。歴史の文脈から共同宣言を切り出し、本来果たしていない役割をそこに書き足そうとしていた。それゆえ、我々は別の表現を提案した。〈1956年を起点に、外交関係の回復と戦争状態の停止を意味する新しいプロセスが始まった〉と。

同時に私は、経済協力と〈平和条約交渉の成功〉とを結びつけることには反対した。経済、貿易、投資を含め、あらゆる分野での関係発展から始めなければならないと私は強調した。こうしたアプローチにこそ展望はあるのだ。

結局、日本の首相は、「自分にとってはリスクのある一歩です」と語った上で、我々の提案した表現で1956年に言及することに同意した。

政治コミュニケと具体的分野に関する15文書への署名式、そして公式な歓送会は、荘厳な雰囲気の中で行われた。日本の古都である京都では、実業界の代表らと会談し、長崎では街頭で数千の人々に歓迎された。至るところで、温かくて胸を打つもてなしがあった。長崎の平和公園では、我々は原爆犠牲者の慰霊碑を参拝した。

その後、私は何度か日本を訪れた。現職の首相や首相経験者、知事、企業や銀行のトップ、若者、一般市民らと会った。そして毎回、日本人のもてなしの良さだけでなく、我々両国の間に横たわる問題への賢明なアプローチにも驚かされた。なぜなら、彼らはいかなる〈プレゼント〉も受け取らなかったからだ。しかし彼らは、1991年の訪日が我々両国の関係でどんな役割を果たすのかを正しく評価していたのだと思う。氷は溶け始め、プロセスは進み、お互いのよそよそしさは乗り越えられた。

この間、常に私は、我々両国の関係発展と信頼醸成に協力しようと努めた。日本の大企業〈NEC〉トップの関本忠弘氏とともに、グローバル化問題の国際会議をロシアと日本で順番に開催した。

日本公式訪問で明仁天皇、美智子皇后と歓迎式典に臨むゴルバチョフ夫妻＝1991年4月16日

私は様々な聴衆を前に数十の講演をこなし、数百の質問に答えた。その中にはいつも、平和条約や島々の帰属についての質問があった。私の立場は常に、注目と関心を持って聴衆に受け入れられた。

ここで、私の友人に触れないわけにはいかない。優れた仏教思想家で、平和と軍縮への闘士でもある創価学会インターナショナル会長の池田大作氏である。世紀の変わり目で、『二十世紀の精神の教訓』という対談本を彼と一緒に出した。異なる文化に属し、異なる教育を経てきた我々二人が、共通の倫理的綱領を見つけたという事実そのものが、多くを物語っている。

わが国では、１９９１年とその後にも、対日関係のテーマを内政上の目的で利用する試みがあった。最初はエリツィンとその支持者らが、〈土地で商売〉しようとしているのではと私を非難した。その後は逆に、優柔不断だと非難を始め、自らの柔軟な姿勢と〈結び目を解く〉用意をほのめかし、〈我々には問題解決に八つの案がある〉とまで言うようになった。

日ロ交渉に関する報道から判断すれば、1991年に私が提案した基本的な考え方が、いまもロシアの立場の土台になっている。一方、ここ数年、日本側の立場にも変化が芽生えている。安倍晋三首相は、極東地域の発展のため経済協力を拡大する大規模な共同プログラムの作成を提案した〔安倍首相は、日本の偉大な政治家で当時外相を務めた安倍晋太郎の息子である〕。これは真剣で自発的な一歩だと思う。その一歩が、我々の隣人である日本との関係において、新たな章の始まりとなることを期待している。

G7の舞台へ

1991年は、わが国が先進7カ国のグループに接近する転換の年となった。わが国の世界経済への完全な統合は以前にも語られたが、実際はすべて言葉やレトリックの域を出なかった。そして、問題は冷戦にあっただけでなく、西側からの〈ココム規制〉〔冷戦時代、共産圏諸国への先端技術の輸出を規制した西側諸国の協定〕や他の規制にもあった。最も大きな障害は、市場化されていないソ連経済の体質だった。

私有財産や経済的自由、市場的つながりがなければ、現代的で効率的な経済など不可能である――。それを認めることを妨げるドグマから、ペレストロイカは我々を解放した。当時はまだ、我々はグラスノスチ〔情報公開〕を確立しきれてはおらず、恐怖も去っておらず、わが国の政治家も経済学者も、そうした言葉を口にする決心すらつかなかった。経済改革が真剣に話されるようになっても、多くの人は何ら心の準備ができていなかった。率直に言えば、誰ひとりとして、真面目で現実的な市場化プログラムを持っていなかったのだ。ここから、問題を〈一気に〉、そして〈ショック療法〉で解決しようという誘惑が生まれた。

移行期間についての議論は白熱したが、必ずしも正しいものではなかった。急進改革派からも、多くを伝統的アプローチにとらわれている守旧派からも、私に意見が寄せられた。しかし、すでに1990年の時点で次のように言うことは可能だった。社会や専門家たちの間では市場化への移行が必要だというコンセンサスはできていた、と。

フランソワ・ミッテラン

〈G7〉との相互理解の問題を私が初めて取り上げたのは、1989年のフランソワ・ミッテラン大統領への特別メッセージの中でだった。フランスは当時、G7の議長国だった。しかし、他の理由もあった。西側諸国のあらゆる指導者の中で、ミッテランが最も深く、わが国で起きている変化の意味やスケールを理解してくれていたからだ。左派の社会主義運動で茨の道を歩んできた人物であり、同時に彼は、世界で起きていることを広く現実的な視野で捉え、将来を見通す哲学的な思考ができる人物でもあった。

ミッテランと会うたび、私は自分にとって何か新しいものをくみ取った。彼の意見や評価は、深い思考へと導いてくれた。そもそも、ロナルド・レーガンとはイデオロギーも信念も遠いところにありながら、ミッテランはレーガンを政治家としてだけでなく人間として評価していた。そこから私は、レーガンに交渉の用意があること、妥協を模索する用意があることを感じ取ったのだった。

1986年のある会談で、ミッテランは私にこう言った。「政治的には過去にいろいろあったものの、レーガンは直感的に、いまの状況を交渉によって解決しようとしています」と。

グローバルな文明の問題について語り合うのが特に興味深かった。この分野ではおそらく、彼に匹敵する者はいなかっただろう。将来の社会を見通す彼の目は、社会主義的な価値観をもともと含んでいた。言うまでもなく、これは私たちを近づけた。時はまさに、わが国の〈のぼせ上がった頭〉が、ソ連の過去だけでなく、社会主義の理念をも同様に消し去ろうとしていた。私にとっては、いわば手も握らず目も見つめずに、社会主義の理念と別れることなどあり得ないことだった。

ミッテランは自らを〈天性の社会主義者〉と呼んだ。彼にとっての社会主義とは、〈体制〉や〈社会構造〉ではなく、価値観のシステムであり、自由で公平な社会の探求だった。私はフランス大統領と話しながら、彼の考え方が私と同じ方向にあることを理解した。すなわち、様々なイデオロギーの価値観を調和させ、人間の自由と権利と利益を最重要視する新しい文明への方向である。

ミッテランはドライで感情に乏しく見えることもあった。しかし、これはあくまで表面的な印象であろう。彼は自分の考えを洗練された形で表現したが、明るく表情豊かに表現することもまれではなかった。ここで、わが国にまつわる彼の発言を紹介しておきたい。

「私にとってソ連は偉大な国です。しかも、第2次世界大戦から始まるだけではありません。この国は、数百年にわたる自らの歴史のおかげで偉大なのです。ここ数十年の間、多くのことが積み重なっ

1989年7月、パリのエリゼ宮（大統領官邸）の庭園を歩くゴルバチョフ書記長とミッテラン仏大統領（右）

て立ち遅れが生じたけれども、ここに住む国民は現代の生活への備えは十分にできています。これはまさに、誇るべき国民なのです」

ロンドン会談に備えて

フランソワ・ミッテランは、〈G7〉とソ連が相互協力する考えを進めていく上で多大な貢献をした。1991年のロンドン会談でも、ソ連経済を世界経済に統合させる力強い行動や、ペレストロイカを支える経済的な措置をめぐり、その断固たる擁護者として振る舞った。しかし、これについては少し後で話そう。

私のイニシアチブに対する最初の反応は、西側では、特に米国では慎重なものであり、基本的には懐疑的だった。

1990年秋の西側の代表者たちとの会談では、私は常にこう強調した。我々の経済危機の克服や経済改革は、我々自身の課題であり、我々のために誰も解決はしてくれない。それは分かっている。しかし、その課題解決には西側も関心を持たなければならない。なぜなら、我々の広大な国で健全な経済を打ち立てることは、西側の利益にもなる。つまり、改革が正念場を迎える中で、パートナーの側からの呼応措置を期待する権利は我々にはある――と。

これに対する回答として、西側の対談相手の発言からは、直接的に、あるいは間接的に、こんな旋律が聞こえてきた。ソ連の改革は十分な速さで進んでいない、その経済はまだ十分に〈市場化〉されていない、それこそが、西側からの呼応措置の可能性を狭めている、と。

にもかかわらず、1991年春には、〈G7〉のリーダーたちとロンドンで会談する可能性は現実のものとなり、我々もその準備を始めた。6月中旬になって、英国のジョン・メージャー首相から公式な招待状を受けた。彼はマーガレット・サッチャーから、英国首相のポストと〈7カ国グループ〉の議長を引き継いでいた。

我々は入念に準備した。6月いっぱい、ロンドン会談に向けたデータや提案を準備するグループが、実際に手を休めることなく作業した。その作業の結果は7月8日、ノボ・オガリョボで各共和国の指導者に示された。その審議を通して明らかになったのは、彼らとソ連大統領〔ゴルバチョフ〕の間は相互理解のレベルに達し、立場をそろえた上でロンドンへ行けるということだった。エリツィンをはじめ全共和国の指導者が、ノボ・オガリョボで準備された文書や、ロンドンで私が行う演説の方針を支持した。

7月11日、私は〈G7〉諸国のリーダーたちに個人的な親書を送った。その基本的な考えは冒頭に記されていた。私はこう書いた。

〈果敢に行動し、新しいタイプの経済協力実現に力を合わせるときが来ました。その過程でソ連経済は世界経済に統合されるでしょう。これは、国際的な政治プロセスもポジティブな方向性を強めることになるでしょう〉

我々は〈経済を安定させ、それを世界経済へ統合させるために、持てる力と資源を動員するつもりです〉と強調しながら、同時に私は、呼応行動の必要性について語った。つまり、経済改革やソ連経済の外部開放といった分野での力強い措置は、我々のパートナーの行動によって補強される。その行動こそ、こうした措置を実行しやすくしてくれる――と。我々は、政府側から必要な保証と最恵国待遇を提供するという条件で、経済協力の重心を、企業と銀行間の直接的な市場取引へと移すことに賛成した。

ブッシュ大統領は2、3日たって反応してきた。

〈これは驚くべき手紙だ〉と、彼は記者たちとの会見で述べた。〈だが、米国とはいくつかの点で意見の相違がある〉

ブッシュとの会談直前、私あてに書簡が送られてきた。そこから私は、米国はロンドンでおそらく〈特別なスタンス〉をとるだろうと理解した。

〈もしあなたが、経済の市場化こそソ連の抱える問題の解決になると確信するなら、ソ連に市場経済をつくる手助けをすることは可能です。しかし、もしあなたがまだ、急速な市場化は極めてリスクが高く、危機対応プログラムが想定する方針に沿って行政管理を維持する期間が必要だと感じているのなら、我々があなた方を手助けするのはいっそう困難でしょう〉

ブッシュの書簡の矛盾した内容は、ソ連やペレストロイカにどんな態度をとるかという問題をめぐって、政権内に対立が起きていることを反映していた。彼の周辺には、言葉だけでなく行動でペレストロイカを支えるべきだと考える勢力と、〈ゴルバチョフは我々の側の人物ではない、彼は共産主義者の魂のままだ〉と主張してエリツィンに望みをかける勢力とがあった。エリツィンが先鋭化へと向かったとき、後者はぬか喜びした。しかし、1991年夏、私たちはうまく共同行動をとることができた。ワシントンでは、これが注目されることとなった。以下は、7月21日にブッシュと電話で会談した内容の一部である。

ブッシュ　いまここにエリツィンがいます。彼の求めに応じて私は電話をしました。あなたはおそらく、彼のここでの発言をご存じでしょう。彼はあなたの努力を支持していると言いました。これに照らして私も同様に、あなたと話すのは有益だろうと思います。

ゴルバチョフ　あなたは彼との対話に満足しているのでしょうか。

ブッシュ　そうです。これまでの接触よりも満足しています。彼は民主主義の選挙で大きな支持を得てここにやって来ました。我々にとって、これが重要な事実なのです。公の場でも個人的な発言でも、彼はあなたと一緒に動くつもりだと語っています。それが人々に満足感をもたらしています。私は以前、あなた方二人の意見の相違がずっと続くのではないかと心配していました。それは、我々にとっても気まずい状況になり得ました。

もう一度言います。エリツィンはここで、中央にとって難しいことはどんな形であれ持ち出しませんでした。彼を正当に評価しなければなりません。彼は八方手を尽くして、人間としての、大統領としてのあなたと相互協力していくという印象をつくろうとしています。従って、エリツィンの訪米があなた方の間の著しい意見の相違を強調するのではないか、との恐れは、かなりの規模で取り除かれました。アメリカのメディアもこの事実に目を向け、エリツィンは正しく振る舞っていると書いています。私も同じように、彼はあなたの立場を少しも損ねていないと考えています。

ゴルバチョフ　私は次のように言えるでしょう。私はここ最近のエリツィンの態度に、建設的な傾向を見いだし、そして、それにはしかるべく反応している、と。私は彼との協力強化には賛成です。私の側からの障害や困難はありません。もちろん我々は、様々な形の圧力にさらされています。そして重要なのは、どんな圧力を受けようとも、エリツィンがこの立場に踏みとどまることです。

あの当時は内政面でも国際的な出来事の中でも、こうした緊密な相互関係があった。

ロンドン——対話と交渉

西側のパートナーが、我々の置かれた難しい状況にも、新しい関係や新しい世界政治のために開かれた将来展望にも理解を示してくれることを期待して、我々はロンドンへ向かった。

ロンドンで私が会談した最初のひとりはミッテランだった。彼が滞在しているホテル〈リッツ〉で、朝の8時に会った。

私はフランス大統領に言った。「今回の会談はあなたのおかげで可能になりました。なぜなら、この問題で最も明白な立場をとったのは、まさにフランスだったからです。あなたがそれを嘆かないことを期待しています。あなたに感謝するための機会にしようと思います」

ミッテランは「これに関するフランスの立場は明白です。なぜなら、それは何より単純だからです」と答えた。

いつものように、フランス大統領の発言は、的確な観察と評価に満ちていた。

彼は言った。「今回のロンドン会談のような枠組みでは、経済と政治は不可分に絡み合っています。

どんな経済問題も政治的な側面を持っているし、その逆もまたしかりだと言わなければなりません」

彼は続けた。「〈G７〉のパートナーとの話し合いでは、〈黄金の中間〉を模索する必要があると私は主張し続けています。一方では、できる限りの支援と協力をソ連に示さなければならないし、ソ連が自給自足経済から脱して全世界の現行ルールに加わる手助けもしなければなりません。他方では、あなたの国を含め、各国の独自性を維持しなければなりません」

私はミッテランとともに、個人部門と国家部門の相互関係、市場の自由と国家の規制との相関関係について話した。そして、ソ連の特徴や問題に対する彼の深い理解を感じ取ることができた。

彼はこう指摘した。「あなた方が引き継いできた極めて中央集権的で硬直したソ連システムと、アメリカのシステムとの間には、果てしないほど多くの相違や微妙な差異が存在しています」と。

重要なのは、動く方向性と、ルールにのっとって行動する心構えだ、という点で私たちの意見は一致した。

「我々は世界の取引ルールに基づいて行動するでしょう」と私は言った。

我々はすでに、このために非常に多くのことを実践していた。だからこそ、ソ連がこうした動きを〈始め〉なければならないなどと聞いたとき、とても奇異に感じられた。なぜなら、G７側の決定がなされるときには、我々はすでにペレストロイカが本格稼働する局面に入っていたからだ。我々が関心を持っていたのは、誰かの世話になることではなく、お互いにとって有益な協力と、努力や相互作用の積み重ねにあった。

「我々は完全に準備できています」とミッテランは答えた。「確かに、まだ説得すべき人たちがいます。彼らには、こうした路線が政治的にも時宜にかなっていることを示す必要があります」

〈G7〉の参加者それぞれの立場についての印象をまとめながら、フランス大統領はこう述べた。

「イタリア、ドイツ、フランスはあなた方に協力する用意が十分あります。米国と日本は、我々が前へ進むのをセンチメートル単位で観察する必要があると言っています」

〈G7〉との会談を通して、この評価は全体として確かなものだった。

会談には、米国、カナダ、英国、フランス、ドイツ、イタリア、日本と、ヨーロッパ共同体〔EC〕のルード・ルベルス議長、欧州委員会（ECの執行機関）のジャック・ドロール委員長が出席した。ジョン・メージャー英首相がこの会談の議長として開会を宣言した。彼はこう強調した。

「この会談は歴史的です。このような会談は初めてだからこそ、我々全員にとって重要なのです」

私は自分のスピーチでこう述べた。

「2、3年前、ましてや5年、10年前には考えられなかったことが、変わりゆく環境の中で、まったく自然な、論理的にも正しいことになっています。ソ連指導部はこう考えています。もしも政治的な対話、そして安全保障や外交分野での協力が、経済協力の新しい特性に基づくとすれば、世界でのポジティブなプロセスは安定したものとなるだろう、と」

世界経済にソ連を組み込む我々のコンセプトは、ソ連での抜本的な変化が必要なのと同時に、西側諸国からの呼応措置も必要だということから出発していた（ソ連との経済的、技術的な関係に関する法律や、その他の制限の撤廃、国際経済機関へのソ連の加盟など）。

協議には、会談の全参加者が加わった。

ロンドンで1991年7月17日に開かれた〈G７＋１〉首脳会議。前列左からブッシュ米大統領、ゴルバチョフ大統領、メージャー英首相、ミッテラン仏大統領、コール独首相、後列左からドロール欧州委員会委員長、アンドレオッティ伊首相、マルルーニー・カナダ首相、海部首相、ルベルス欧州理事会議長

私が大きな感銘を受けたのは、ジャック・ドロールとフランソワ・ミッテランの演説だった。

強力な経済・政治の統一体である欧州連合〔EU〕への移行期にヨーロッパ経済共同体〔EEC〕を率いたドロールは、次のように述べた。

「本日、私たちは新しい国際経済秩序へと踏み出します。大統領閣下、私はあなたの課題が容易ではないことを理解しています。なぜなら、まさにソ連こそが最大限の努力をしなければならないからです。ソ連が危機を脱して世界経済に加われるのか、その可能性に信頼が乏しい現状を克服できるよう、我々は手助けしなければならないのです」

ドロールは、〈経済健全化の過程で社会的合意や社会的緊張の予防のために重要な、市場をいっぱいに満たすことを援助する〉用意がＥＥＣ〔ヨーロッパ経済共同体〕にはあると表明した。さらに、〈技術的な援助、人材養成の協力、食料分配システム整備の支援も実施する〉と表明した。

ミッテランは自らの発言によって、何より壮大なスケールで物事を考える政治家としての真価を発揮した。

彼は次のように述べた。


「ゴルバチョフ大統領の取り組みは、不信に対抗する最善のよりどころです。あなたがこれらすべてを望んだのか、単に起きていることを受け入れただけなのか、それは重要ではありません。しかし、いずれにせよ、これは意志のある行為でした。結局のところ、あなたは前任者たちと同じように振舞うこともできましたが、それがもたらす結果は破局だったでしょう。歴史はこれに気づいています。

民主的な伝統を持たない国に変革をもたらしたという事実だけでなく、他の国々との関係をどう変えたかということも歴史は気づいています。その結果、人々は外国軍の駐留から解放され、ドイツはひとつになりました。これらはすべて、あなたの政策の結果です。そして、これらすべては信頼のよりどころであり、不信のよりどころではありません。依然として取り組まなければならないのは、希望のためのきっかけづくりなのです。

１９１７年〔ロシア革命〕、１９２４年〔ソ連憲法の制定〕、１９３０年〔レーニン廟の完成〕を継承するだけでなく、古い体制の継承者でもあるソ連は、急速な変貌を遂げています。ゴルバチョフ大統領が抱える問題は、疑いもなく困難なものです。すべてが変化し、苦難は果てしなく、すべての問題が解決されることも期待できないでしょう。しかし、私はこう感じています。我々は正しい道を進んでいる、と。ソ連は自らの苦難を乗り越えることができます。これを成すために、西側からの援助を必要としているのです。その条件になるのが、連邦条約に基づいた政治的安定なのです」

強調しておきたいのは、すみやかな連邦条約締結の必要性や、その中での中央と共和国の権限分割、統一通貨、統一防衛、統一の対外政策の問題を解決する必要性については、会議の参加者全員で話し合ったということだ。

ミッテランは経済改革のテーマについても、極めて明確に語った。

「私は何もかも民営化することをあなたに助言はしません。本質は、民間の企業、民主化の闘いや競争、同時に国家の役割をまとめたところにあります。我々のどの国でも、国家は様々な形でこれを行っています。程度の問題です。我々はあなたに、あれこれ言うことはできません。ソ連の伝統を尊重すべきです。しかし、私たちには共通した何かがあります。個人の所有権と、利益の持ち出しも含めた外国人所有者への保証です。

あなたの国には集団所有の伝統があります。あなたは中庸の道を見つけなければなりません。その道を進む限り、あなたは援助を得ることができるでしょう」

ペレストロイカの問題に深い理解を示したのは、イタリアのジュリオ・アンドレオッティ首相だった。彼はこう述べた。

「ソ連が困難な状況の中、市場化に移行し始めたことについて、ここで多くのことが語られました。私は、ここにいる参加者の中で最も歳を重ねた者として、この転換がどれほど重大なことかを、おそらく誰よりも明確に思い描くことができます。もちろん、ゴルバチョフ大統領の前には、とてつもない課題が積もり積もっています。しかし、私は言わなければなりません。我々が経済改革のプロセスを始めたとき、我々の経済も強くはなかったのです。だからこそ我々は、ソ連経済の立て直しになぜ慎重に臨まなければならないのかを、誰よりもよく理解しています。たとえば、なぜ価格統制を一気に撤廃してはならないのか、です。しかし、動く方向は明確でなければなりません。

新しいタイプの協力を進める枠組みづくりのために、我々の財務大臣たちをモスクワに派遣する考えを私は支持します。今日が転換の日であることを私は疑いません。これまで軍事問題に集中していた関係は、いまや経済の方面へと移行しているのです」

正直に言おう。これらの発言の背後では、それほど建設的ではない発言がいくつかあった。我々の改革のスケールや複雑さを理解しておらず、非常に単純化したアプローチが透けて見えた。カナダのブライアン・マルルーニー首相はこう質問した。

「あなたは価格の70%を国家のコントロール下から外すと言いました。なぜ100ではないのですか、なぜ明日からやらないのですか」

公平を期すために言っておかねばならないが、私に向けられた質問の大部分は本質的で具体的なものだった。何よりもまず、連邦条約や統一市場、統一税、投資の可能性、そして将来の相互協力の構築など、原則的な問題に関するものだった。

それに答える発言の中で、私は会談の参加者全員に感謝の言葉を述べた。会談の雰囲気が非常にオープンであり、同時に、責任や関心を持とうという気持ちで満ちあふれていたからである。私の全体の印象は、次のようなものだった。

「もし私がすべてを正しく聞いたのなら、このように認定できると思います。つまり、あなた方は、我々がソ連で実行してきた膨大な仕事と連帯を示すだけでなく、それに政治的な確認を与え、具体的な枠組みをつくり、協力と援助の具体的なあり方を見つけることを望んでいる、と。

もう一度強調します。我々が取り組んできたことはすべて、何よりも我々にとって必要なものです。行政の命令システムは、社会のすべてを拘束するような生活形態へと導きました。我々にとって極めて明白なのは、すべてを変えなければならないということです。しかし、これは上層部だけではなく、すべての人、民衆が理解しなければなりません。なぜなら、この何十年もの間に、ドグマや固定観念だけでなく、習慣や労働形態もできあがってしまったからです。そして、これは変えなければならないし、意識を変えなければならないのです。どうすべきなのでしょうか。政治的プロセスを通して、アイデアやプログラムの民主的な競い合いを通して変えるのです。そして、経済を通して、すなわち所有物への関係を変え、自由な経済的選択を可能にすることを通して変えるのです」

私は、会談の場で出された質問にこう答えた。

「ソ連では誰と仕事すべきなのか、という質問が出されました。連邦条約に明記されていることに基づかなければなりません。この条約には基本的にすべての共和国がすでに同意していますが、ウクライナだけが最終決定を先延ばししています。条約によれば、連邦は、対外政策と対外貿易の基本方向の策定、国防と国家安全保障、全連邦の課題に対処する国内軍、エネルギーバランス、全連邦の交通、通信システム、度量衡や文化の発展といった大きな問題に責任を持っています。さらに、各共和国のための大きな責任分野があります。我々は共和国の利益を大いに考慮するでしょう。ただしこれは、統一市場と、商品生産者に大きな自由を提供する条件下での話です。統一市場は、統一された銀行システム、統一の関税などを想定しています。

税に関して言えば、七つの共和国は統一システムと連邦税に賛成を表明し、ロシア共和国とはこの問題を協議しています。ウクライナは揺れ動いています。しかし、論争になっているのは、全連邦予算への財政資金を集める仕組みについてだと強調しておきます。そして、我々は立場を近づけつつあります。これに関しては、様々な国の経験を活用し、ハミルトン〔米国の初代財務長官〕からビスマルク〔19世紀のドイツ帝国首相〕まで分析しました。ビスマルクは、よく知られているように、最初は連邦税なしでいけると考えましたが、その後に意見を変えた人物です。我々はいま、様々な国が持つ経験の分析を各共和国に提供しています。

私の立場は揺るぎないものです。もし連邦条約が連邦税を想定していなければ、私は署名しません。同時に、この条約によって共和国の権限は広がるでしょう。一連の問題は、共和国と連邦政府とが共同して解決されるものです。もちろん今も、あなた方はわが国のいろいろな人から様々なことを聞けるでしょう。しかし、事態は私が語った方向へと動いています」

締めくくりとして、私はこう述べた。

「私たちの対話を世界に向けて語ることが重要です。これは実際、共同のブレーンストーミングでした。そして、ここで私たちは取っ組み合うことはせず、一緒に考えました。私は、突破口はここにあると考えています。私たちの議長がこの議論を集約して、最大限の成果を引き出すことを望んでいます。同じように存在していた問題や疑念に関しても、より早く乗り越えましょう」

メージャーは私に同意した。会談の結論を導きながら、彼はこう述べた。

「公式なスピーチの寄せ集めではなく、オープンで自由な会話ができました。簡単ではない質問が出され、それに回答がもたらされました。話し合いの結果、私たち全員の意思はひとつです。ソ連の世界経済への統合を支援するために、一緒に行動しようという意思です」

合意と結論

達成された合意はメージャーによって六つの項目にまとめられた。彼はそれを、数時間後に開かれた彼と私の共同記者会見でも要約して話した。

〈第一に、我々はソ連に国際経済機関（ＩＭＦ〔国際通貨基金〕と世界銀行）での特別な準加盟国の地位を与える妥当性について合意した。この仕組みへの統合の第一歩である〉

〈第二に、我々はあらゆる国際経済機関に、ソ連との密接な協力を軌道に乗せ、市場経済へ転換するための建設的で専門的な支援を提供するよう依頼する〉

〈第三に、我々はソ連に様々な技術的支援を実施し、エネルギーや軍民転換、食糧、運輸分野のプログラム実現のために協力を強化するつもりだ〉

〈第四に、ゴルバチョフ大統領が指摘したように、ソ連とその近隣国の間では経済的なつながりが崩壊していることを理解し、我々はこのつながりを再生してこれらの国々の商品がソ連市場に流通するよう協力する〉

〈第五に、今回の会談は一回限りのものではない。これはプロセスの始まりである。従って我々は、独自のメカニズムを打ち立て、その枠組みで《Ｇ７》の議長はソ連との密接なコンタクトを維持するだろう。これに関して参加者たちは、年末までに私が議長としてソ連を訪問し、事態の進展について《Ｇ７》に報告するのが適切だと考えている。来年はこの役割をコール首相が果たすだろう〉

〈最後に、我々の財務大臣と中小企業大臣がソ連を訪れ、ソ連の経済改革や、世界共同体への完全な統合プロセスでソ連を支援することについて、具体的な問題を協議することで合意した〉

すでに以前にも語ったことだが、翌日に会ったマーガレット・サッチャーは、〈G7〉は我々の改革を支持するためのより具体的で実践的な措置を練り上げなかったとして、落胆の色を見せた。同様の評価は、時に失敗を喜ぶようなトーンでメディアからも聞こえてきた。その結果、こんな考えを口にするコメンテーターもいた。もし経済支援の合意がもっと具体的で義務を伴うものであれば、わが国で反乱者たちが8月のクーデターを試みることもなかったであろう、と。

しかしながら、全体として、〈G7〉との会談を受けての私の評価はポジティブなものだった。ロンドンでは重大な転換が見えるようになった。政治的、軍事的な分野に続いて、世界経済への統合で障害になっていたものが取り除かれ始めた。

ブッシュのモスクワ訪問前に

1991年7月末、ジョージ・ブッシュが公式訪問のためモスクワに到着した。私たちはすでにロンドンで、戦略攻撃兵器削減条約の積み残しになっていた問題で合意し、これについては〈G7〉各国の指導者に伝えていた。彼らは全員、この合意という事態打開を熱く歓迎した。実際、歴史上初めて、戦略攻撃兵器の保有量が〈レベル〉や〈上限〉によって制限されるだけでなく、50%も削減されるのだ。これは偉大な一歩であり、素晴らしい成果であり、戦略分野での軍拡競争を実際に止めるものだった。

しかし私は、信頼と相互作用の新しいレベルにまで関係を導かなければならないと考えた。このためには、我々が何を志向しているのか、お互いの意思を認識することが必要だ。これについて私は、ロンドンでの昼食会でブッシュ大統領に話した。その対話録から、ここに抜粋しよう。

ゴルバチョフ　達成されたものは前例のないものです。我々は約束したことは守るということを、あなたは確信できたと思います。そして、私たちが両国関係のあり方を実際に改善したいと思うのなら、他のアプローチはあり得ません。

私が手にしている情報に照らせば、米国大統領は信頼し得る人物であり、彼の決定は重大な政治家の決定であり、入念に検討を重ねたものであるということを知っています。そして、この決定に基づいて、私たちはすでに安全保障分野での対話で、大いなる将来の展望に向かって前進しました。それと同時に、わが友人である米国大統領はまだ、米国にとってソ連がどうあってほしいのかという大切な問題に、最終的な答えを出していないとの印象を受けます。この問題への最終回答が出されない限り、個々のいろいろな問題で行き詰まってしまいます。時を逃すことになるでしょう。

2カ月前、わが国でソ連安全保障会議が開かれました。ここにいる私の同僚のうちの二人が、そのメンバーです。私はゲーツさん〔ロバート・ゲーツ米中央情報局（CIA）長官〕の仕事を楽にするためにも、どんな問題が審議されたかをお話ししましょう。それは、米国指導部はソ連に対する政策を変えないのか、という問題です。

今日も、おそらく明日も、我々は米国と健全で良好な関係を築くことに注意を払っています。そうした見解を、私が、そして安全保障会議全体も最終的にこれを支持したのですが、この場で貫いたということを、私の同僚たちは証明してくれるでしょう。以上が、徹底した分析の結果、我々がたどり着いた結論です。

率直に言えば、我々全員がそれに乗り気なわけではありません。しかし、わが国の社会の大部分はこの政策を歓迎し、私はそれを、公の場でも、その他の議論の場でも、どんなところでも守り抜きました。あなたは覚えているでしょうか。たとえあなたが私たちの関係に疑念を持ったときでさえも、私はソ連でも米国でも、私たちの関係のために格闘し、奮闘する、と申し上げたことを。

友人としてあなたに言っておきます。米国はソ連がこの先どうあってほしいのか、という問いへの回答として、活気のある、進歩的な、前に向かって発展している国という風に見られることを私は期待しています。我々が米国を、繁栄した、力強い、自分の振る舞いに責任を持つ国であってほしい、我々の親しいパートナーであってほしいと言ったのと同じです。そしてさらに、米国が自分自身に、自らの安全保障に自信を持ち、予見可能な国であってほしいということです。あなた方に劣らず、我々はそれを願っています。我々はもっと大きな相互依存を望んでいるのです。

全体として、私たちの関係が疑いようのないほど深まったのを確認しながら、どのような歩み寄りが我々に、そしてあなた方に必要なのか、いまテーブルに着いて話し合う必要があります。我々は行動し、危機を切り抜けます。あなた方は自らの問題を解決します。しかし、新しいレベルの、新しい協力のあり方が必要です。それは、政治でも経済でも、具体的な経済プロジェクトでもそうです。

ブッシュ　もしあなた方の安全保障会議メンバーの中で、我々がソ連にどうあってほしいと考えているかについて疑念が出ているとしたら、おそらく私が十分に説得力を持って自らの政策を説明できていないからでしょう。もし安全保障会議メンバーの間で、ソ連を手助けするために米国は何ができるのかという質問が出るなら、私は理解できます。しかし、米国がソ連にどうあってほしいかという問いを協議したいのなら、とにかく私は回答を試みましょう。

我々は、ソ連が西側経済にダイナミックに統合された民主主義と市場主義の国であってほしいと思っています。内政干渉とは思わないでほしいのですが、私は経済に関してこう言いましょう。詰まるところ、中央と各共和国との間の問題がうまく解決されたソ連であってほしい、と。これは個人投資の流れにとって根本的に重要なことです。

そういうわけで、第一に民主主義体制、第二に市場、第三は連邦です。

より広く哲学的な観点で、あなたと同じように私もよく、敵は誰なのか、と聞かれます。米ソ双方で軍事支出が減っている今こそ、米国民にとってこの問題は答えやすいでしょう。私は、ソ連は米国の敵ではないという最終回答を出した大統領でありたいと思っています。

米国大統領として私は、あなたと同様に、質問に答えなくてはなりません。何が我々の国益にかなうのか、と。もちろん、それは何よりも、カリフォルニア州からメーン州までの経済的な福利です。そして私は、あなた方の成功は米国の深いところにある利益に合致すると考えています。あなたが共和国との関係の問題に決着をつけることは、我々のためにもなるのです。ソ連の衰退は我々のためにもなりません。あなたは我々の尊敬に値します。

このような会話だった。モスクワでの交渉に備えて、ブッシュが言ったことを頭の片隅にとどめた。

新たなレベルで、すべての議題が深く、はるか先まで協議されることを期待した。

ノボ・オガリョボでのブッシュとの対話――パートナーシップの展望

ブッシュと前もって合意していたことがある。モスクワを公式訪問する際には、私の米国訪問の際に彼がキャンプ・デービッド〔米大統領の別荘〕に招いてくれたのと同様のことを、もう一度やろうということだった。まさに、非公式な状況で、少人数で、主として郊外で、〈ノーネクタイで〉、いかなる儀礼もお決まりの議事日程もなしに集うことだった。

私たちはノボ・オガリョボで会い、モスクワ川沿いの南へ突き出た屋外のベランダで交渉を行うことを決めた。午前中に行われた会談には、ベススメルトヌイフとチェルニャエフ、ベーカーとスコウクロフトだけが参加した。もちろん、通訳もいた。

この会談で私にとっての重要なテーマは、普遍的な安全保障の新しいシステムを形成する将来の展望だった。すでにいくつか実際に試行されている新しい基準に従って、世界政治を共同で（歴史上初めて）導いていくのである。

会話の様子や、会話がどこまで広く及んだかを示すために、再び議事録を参照したい。

ゴルバチョフ　私は戦略的安定の新しい概念についてよく考えたい。何をこの概念に組み入れるかを考えなければならないと思います。以前この概念は、軍事的対等や均衡、安全保障の軍事的側面に基礎が置かれていました。いまは新しいアプローチが必要だと思います。なぜなら、我々が武力や軍拡競争を当てにすることをやめ、経済関係の新しいプロセスが生まれる新たな局面が訪れたからです。

これが極めて明白に現れているヨーロッパだけでなく、今日の世界を見渡せば、経済的、政治的な不安定要因に注意を向けないではいられません。それらを視野に入れておかなければなりません。最近は、民族的な、ある場合には宗教的な要因が強く現れてきました。

私が重要だと思うのは、いま起きている変化の民主的側面を刺激することです。全体主義的な、独裁的な体制は舞台から去っていくのを我々は見ています。思うに、このプロセスは我々自身の行動が呼び込んだものであり、我々はこれが続くことを望んでいます。このプロセスを憲法や法的な枠組みでいかに維持していくか、このプロセスが予期せぬ事態やカオス、結果として危険なものに成り下がらないためにはどうするのか、それが問題なのです。

中国やインドのようなファクターも視野に入れておかなければなりません。人口は合わせて20億人です。この両国は、野心に満ちた国家プランを持っています。私はそれを非難したくはありません。最も古くて偉大な国家であり、彼らは別の生き方を開拓したいと願っています。

いまのところ我々もあなた方も、〈自分の利益のために利用〉せずに、中国に対して責任を持って行動していると考えています。中国もまた、それを許さないでしょう。我々は戦略的バランスを崩すような行動は容認しない、ということを信じてほしいと思います。我々は米中関係が正常な形に戻ることを歓迎しています。私はそれを保証できます。

さらに多くのことについても言えるでしょう。資源や水、環境の問題について、そして、30年、

50年先には地球人口を倍増させるかもしれない人口動態プロセスの問題についてです。ここで問題が浮かび上がります。こうした現実や傾向、プロセスを考慮して、米ソ両国がどんな役割を果たさなければならないか、私たち両国の間にどんな関係を築かなければならないか、という問いです。

ブッシュ　何よりも強調したいのは、変わりゆく世界の中で、力強く、経済的にもしっかりした、変身していくソ連の姿に我々はとても満足しているということです。あなた方が変化に備えていることに対して、私は今日、これまで以上に大きな信頼を感じ取っています。私はあなた方の意思を信頼しています。昨日の話し合いの後も、ここに来るまで以上に、私は確信しています。あなたがどこに行き、どのように目的を果たすのか、それをあなた自身が知っているということを、です。我々はあなた方の意思を信用しています。それを確信してくれることを私は望んでいます。

私はインド・パキスタンと中国に不安を感じています。これについてはメージャーとも話し合いました。これを穏やかな形で抑え込むのは簡単ではありません。

中国については、我々には依然、天安門事件の苦い思い出があります。しかし、第一に、自分の利益のために中国を利用するという話はあり得ません。第二に、我々はポジティブに中国へ働きかけたいし、中国との接触を断ちたくありません。あなたが言ったように、我々は中国との関係を正常な方向へ戻したいのです。（……）米国議会は中国に制裁を科すつもりです。しかし、グローバルな面で見れば、中国は非常に重要な国だと考えています。

インドに関しては、ソ連が大いに影響を与えることを私は期待しています。インドとパキスタンは核兵器の問題で複雑に絡み合っています。もちろん、パキスタン側は、核兵器に携わっていないと断言しながら、我々にうそをつきました。でも、ある面で彼らは正しい。なぜなら、彼らはインドと核兵器廃止で協定を結ぼうと提案しています。しかし、インドには爆弾があり、インドはそのような協定は望んでいません。

ノボ・オガリョボでの真剣な話し合いは、ユーゴスラビアにも及んだ。このときまでに、西欧諸国の中には、ユーゴスラビアからの独立を宣言したスロベニアの国家承認を急ぐところがあった。米国はこのときまだ、最終的な立場を示していなかった。ベーカーが言ったように、EC〔ヨーロッパ共同体〕諸国と協議していた。私は自分の立場を述べた。

「ユーゴスラビアの崩壊がたとえ部分的であっても、核のような連鎖反応を引き起こします。ことはユーゴスラビアだけではありません。世界には、現存するものも仮想上のものも含め、非常にたくさんの国家間問題、民族間問題があります。この状況で国境を引き直すことは、つまり、まったくのカオスを誘発することです。もし私がいま、この機会に起きるかもしれない潜在的な領土問題を数え上げれば、指が足りません。それどころか、私の指だけでなく、出席者全員の指でも足りないでしょう。たとえば、我々ソ連では、共和国間の国境の70%が、事実上画定されていません。以前はこの問題に誰も携わることはなく、すべては〈仕事を進めていく中で〉決められ、ほとんど地区ソビエト〔旧ソ連では、共和国や州、地区、村などの政治単位ごとに、ソビエトという政治権力機関が置かれた〕のレベルの問題でした。民族間問題はブルガリア（トルコ系少数派）にも、ルーマニア（トランシルバニア地方）にもあります。チェコスロバキア共和国には、チェコとスロバキアの間の問題があります。ロンドン会談のすぐ前に、私がこの問題をヘルムート・コールと協議したとき、彼は私にこう質問してきました。もし領土の統一性と国境の不変性にこだわるなら、民族自決の原則とはどう折り合いをつけるのか、と。私は彼にこう答えました。これらの原則の間に、克服できない矛盾など見ていません。しかし、プロセスは国内において、憲法と法的な枠組みで進めなければならない――と」

ブッシュは短い共同声明を出そうと提案してきた。

「ユーゴスラビアの出来事に関しては大きな懸念を示しましょう。停戦についての合意を実行するようみんなに呼びかけ、政治的問題の解決に武力を行使することは非難しましょう。交渉によってユーゴスラビア自身に運命を決めさせましょう」

それに対して私は、欧州安全保障協力会議の原則を念頭に置く必要があると指摘した。ブッシュは、「私たちは合意に近づいています」と指摘した。彼のアプローチは欧州勢よりも慎重だった。欧州勢は、その後に裏付けられたように、ユーゴスラビア国家の細分化の方向へ舵を切った。何がそうさせたのか、我々は知っている。ユーゴスラビアで血みどろの結末へと急がせた要因のひとつは、ソ連の崩壊だった。しかし、それが起きたのは後のことだ。当時は、法的な枠組みでプロセスを踏むチャンスはあった。

ノボ・オガリョボで私たちは、中東和平について話し合い、平和代表者会議を開催することで立場を近づけた。私は、この会議への招待状をソ連と米国の大統領名で送り、まさに米ソ大統領がこの会議を開くことを提案した。ブッシュはこれを支持した。私は彼に、国際会議の開催で合意できれば、我々は1967年に断絶したイスラエルとの外交関係を樹立する用意があると伝えた。これをイスラエル側に伝えてほしいと私は言った。

この米国大統領による最後のソ連訪問は、いまとなってはいくらか苦い思い出だ。そのとき我々は知らなかった。その3週間後に何が起こるのかを。我々は未来を構想することによって生きていた。私は連邦条約案の作業を完了させる計画について大統領にこう語った。

「何が起きて、どんな方向に事態が発展し、何が待ち受けているのか、米国大統領が正確に理解したがっているのは分かっています。

我々は今後も、わが国の民主化や市場改革、全西側諸国との協力に向けた動きなど、選ばれた道を進んでいきます。これに関しては、米国とヨーロッパとの関係が特別な意味を持っています。

昨日、私はエリツィンやヌルスルタン・ナザルバエフ〔カザフ・ソビエト連邦社会主義共和国大統領。91年12月からカザフスタン大統領〕とひとつのアイデアについて話し合いました。連邦条約の署名後、新しい憲法を採択して選挙をする前に、いくらか時間を置くかもしれません。つまり、情勢がある程度落ち着いて好ましい状況になった後に選挙を実施するのです。我々は慎重に行動しなければなりません。なぜなら、改革が最も切迫した時期に選挙を実施したなら、保守派はこの苦難を利用して、すべては改革派が悪い、逆に保守派は健全な考えを実現する、支持に値する、などと主張するでしょう。そして実際、彼らは配当を得るでしょう。だからこそ、我々は入念に計算しなければなりません。これについてよく考えるようにします。

そして二つ目の結論です。我々は、より毅然と、より早く改革を進めなければなりません。このためには何が必要でしょうか。

私たちが合意したように、私はこれについてロンドンでは公に語りませんでした。しかしいま、あなたに率直に申し上げたい。この改革に向けた決戦に勝つために、我々はあなた方から現実的な支持を期待しているのです」

「具体的な支持とは、どういうことを意味しているのですか」とブッシュは尋ねた。

私はこう答えた。

「我々が価格の自由化に移行するとき、この重要な歩みへの支持として、しかるべき最適のタイミングで、商品や食料品、医薬品を受け取りたいのです。さらにもちろん、ルーブル兌換の問題があります。この問題は財務大臣らが審議しなければなりません。

我々には、非常に責任重大で劇的でさえある行動が差し迫っています。繰り返して言いますが、これは生死を分ける時期なのです」

ジョージ・ブッシュの発言から、彼が連邦の将来の問題に関してすべての疑念を除いておきたいと望んでいることを、私は理解した。

「私はこんな印象を持っています。ここにいる何人かは、米国にはソ連崩壊やその経済的破滅を切望する根強い勢力があると考えている、と。実際、私の所属する党にも、それが我々の利益にかなうと確信している極右がいます。一方、左からは、あなたに人権問題で非難を浴びせる民主党員たちですが、外からソ連に何かを押しつけるために、ソ連が味わっている苦しい状況をうまく活用しなければならないと考えています。

メディアも我々を攻撃しています。まず私とベーカーが非難されました。あたかも我々がソ連に対して慎重すぎて、新たに開かれた可能性を生かせていないとの理由です。いまは別の方面からも攻撃が来ています。ブッシュはゴルバチョフが好きすぎて、彼をあまりにも当てにしすぎている、のだそうです。

ゴルバチョフとエリツィンの間で和解があり得ないと分かったとき、我々には、全資金をエリツィンに託すべきだと主張する面々もいました。しかし、アメリカの市民がそうであるように、政権は決してそのような考えは共有しませんでした。

私はあなたに保証します。キエフ訪問の際には、私も、そして随行員の誰ひとりも、いまの問題を複雑化させたり、ウクライナがいつ連邦条約に署名するのかという問題に干渉したりすることは決してありません」

ブッシュがキエフでこの約束を守ったことは認めなくてはならない。

ブッシュのソ連訪問の際に起きたエピソードのひとつは、ソ連大統領に苦難の時が差し迫っていることを示す珍事として、あるいはシグナルとして、私の記憶に残った。これは、クレムリンのグラノビータヤ宮殿で催されたブッシュ米大統領とバーバラ夫人の歓迎レセプションで起きたことだった。

進行手順では、私とライサ・マクシーモブナが米国大統領夫妻に招待者を紹介することになっていた。最初に近づいてきた客の中に、なぜかガブリール・ポポフ〔モスクワ市長〕を伴ったエリツィン夫人がいた。紹介が終わり、客がみんな会場へ入ったとき、エリツィンがひとり誇らしげに現れた。近づいてきて、バーバラ・ブッシュを会場のグラノビータヤ宮殿へ招いている。みんなどうしていいか分からない（私を除いて。この私はボリスを知っている。彼は前日、私に電話をしてきて、私とブッシュとは別にスピーチの機会を与えてほしいと頼んできた。一体、何のために？　私は当然、それを拒否した）。ブッシュ夫人も困惑していた。彼女はレセプションのホストであるソ連大統領〔ゴルバチョフ〕の招きを待っている。「本当にそうしていいの」と、彼女は驚いて声を上げている。

ロシア大統領〔エリツィン〕は自分に注意を向けさせようとしていた。自らも、その場にいた全員も、気まずい状態になってしまった。しかし、今日のこの出来事は総じて、絵画全体の中の1本の線でしかなかった。

クレムリン大宮殿の出口で別れを告げ、私とブッシュがお互いに手を握ったときには、もう8月になっていた。あの悲劇的な1991年8月である。

第7章　ソ連崩壊

8月クーデターとその結末

1991年夏の8月クーデターは、ソ連指導部メンバーも含めたグループによる国家転覆の試みだった。これについてはいっぱい書かれている。その多くは信頼できるものだが、こじつけたものや思いつきのものも少なくない。いわゆる非常事態国家委員会（ГКЧП〔ゲー・カー・チェー・ペー〕）のメンバーと、彼らを仕切っていた人物たちは、起きたことに対する〈自説〉を何度も変え、そのたびに、彼らの見解はどんどんうそっぽくなっていった。

私は自分の立場は変えず、この非常事態国家委員会の事件についての目撃証言、インタビューや著作を通じて、公に詳しく伝えている。従って、フォロスでこの間に起きたこと〔ゴルバチョフがクリミア半島フォロスの別荘で休暇中だった1991年8月、非常事態国家委員会を称する保守派メンバーがクーデターを起こし、ゴルバチョフを3日間軟禁した〕をここで詳しく述べる必要はない。

8月のこの3日間、我々は人間としての我慢の限界を味わった。しかし私は、心の安定を保って行動した。クーデター失敗に決定的な役割を果たしたのは、クーデター参加者が求めた非常事態導入を断固として拒んだソ連大統領〔ゴルバチョフ〕の態度であり、クーデター参加者の行動を憲法に反するものだと表明したロシア共和国大統領〔エリツィン〕の態度だった。私のスタンスはいまも変わらない。それに続く出来事、すなわち連邦国家の解体で果たすエリツィンの役割を加味してもなお、1991年8月に民主主義を守った彼の役割については、私はしかるべく評価している。

クーデターは、主権国家間の新しい連邦関係を築くプロセスを断ち切り、国家だけでなく社会までも解体へとせき立てた。

クーデターの直後、私は新たな状況下ではあらゆる危険性があると理解して、連邦条約の作業再開を最優先しようと考えた。ここで特に強調しておきたいのは、クーデターの結果、たとえソ連大統領としての立場が損なわれたとしても、私は降伏せずに闘い続けたということだ。

臨時のソ連人民代議員大会には、ソ連大統領と10の連邦共和国の最高指導者が、共通の立場で、声明を伴って臨んだ。声明には、希望する共和国によって主権国家連邦条約の準備と署名を進める必要性が明記された。この条約は、各共和国が連邦への参加のあり方を自主的に決めることができるものだった。

大会は、連邦条約が必要であり、共和国間の経済条約も欠かせないという基本的な立場を支持した。統一の軍事力、国際的義務の履行、全体で調整された対外政策についての規定が確定された。それとともに我々は危機的な局面へと進み出ることになった。

解体を防ぐチャンスはあった

今日、ソ連崩壊は避けられなかったと語る人はすべて、それが全体としてなのかクーデター後なのかはともかく、見方を誤っている。おそらく悪意はないのだろうが、間違っている。ソ連解体を防ぐチャンスはあったし、このチャンスを生かそうと私は闘った。

粘り強い努力と、緊張を要する共同作業の結果、ノボ・オガリョボのプロセスを復活させることに成功した。10月半ばには八つの共和国が経済共同体条約に署名し、共和国間経済委員会が活動を始めた。

11月14日、新しい連邦条約案はノボ・オガリョボでの国家評議会〔8月クーデターを受けて1991年9月、ソ連大統領と各共和国の元首で構成された最高行政機関〕の審議にかけられた。

激しい議論が繰り広げられた。我々はどうなるのか、諸国家の連合なのか、連邦国家なのか。そしてこれは、単純な言葉の論争ではなかった。私は議論の相手をこう説得した。別々の国家へと分割することは、市民や経済、科学、軍事力、対外政策などすべてにとって破滅的な結末をもたらすだろう、と。共和国間の同意がなければ改革は立ちゆかない。すべての共和国が敗北し、弱体化してしまうだろう。

4時間、我々は議論した。その結果、我々全員がひとつの意見にまとまった。連合的な連邦国家であるべきだ、と。自らの議会と政府を持った国際法上の主体であるべきだ、と。

すぐにノボ・オガリョボでの記者会見で、全共和国の指導者がテレビカメラを前に自らの立場を述べた。ボリス・エリツィンの言葉を引用しよう。

「いくつの共和国が連邦に入るのかを言うのは難しい。しかし、連邦はこの先も存在するとの確信を私は持っている」

しかし、すでに11月25日の国家評議会の会議では、情勢は複雑になっていた。ウクライナの独立をめぐる国民投票の前日、状況は急変した。エリツィンは絶えず私にこう質問した。ウクライナの連邦条約参加をどう保証するのか、と。私は答えた。もしロシアと他の共和国がそれに署名したなら、ウクライナは自分の居場所を見つけるだろう、と。ウクライナはすでに経済条約には加わった。もし主権国家連邦の正規メンバーになるのを望まないなら、まずは防衛連合のメンバーになりうるだろう。科学技術協力や他の協定に署名することもできる。全体として、ウクライナにとって特別なバリエーションを想定することも可能だった。これは時間と探求の問題である。

11月25日の会議は討論が白熱し、私はこう発言した。「よろしい。私はあなた方の立場を尊重する。しかし同意はできない」。そして、私なしで選択するよう同僚たちに任せ、私は自分の執務室に戻った。

しばらくして、エリツィンとスタニスラフ・シュシケビッチ〔ベラルーシ最高会議議長〕が私のところへやって来た。連邦条約に関する国家評議会の決定案を持ってきた。基本的には、11月14日に同意されたものと同じ形だった。私がこの決定案への意見を述べると、エリツィンとシュシケビッチは同意した。我々は会議の会場へ戻り、国家評議会の決定案についての作業を続けた。その後、全員が署名した。この決定では、こううたわれていた。〈国家評議会によって策定された条約は〔各共和国の〕議会の承認へ送られる〉と。

しかしながら、こうした議論と、11月25日の国家評議会で起きたことが、私の心に重い後味の悪さを残したのは確かだ。エリツィンが意図的に、我々が以前同意した立場をひっくり返すような方針へ戻ろうとしているのが分かった。国家の運命がどうなるか、不安が膨らんだ。

ロシア大統領はずるく振る舞って、時間稼ぎをしていると私は理解した。つまり、彼には別のプランがあったのだ。だからこそ、彼がミンスクでウクライナとベラルーシの指導者と会うつもりだと知った私は、何のために行くのかと直接エリツィンに問い質した。私のアプローチは、〈条約案はある。ウクライナはそのすべての条項、もしくはその一部に加わることができる〉というものだった。エリツィンは条約の精査が遅れている理由を述べながら、突然、違う形の統合について問題提起したいと表明した。私は、話し合いはウクライナとカザフスタンの指導者が参加してモスクワで続けるべきだと言った。

しかし、11月25日から2週間後、エリツィンは狡猾にも自らの約束を破り、ベロベーシの森でソ連を解体する文書に署名した〔エリツィン（ロシア共和国大統領）、クラフチュク（ウクライナ大統領）、シュシケビッチ（ベラルーシ最高会議議長）がベラルーシの首都ミンスク郊外にある「ベロベーシの森」の政府別荘で秘密会議を開き、１９９1年12月8日、ソ連解体と独立国家共同体（ＣＩＳ）の創設を発表した〕。ロシア大統領と彼の側近らは事実上、クレムリンで即位したいという熱い願望のために、連邦を犠牲にした。

結局、政治においてはおのおのが選択をしていくものだ。かつて私は、わが祖国の歴史で初めて国民投票の発案者となった。国民はあのとき、連邦に賛成した。私は、国民の声が聞き届けられるよう闘った。しかし、確固たる選択をして、武力行使はせずに政治的手段で闘った。

何度も何度も、思いは12月の出来事に戻っていく。そして、別のやり方はできなかったという結論に行き着く。

各共和国の最高会議は、ベロベーシの森で署名された合意を承認した。12月25日、私はソ連大統領の職務を停止する声明を出した。

我々の仲間はどう反応したか――フェリペ・ゴンサレスは語る

この騒然とした悲劇的な数カ月の間、国際舞台では何が起きていたのか。世界の大国の指導者や、冷戦終結に取り組んだパートナーたちは、8月クーデターやそれに続く出来事にどう反応したのだろうか。

たとえ最初は〈外交的ためらい〉を感じたり、クーデター参加者たちが勝利すれば〈起きた事実〉を受け入れようとしたりした人がいたとしても、彼らはみなクーデターを非難した。これについては10月末、スペインのフェリペ・ゴンサレス首相が私に語ってくれた。

彼を信用しない根拠は私にはない。彼は偉大な政治家であり、彼の指導のもとに、スペインは歴史的にも短い期間で民主化への移行を確かなものにした。ハイテンポの経済成長を達成して、ヨーロッパ共通化プロセスの際立った参加者となり、世界政治の中で発言力を高めた。私の仲間の中でも、彼は最も興味深い話し相手のひとりだ。社会主義者であり、信念や価値観では社会民主主義者であり、熟練したしなやかな政治家だった。おそらく、痛みを伴う急激なスペインの転換期に12年以上も政府のトップであり続けた秘訣は、ここにあるのだろう。

私たちはマドリードで対談した。中東問題国際会議の開催で、私はそこを訪れていた。紛争の当事者が交渉のテーブルに着くことは、我々のかねての目標だった。そして、嵐のような国内情勢を抱えながらも、私はもちろん、この会議に参加しなくてはならなかった。しかし、米国大統領のブッシュやスペイン国王のファン・カルロス1世、フェリペ・ゴンサレスとの対談の話題は、中東問題に限られないことは分かっていた。

ゴンサレスは私にこう伝えた。

「8月の出来事について電話でお伝えできなかったことを話しましょう。8月19日朝、クーデターのニュースを聞いた後、私はヘリコプターでマドリードへ向かうところでした。2時間の飛行中、クーデターの性格をはっきりさせて政府声明を作成しました。その文案を、私と副首相、外相とで練りました。三つの基本要素が絶対に欠かせないと私は考えました。ソ連で起きた事態を国家クーデターとして性格づけること、ペレストロイカ政策を完全に維持するよう求めること、今回の事態を世界が容認しないことをソ連国内で知ってもらえるよう国際社会に共同行動を呼びかけること、の3点でした。あらゆる西側の同僚からすでに情報を得ていた外相は、このような立場をとっているのは我々だけですと明言しました。私は外相にこう答えました。この政府声明を出しても、クーデターを起こした連中に政権をとらせてはならないという我々の原則的アプローチには影響しない、と。同盟諸国と共同行動をとるために、しかるべく努力を始める必要があると私は言いました。

私自身、ブッシュに電話しました。彼はそのとき、メーン州からワシントンへ向かう機内にいました。私は政府声明について話しました。ブッシュは率直に、こう私に打ち明けました。モスクワで起きた事態の結果として、東西間のすべての安全保障体制が脅威にさらされるなどと世論や米国メディアに語る必要はない、それが大切なことだ、と。ペルシャ湾岸危機の後では、ヨーロッパでの緊張発生に再びアメリカ社会を結集させる余裕は、彼にはありませんでした。

彼の言うことはもちろん理解できましたが、私はそのとき彼に、我々の声明は変えないと伝えました。それと同時に、『たとえクーデター参加者らが政権を握ったとしても、西側に直接の脅威をすぐにもたらすことなどできない、と考えることができる。ソ連国内に非常に多くの問題があるからだ。その意味で、我々は世論を鎮めることはできる』と言いました。私はさらにブッシュに、ホットラインでクレムリンに電話するようお願いしました。『我々にはそのような回線はないし、通常の回線ではモスクワとは誰とも連絡が取れない。何が起きて、ゴルバチョフはどこにいるのか、クレムリンから米国大統領に説明があってしかるべきだ』と。ブッシュは私に同意しましたが、私はこれだけでは十分ではないと言いました。『あらゆる公式ルートで、クーデター参加者たちにしかるべき圧力をかける必要がある』と。そしてもうひとつ。私はブッシュに、ゴルバチョフと彼の仕事を過去形で語らないよう約束しようと伝えました。彼もまた、これに賛成しました」

このように、我々の西側の仲間にもためらいがあった。しかし、クーデターの日々も、その後も、我々のもとではすべてが解決された。クーデターは失敗し、新しい状況が生まれた。

こうした中、西側からの経済的な改革支援は緊急の問題となった。西側のパートナーたちは全体として、これを理解していた。しかし、ためらいは続き、〈足踏みしていた〉。1991年の9月から11

月にかけ、内政問題で超多忙だったにもかかわらず、ほとんど毎日、しばしば夜通しで、具体的な行動に踏み出してもらうことをめざして、外国の要人たちと会談した（日によっては2、3の会談をこなす必要もあった）。この3カ月の間に私が対談した中には、メージャー、コール、ミッテラン、ブッシュ、アンドレオッティ、ゴンサレスをはじめ、〈G7〉や他の欧州諸国の外相や財務相、国会議員、財界人たちがいた。

モスクワでのジョン・メージャーとの対話

〈G7〉のコーディネーターは、当時の英国首相のジョン・メージャーだった。我々は〈G7〉と協議を重ね、いろいろな問題で合意することを期待していた。ロンドン会談までの彼は、ソ連を世界経済共同体に統合するプロセスで呼応措置をとろうという考えには、必ずしも積極的ではなかった。もちろん私は、それを分かっていた。しかし、彼を正当に評価しなければならない。すでに9月1日には、彼はモスクワにやって来た。西側の指導者として初めて、現地で困難な状況を調査し、ロンドン合意の実現策を話し合うためだった。

会談が行われたのは、第5回人民代議員大会の前日だった。メージャーは、クーデター失敗に関して彼や同僚が味わった〈大いなる安堵〉について語った。しかし、西側が懸念している一連の問題にも触れた。連邦条約の準備プロセス、共和国と中央との間の結びつき形態、核兵器の管理、そしてもちろん、経済改革と経済管理の見通しの問題だ。

メージャーは、食料や医薬品、専門家によるアドバイスなどの分野に言及した。この分野で米国と英国は最も機動的なやり方で支援を準備し、他の〈G7〉加盟国にも積極的に動くよう促すことを狙っていた。私たちは対外債務の問題を軽減する方法について協議し、私が提起した問題はすべて専門家が機動的に精査して、その後にメージャーが〈G7〉のリーダーたちに情報を伝えることで合意した。

私はジョン〔メージャー〕に、今夜遅くにもう一度会う準備をしてほしいと頼んだ。それまでには、各共和国の指導者たちとの共同声明ができあがっているはずだった。ほぼその通りになった。私が共同声明の内容をメージャーに読みあげたとき、クレムリン執務室の窓の外は深い夜の闇に包まれていた。彼は、たとえば対外経済関連の継承性についてなど、いくつか質問をした（次の日、我々はソ連の対外経済債務すべてを確認して文書に盛り込んだ）。声明が彼にとって印象深かったことは明らかだった。

メージャーの依頼で、私たちは一対一の会談を続けた。彼が出した質問に対する私の答えを、ひとつここで紹介しよう。

「ゴルバチョフとエリツィンの協力は現実だ、ということから出発して大丈夫です。その現実が損なわれたら致命的なことになる、そんな現実です。我々の間には、相互協力が新しい局面に入ったという理解があります」

このラインを私は最後まで貫いたことを強調しておきたい。国の利益のため、その将来のために、個人的なことを踏み越えなければならなかった。そして、クーデター後の最初の数週間、ロシア共和国の指導者もこれを分かってくれると期待した。

わが国の緊急課題の解決と新しい協力レベルの追求で〈G7〉諸国との真剣なパートナー・プログ

ラムが描かれ始めたのは、１９９１年9月だったと思う。共同作業の過程で、双方の専門家たちは、問題は深刻だが解決は可能であり、国の潜在力と比較してそれほど大変ではないと確信していた。私は言った。結局のところ、わが国の６５０億ドルにのぼる対外債務とは何を意味するというのか。重要なことは、もっと大きな金額すなわち８４０億ドルが我々には必要だということでさえなく、わが国全体の潜在力にこそあるのだ——と。

粘り強い共同作業は実を結んだ。その上、緊急課題の解決プランだけではなかった。国際通貨基金〔ＩＭＦ〕の準加盟国の地位をわが国に与えるという合意が実現された。11月20日、ＩＭＦのミシェル・カムドシュ専務理事がモスクワにやって来た。我々の経済改革への協力でＩＭＦがどんな役割が果たせるのかを話し合った。ソ連の名において私は、ソ連がＩＭＦの準加盟国になるとした議定書に署名した。これは、近く我々にＩＭＦの正会員の地位が提示されることを意味していた。

しかし、世界経済への統合プログラムが効果的に働くかどうかは、各共和国が一緒に改革を実行できるような解決策が見つかるかどうか、にかかっていた。我々のパートナーたちはそれを理解し、何度もこれについて話をした。不幸だったのは、我々ソ連の側がこれをまったく理解していないことにあった。

10月28日のロシア・ソビエト連邦社会主義共和国〔ロシア共和国〕人民代議員大会で、エリツィンは改革プログラムと要求を手に演説した。移行期における特別な権限を自らに与えるよう求めたのだ。事実上、この措置は経済共同体条約を損なうか、それに矛盾するものだった。それらの措置が実行されると、連邦条約に向けた作業が続けられなくなることは言うまでもなかった。その他の〈急進的措置〉の中で、エリツィンは次のような意向を表明した。ソ連国家銀行をロシア銀行と公告すること、ソ連外務省の職員を90％削減すること、80省庁を解体することだった。実際のところ、各共和国を驚かせて西側にショックを与えたこの銀行への企てについては、ロシア首相イワン・シラーエフとの会談後、ロシア大統領は放棄することとなった。

「こうしたことをどう受け入れるか、やはり考えなくては」

私は敗れた。ロシアでは、エリツィンの声明に怒りを覚えた人はわずかだった。はるかに激しい反応を見せたのは、最近までエリツィンを勇敢な断固たる改革者としてべた褒めしていた西側だった。これを私はマドリードで確信した。〈センセーショナルな〉エリツィンの演説の後、私は次の日にマドリードでジョージ・ブッシュ米大統領、スペインのファン・カルロス国王、ゴンサレス首相と会談した。そのときの会話は注目に値するものであり、詳しい記録の最も重要な部分をここで引用するべきであろう。

ゴルバチョフ　わが国にはあらゆる困難がありますが、我々は世界で建設的な役割を果たそうという決意に満ちています。主権国家連邦を創設するとき、それは国際舞台での強力な肯定的要因になるでしょう。しかし、深刻な闘いが待っています。クーデター参加者たちはみごとに連邦の将来をだめにしました。一方で彼らは、国を救うんだとも言いました。いまやメディアでは誰彼となく、こんな質問を投げかけています。どこに本当の愛国者はいるのか。逮捕されずにいるのか、檻の中にいるのか、と。

カルロス　その問いは本当に反響を呼んでいるのですか。

ゴルバチョフ　一定の反響はあります。民主主義や憲法は素晴らしいけれども、重要なのは秩序だと考える人は、やはり少なくないのです。

ゴンサレス　数十年の間、〈名ばかり民主主義〉への否定的な態度が人々の間に定着しました。クーデター参加者の行為は、こうした種類の連中が、あたかも自分らが助けたがっているものまで壊してしまうという見本を示しています。彼らほど、ソ連で遠心力が働く傾向を強めた者はいませんでした。その一方で、ヨーロッパや世界にとって連邦は必要です。ヨーロッパには、二つの主要な円がつくられています。ひとつは、ヨーロッパ共同体に愛着を感じている西部です。もうひとつは東部にあるはずです。これは現在のソ連であり、あなたが進めている主権国家連邦です。もし二つ目の円がなかったら、ヨーロッパと世界で、安定のための重要な支柱がなくなってしまうでしょう。これは危険な空白です。

ゴルバチョフ　私はいつもこう話しています。連邦は我々にとって必要だ、数百年の間紡いできた糸を断ってはならない、と。しかし連邦は、国際舞台で我々のパートナーにも必要です。なぜなら、わが国のカオスや絶え間ない不安定は、全世界への脅威を形づくるからです。そして私は、連邦を維持するためにすべてのことをやります。もちろん、主権のある共和国が大きな権利を持つ、刷新された連邦です。しかし同時に、そこには各共和国にとって必要なセンター〔中央〕があります。統一の経済空間を取り扱い、統一された軍事力を考慮して国防を担い、合意された対外政策や、統一のエネルギーシステム、交通や通信、環境など、断ち切ることのできないすべてのものを保障するセンターです。わが国ではいま、分かれた後でも一緒になれるとか、自由な連合や協力だけで十分だと考える人たちも多い。しかし私は、完璧な連邦を勝ち取ります。この線は譲れません。

ブッシュ　我々はみな、この問題を心配しています。あなたの見立てでは、あなたの考えをうまく実行できるチャンスはどれぐらいありますか。あなたはウクライナの行動をどう評価していますか。そして、エリツィンの最後の演説をどう理解すべきでしょうか。

ゴルバチョフ　確かに、これを解明するのは難しいでしょう。私は分析の結果、エリツィンの演説を二つの部分に分けています。最初は、経済に関連した部分です。ここでは、反論があることを承知で言えば、実現化のメカニズムを持たないワンマン的な政策決定の側面があります（しかし、これは客観的に見てその通りだ。なぜなら、わが国ではいま、これで物事が動いている）。でも、肯定的な側面も強調しなくてはなりません。実際これは、私が最高会議で語ったことにのっとって、一連の状況を進展させ、具体化させています。エリツィンは財政の安定化と価格の自由化を語っています。これは痛みを伴う措置であり、彼はついにそれを決心しました。そして、私は彼を支持しています。なぜなら、彼は急進的で痛みを伴う行動への責任を自ら背負っているからです。それは正当に評価しなければなりません。

演説のもう一方の部分は、政治的なものです。実際、彼なしではすまされない問題です。彼は昨日、私に電話をしてきて、いろいろ話し合いました。ウクライナについてはどう言うべきかと尋ねてきました。私はこう助言しました。ウクライナが我々と一緒に連邦の中にいることを期待し続けている、と。それは自明のことでした。彼の演説の中では、連邦が必要だとの再確認があり、ロシアは連邦を壊さないと述べられています。しかし、私とエリツィンが各共和国に配った連邦条約案に記されている合意から逸脱するものもあります。大部分の共和国は合意のコンセプトを支持し、自らの判断を書き送ってきました。エリツィンも送ってきているのです。

カルロス　彼の演説が複雑なことは私も分かっています。しかし、ここではみんなが関心を寄せたのはその政治的側面であり、何よりもソ連外務省職員90％削減のスローガンです。それにしても、何ということか。こんなこと外国ではどう思われるでしょうか。

ゴンサレス　これは、いわばメタファー〔暗喩〕ですね。しかし、個々の国家はこのような〈メタファー〉では存在しえません。

ゴルバチョフ　私もまったく同感です。だからこそ私は、深刻な闘いが差し迫っていると言っているのです。なぜなら私は、形のはっきりしない連合やアメーバではなく、連邦国家を支持するからです。そして、私とエリツィンが配った連邦条約案には、連邦国家とうたわれています。しかし演説では、ここから逸脱したものがあります。

ブッシュ　エリツィンは私に電話をしてきて、スピーチの内容を知らせておきたいと言いました。そして、演説は経済に関するものだと請け負い、すべて素晴らしい内容だと言ったのです。もう片方の部分については、彼は何も言いませんでした。どういうことでしょうか。私には分かりません。

カルロス　大統領閣下、おそらくこれは厳しい言い方かもしれませんが、私たちの間柄なので、あえてこう質問させてください。彼はあなたが何もできないようにしているのではないでしょうか。

ゴルバチョフ　問題はそこではありません。別にあります。エリツィンは実際、心の中では連邦に賛成し、どんな共和国も、ロシアでさえも、連邦なしではやっていけないと分かっていると私は思います。このことは、彼が私と連絡を取り合い、最近はお互い密接に協力して連邦条約に集中して取り組んできたことからもうかがえます。しかし彼は、たとえ力強くて自信満々の人物という印象を持たれるとしても、実際は非常に影響を受けやすい人間です。たとえば、ロシアは負担を脱ぎ捨てるべきだ、共和国は邪魔なだけで彼らとの連邦は利益がない、自力で前進しなければならない、と主張する一定の勢力や人々からの影響です。まさにここから、ロシアは旧連邦の権利義務を継承しなければならないとの考えが出てくるのです。そしてこの考えは、たとえベールに包まれ、あたかも否定するような形であっても、演説には姿を現しました。ここにいる私の随行者のひとり、エゴール・ヤコブレフ〔全ソ国家テレビ・ラジオ公社議長〕は、この演説を読んでこう言いました。エリツィンは連邦を壊すでしょう、しかし、その罪を他の共和国にかぶせるような形にするでしょう、と。でも、このやり方は危険で破滅的です。ロシアにとっても不幸でしかないでしょう。

ゴンサレス　彼は他の共和国にも、そして中央にも罪をかぶせたがっていると思います。

ブッシュ　ところで、あなたが言っている勢力とは誰なのですか。どんな人々なのか。

ゴルバチョフ　たとえばブルブリス〔ゲンナジー・ブルブリス。エリツィンの最側近で、エリツィン政権初期に国務長官を務めた〕です。エリツィンにとても大きな影響力を持っている人物です。指導者がこんなに簡単に圧力に屈するようなら、そんな指導者とやっていくのは大変でしょう。大統領閣下、あなたは副大統領を8年務め、大統領ポストは4年になります。私たちが知り合ってだいぶ経ちます。お伺いしますが、私が一度でも約束を守らなかったことがあったでしょうか。

ブッシュ　ありません。一度もなかったです。

ゴルバチョフ　政治家はいつも約束するわけではありませんが、約束したら守るべきです。これは考慮に入れておかなければならない現実ですが、エリツィンは必ずしも信頼できる人物ではありません。

ゴンサレス　まさにそうです。私はソ連を訪問した際、彼と対談したことを覚えています。彼は、中央は我々を邪魔している、中央は必要ないといった話から始めました。私は彼に、ロシアは連邦が必要だし、連邦には中央がなければならないと説得しました。結局は彼も同意しました。この対談の後、私はゴルバチョフ大統領との交渉のためクレムリンを訪れました。そして、到着してみると、エリツィンがその間にメディアと会見し、すべて逆のことを言い、すべてをゆがめたことを知ることになりました。

ゴルバチョフ　そう、まさにそのような人物と我々は関わっているのです。それが現実です。率直に言えば、1日でも彼を放ってはおけません。彼と仕事をして合意したとしても、その後は一からやり直さなければならないことになります。でも私は、彼に絶望したくはありません。私は彼とやっていきます。それでもやはり、昨日の彼の演説を全体として評価するなら、肯定的なものの方が上回っているでしょう。それは何よりも、経済で果敢な行動をとる覚悟を示したことであり、単一の金融システムを確認したことです。これは重要です。彼は初めて、何をしなければならないかを語りました。

いま、エリツィンと衝突や対立をすることは大きな誤りなのでしょう。私は彼とも、別の共和国の指導者たちともうまくやっていきます。ところで、いま彼らはみな、直接あなた〔ブッシュ〕の前に出て、関係を打ち立て、あなたとの関係を際立たせたいと望んでいます。これによってあなたは、明確な立場を彼らに知らせることができるようになります。わが国で事態がどう進むか、あなた方はまんざら無関心ではないと私は見ています。

ブッシュ その通りです。私はクラフチュク〔91年12月からウクライナ初代大統領〕やアスカル・アカエフ〔キルギス初代大統領〕と面会しました。我々は各共和国と連絡をとっています。彼らがあなたの立場を損なわないようにするためです。私はいつもこう言っています。共和国が中央と合意することに関心があり、あなた方を手助けしたいと思っている。そのためには合意することが必要だ——と。これはもちろん、軍事問題、軍縮、核兵器でもそうです。私は常にゴルバチョフ大統領の果たす役割を強調しています。ウクライナがこれらの問題で声明を出し始めたとき、これは大きな不安を呼び起こしました。

ゴルバチョフ 確かに、これは深刻な問題です。しかし、そこには政治や選挙前の打算が絡んでいることを念頭に置かなければなりません。ウクライナでは12月1日に大統領選挙があります。その後には多くのことが変わるだろうと私は予想しています。彼らはすでに、自らの〈一挙手一投足〉によって、核兵器やウクライナ軍に関してどんな作用を及ぼせるかを感じ取っています。

ブッシュ そう、上院議員たちは、45万人の新たな軍隊とは何なのか、欧州通常戦力条約をいつ批准しなければならないのかと聞いてきています。

ゴルバチョフ　クラフチュクが何を語り〔彼はありとあらゆることを語る。クリミアでこう言えば、キエフではああ言う〕、ウクライナ最高会議が何を採択しているのかを考慮しなければなりません。それはまだ国民の意見ではありません。ウクライナのような多民族から成る共和国の国民は、結局は連邦に賛成すると私は確信しています。なぜなら、自民族の共和国に居住していない人が７５００万も暮らしているわが国で、我々は簡単に分割などできません。ウクライナには、少なく見積もっても１５００万人のロシア人がいます。カザフスタンでは、ロシア人はカザフ人口の40％にものぼります。

だからこそ、ナザルバエフは断固として連邦に賛成しているのです。わが国の内部に国境などは一度もありませんでした。どうやれば自己分割できるのでしょうか。すべてをどう切り分けるのでしょうか。ウクライナが現在の形になったのは、ボリシェビキ〔ソ連共産党の前身〕がラーダ〔ウクライナの議会〕の過半数を獲得できず、ハリコフとドンバスをウクライナに割譲したからです。フルシチョフ〔ソ連共産党第一書記〕は兄弟のように、クリミアをロシアからウクライナに引き渡しました。そして、ウクライナ分離の話が持ち上がったとき、ドンバスでも南部のクリミアでも、これに反対する大きな動きが起きました。ウクライナが連邦にとどまるか、あるいは自分たちがロシアに戻るか、クリミアは総じて決めていたのです。クラフチュクはクリミアをなだめに行きました。

事態をいっそう複雑にしたのは、国境や領土要求に関するエリツィンやその周辺の不用意な声明でした。これは爆発の危険をはらんだテーマだったのです。

ゴンサレス　これらすべては、現代の国家においては、民族自決の概念をばかげた方向へ持って行ってはならないことを改めて示しています。分離はナンセンスです。どのレベルまで分けるのですか。村の自己決定までですか。もっともこれは、細分化が始まった場合の論理的な帰結ですが。

ブッシュ　あなたは、クラフチュクが選挙を前に巧みな行動をしていると言っています。しかし、彼は選挙に勝つのでしょうか。わが国では、それはないと考える人が多いのですが。

ゴルバチョフ　彼は選挙に勝つと私は思います。彼は私にこう言っています。12月1日まで待ってほしい、選挙後にははっきりとしたことが言える、と。

ブッシュ　そしてあなたは、選挙後には彼がはっきりと連邦に賛成すると考えているのでしょうか。

ゴルバチョフ　私はそれを信じていません。でも、断固として信じていることがあります。ウクライナとロシアは、お互いに引き離すことはできない、将来も一緒だ、ということです。

ゴンサレス　もちろんです。ロシアからロシアを引き離せません。ロシアはキエフ〔ウクライナの首都〕から始まったのですから。

ゴルバチョフ　多くのことはいま、ペレストロイカの荒波の中で進めてきた我々の政策の未熟さから来ています。人々は非常に多様です。私はまさに見ています。昨日まで全力で体制に仕え、猛烈な体制支持者だった人が、いまは急進派や超国家主義者、荒れ狂う中央の破壊者となっていることを。そしてこれは、〔クーデターのあった〕8月までの話ではなく、全体主義体制が一掃されたいまの話です。この体制を体現していた中央は、もうありません。それでも、中央に対する闘いが続いています。

ゴンサレス　これは典型的な〈まやかしの議論〉の見本です。論争はそこにはありません。もちろん、ここでは論点のすり替えが起きています。まるで何も変わらなかったかのようにして、どうやって中央といま闘うことができるのでしょうか。これは、コロンビア大統領についてのアネクドート〔風刺の利いた滑稽なロシアの小話〕を思い出させます。１９８０年に政権を取った彼は、スペインとの関係を断絶すると言いました。なぜかと尋ねられると、彼はスペインが我々の金を盗んだからだと答えました。それは５００年以上前の出来事だと言われると、彼はこう答えました。それはその通りだが、たったいまそれを知った、と。

ゴルバチョフ　こんなアネクドートもあります。戦後25年たっても、〔かつてナチスドイツに占領された〕ベラルーシで列車の下を掘り続けていた人物の話です。捕まえられると、彼はこう言いました。俺はパルチザンだ、と。しかし、25年もたっていて、何が爆破でしょうか。

ゴンサレス　各共和国は、民主的な選挙を最近実施した以上、自らに大きな合法性があると考えています。そこに問題があります。

もちろん、あなたの最も重要な問題は、時間であり、客観的な〈時間不足〉です。しかしあなたは、出来事が次から次に連続して起きることにも見舞われています。もしもこうした選挙が、同時に、あるいはもっと早く全連邦レベルで行われていたら、おそらく事態は変わっていたでしょう。

ゴルバチョフ　部分的にはそうでしょう。それでもやはり、わが国で最初に自由選挙が行われたのは１９８９年、ソ連人民代議員を選んだときでした。そしていま、共和国や地元で指導的役割を果たしている人たちの大部分は、まさにそのときに選出されたのです。こうした連続性は、我々の変化が上から始まったことでもたらされました。

ブッシュ　私も同じ意見です。
ゴルバチョフ　しかし、重要なのはそれではありません。我々の社会は、分断や、そのような解体には持ちこたえられません。私はこれを確信していますし、連邦のためにすべてのことをやります。すべてとは言っても、まさに十分価値のあることを、です。私はかつて、共和国大統領たちにこう言ったことがあります。もしも私が、全国民に選ばれた大統領を持ち、共通の経済空間、共通の軍事力を持つ単一の連邦国家に事態が向かっていないと判断したら、私は大統領候補にはならないし、それとは縁を切らなければならない、と。
　私は、活力あふれる新しい連邦をつくるチャンスはあると思います。各共和国が実際に主権を持ち、ロシアが特別な役割を担う連邦です。その役割は、客観的には、先頭に立って引っ張っていく役割です。しかし、共和国は直接的な形の指導は一切受けません。ロシアにとってただひとつ可能なのは、新しい中央を通じて、この自らの役割を遂行することです。その中央はすべての共和国を代表し、ロシアはそこで自らの重みや潜在力、可能性を発揮し、リードしていくのです。それは、ロシアの歴史的使命ということもできます。
　しかしこのためには、繰り返して言いますが、闘わなくてはなりません。
カルロス　あなたは、この闘いに勝てると信じていますか。我々の心はあなたとともにあります。
ゴルバチョフ　私は、そのチャンスはあると思います。そのチャンスにたどり着けるはずだと信じています。これについては率直に語りましょう。ベラルーシ最高会議議長にシュシケビッチが立候補したとき、彼は私に助言を求めてきました。私は彼にこう言いました。あなたは、他に何の取り柄もない人物でも、何も知らない人物でもない。あなたは物理学者であり教授であり、大学の指導に戻ることもできる。何を失うものがあるのか。だからこそ、あなたは何のために立候補するのかを明確に述べるよう助言します、と。彼は連邦のため、と言いました。そして、ほぼ70％の票を獲得しました。ところで、彼の対抗馬は有力な人物でしたが、得票はわずか25％でした。

私ははっきり言います。私は連邦国家を支持します。闘いが待っていて、困難もあるでしょう。個別に、そして一緒に、あらゆる人々と仕事をするでしょう。もし他の基本理念が勝つと私が見たなら、私はそれについて語り、大統領にはなりません。しかし、繰り返して言いますが、我々は、力強い共和国と一緒の新しい連邦国家、何よりも民主的な連邦国家をつくるチャンスを持っているのです。

ゴンサレス　民主的なものにも強力な行政権力は必要です。もちろん強い政権は民主主義国家が存在するための十分条件ではありませんが、必要条件ではあります。

ゴルバチョフ　私もまったく同感です。我々にはいま、深刻で非常に困難な問題があります。私はすでにだいぶ前から、あらゆるレベルで行政権力の強化が必要だと語ってきました。

ゴンサレス　米国に関して言えば、強力な連邦政権の土台になっているのは、全国家支出の60％が連邦レベルで実行されていることにあります。行政権力の決定的な手段は、大統領の拒否権です。これはもちろん、最高度の手段です。そしてさらに、選挙は1票でも多ければ勝てるし、1票でも多ければ拒否権も抑えられます。しかも、この決定は尊重され、すべては何の異論もなく遂行されるのです。

カルロス　わが国ではまだそうなっていません。圧倒的な大多数だけが説得力を持つと言われています。

ゴンサレス　ブッシュ大統領閣下、我々があなた方のシステムをうらやましく思っているのはお分かりでしょうか。もっとも私は、君主制が現代のスペインの国益に貢献したと認めなければなりませんが（カルロス国王がおそらく聞いていなくても）。私は、なんら〈君主制への愛着〉を持たない人間として、これについては率直に言えます。

カルロス　私は政府の指導者が言ったことを聞いていました。これは現代型の君主制についての話です。しかし、メディアには話題が必要です。メディアはいつも政府のトップと我々の関係に〈酸味を注ぎ足して〉、我々を対立させようとします。

ゴルバチョフ　わが国でも同様に多くの人が、私とエリツィンの間にくさびを打ち込もうとしています。これに興味津々で、いつもただこれにばかり気を回している人々や勢力が存在します。

ブッシュ　我々には来年が迫ってきています。選挙の年です。率直に言えば、それを考えるとぞっとします。わが国では恐るべきことに、選挙戦ではすべての問題がゆがめられ、実際に重要なことには時間が割けないのです。何が降りかかるか、まったく分かりません。

ミハイル、私はもちろん、こうした心配事を、あなたがいま取り組んでいるおびただしい心配事と比べることは望んでいません。それは、驚くべき、強く心を引きつけるドラマです。我々は息を潜めてそれを見守り、あなたが成功することを願っています。

ゴルバチョフ　大統領閣下、私はあなたの言葉から、我々を理解してくれているのが分かります。

我々の連邦を維持して刷新すること、我々の問題を解決すること、それらは連邦の形でしか解決されないのですが、もちろん我々に必要であっても、我々だけに必要なのではありません。これはあなたにとっても、西側のパートナーにとっても、全世界にとっても重要であり有用なことなのです。だからこそ私は今日、特に困難で責任重大な時期であり、全体主義の政治経済システムから民主主義と市場経済への移行期である今だからこそ、この対話の中であなたに、我々がパートナーからの特別な支えが必要だということをお話ししました。

いまも痛む

モスクワへ戻ってすぐ、私は11月2日にエリツィンと会った。いわゆる男同士の話をする機が熟したと考えた。彼の演説への反応について伝えた。

私は言った。「君は政策を変え、あらゆる合意から逃れている。あるときには、国家評議会も経済協定も意義を失っている、と。君は権力を自分に集中させたくて仕方がないのか。もしそれを望むなら、ひとりで統治すればいい。君や他のリーダーたちにこう言おう。私はあなた方に独立をもたらし、いまはまるで連邦はもう必要ないかのようだ。この先は思うように生きて、私を辞めさせるがいい。しかし、その責任もあなた方全員にある」

エリツィンは、政策を変えるつもりはないし、約束は破られないと断言した。その場で、気まずさを感じるでもなく、外務省職員に関しては〈やり過ぎ〉があることには同意した。その他の項目ではいくらか引き下がり、もっとよく考えて、何より同意を得て、行動することを約束した。しかし、

〈破られない〉はずの約束はひとつも守られることはなかった。

11月4日の国家評議会では、このテーマで論議を続けることを決めた。エリツィンはわざと15分遅れてきた。自分の独立性を誇示し、仲間に敬意を払わないことを示すためだ。彼の到着を待つことなく、テレビカメラの前で、私は警鐘を鳴らす次のような演説を行った。困難な状況の中で、我々はやってはならないことをやっている。国家はあえぎ、国家評議会は分裂している。動揺を乗り越え、断固として行動しなければならない。共和国の調和した行動が必要だ。条約をすみやかに締結し、連邦の運命に関して外務省や内務省、国防省など連邦機関をどう扱うべきか、いますぐ考えることが必要だ。国家体制の最重要問題の解決なしには、経済問題の解決もありえない――と。

国家評議会のメンバーにも同様に、私はマドリードでの対話について語った。国家評議会の会議での刺激に富んだ問題の立て方は、無駄ではなかったと思う。エリツィンは、連邦条約の文案作成を完了させて次回の会議で仮調印することに、形式的にも同意せざるを得なかった。

しかし、連邦の運命はその間、ロシア大統領や共和国指導者、知識層や市民よりも、外国のリーダーたちをより強く動揺させていた。その感覚は記憶として残り、いまに至るまで痛みとなっている。12月初めにミンスクでのロシア、ウクライナ、ベラルーシ首脳会談で起きたことを、私はひとつの言葉で特徴付けた。背信行為――と。

〈ベロベーシのリーダーたち〉が〈連邦解体〉の文書に署名後、最初に電話をかけた先がソ連大統領ではなく、米国大統領のジョージ・ブッシュだったのは驚くべきことだ。シュシケビッチ〔ベラルーシ最高会議議長〕が私に語ったように、それを〈ブッシュは支持した〉のだった。

モスクワのベーカー――回答なき質問

実際、ベロベーシ合意の性急さと無責任さには、アメリカ側さえ驚いた。

12月13日、ブッシュは私に電話をかけ、ベーカー国務長官をモスクワへ派遣することを決めたと伝えてきた。12月18日に行われたベーカーとの会談で明らかになったのは、彼らが状況を不安視していることだった。私たちの会話の抜粋をここに引用したい。会談には、8月のクーデター未遂の後に外相ポストに戻っていたエドゥアルド・シェワルナゼも参加していた。

ゴルバチョフ　あなたとブッシュ大統領が、いまこの任務を果たそうと決めたのはいいことだと思います。ここ数年私たちが取り組んできたことが続けられるのかどうか心配することは、私たちみんなのためにもなるでしょう。私たちの利益や栄達、見解よりも重要なものがあります。

共和国を通していま進んでいるこのプロセス、独立国家共同体の創設プロセスが、さらに大きな国の解体につながらないように、大統領としての可能性、総じて私の政治的可能性を生かすことが、私の役割だと考えています。こうした恐れは現実としてあります。

経験豊富な人間として、あなたはミンスクで結ばれた合意の受け入れは簡単だと理解しているでしょう。しかし、それをベースにはやっていけません。これは非常に物事を単純化した政治的解決です。

ベーカー　何よりも強調したいのは、あなた方の内政に関わると判断した政治問題には立ち入らない範囲で、我々は可能なことをすべてやったということです。我々は以前からこれに努め、今回の訪問でもその立場は継続しています。

今回の訪問の経過を含め、あなたを尊重しない動きが出ているのを見て、我々はとても心を痛めています。我々はそれには反対であると心からお伝えしたい。

我々は、ブレスト〔ベロベーシの森がある州〕の合意はフリル〔衣服の縁飾り〕に過ぎないというあなたの見解を共有しています。しかも、矛盾した声明、この合意の原理原則にさえ矛盾がある声明がなされました。

我々は、この共同体はひとつの点を除いて、ほぼイギリス連邦のようになると聞かされました。ひとつの点とは国防的な要素です。共同防衛の分野には、陸軍以外はすべて入ってきます。まさに戦略核兵器や戦術核兵器、航空隊、ミサイル防衛、海軍です。

ゴルバチョフ　彼らは、ソ連はもう存在しないという極めて勝手な声明を出しました。つまり、憲法もない、法律もない、国防や国境警備体制を調整するすべてがない。国連での役割などもないのです。

何を、どのように、いつ、といった問いに答えるために、あなたがシェワルナゼと合意実現のメカニズムづくりにいかに苦労して取り組んだか、私は覚えています。一方、ここでは、国家の運命がこんな即興のもとに決められています。

私はいま、ゴルバチョフは進行中のプロセスをご破算にしたがっているとか、それで人民代議員大会の招集を求めているとか言われて非難されています。しかし私は、いまの責任を理解しているし、どんな問題を我々が解いているのかも分かっています。ひとつの国家が消えかかっています。たとえ矛盾をはらんでいても、ひとつの国でした。いまそれは、独立国家に分かれ始めています。つまり、すべての経済構造や人間関係などを分割しなければなりません。これは非常に深刻であり、これを決められるのは国民だけです。そして、「あなたは連邦に賛成か、共同体に賛成か」と質問したら、明確な答えが得られるでしょう。

大統領として私は、意見を述べないではいられません。なぜなら、私は連邦の将来について国民投票を提案し、それが成立し、人々は意見を表明したからです。私は簡単に忘れることなどできません。80％の住民が投票に参加し、76％が連邦に賛成しました。民主主義者たちは、国民の民主的選択を葬り去ることになったのです。

シェワルナゼ　ウクライナでは当時70％が連邦に賛成しました。

ゴルバチョフ　エリツィンはいつも私に、人々を驚かすなと言います。もちろん、私の姿勢は柔軟でしたが、人々に警告しないではいられませんでした。

人々は、我々にはひとつの国が残り、すべての流れが維持されると考えています。経済的な流れも、文化的な流れも、人間的な流れも。そう、ナザルバエフ〔カザフスタン初代大統領〕はこう言いました。だって我々は一緒だ、みんな一緒にはい出よう、と。

ベーカー　我々はこのような説明を受けました。共同体は、それぞれ別々で完全に独立した10の国家から成り、それぞれに自らの対外政策がある。一定の経済的つながりもあるが、それがどんなものかはまだ明らかではない。防衛分野や戦略分野では、同様に共同の責任を持つ。共和国には空軍はないが、陸軍は各共和国に所属する、と。

ゴルバチョフ　ミンスクの後、ナザルバエフも同席して、私はボリス・ニコラエビッチ〔エリツィン〕と話をしました。私はいくつか質問をしました。彼にとっては苦悶の時間だったはずです。第一に、私はこう尋ねました。独立国家には自らの陸軍があるのか、と。彼は「そうだ」と答えました。つまり、彼らがアルマ・アタ〔カザフスタンの当時の首都。現・アルマトゥイ〕で協定を結んだ後は、ウクライナには47万人規模の陸軍が登場するのです。

シェワルナゼ　統一ドイツよりも多いのです。

ゴルバチョフ　10万人多い。

ベーカー　それについては、我々はキエフで尋ねます。

ゴルバチョフ　ゴルバチョフは現実感覚をなくしていると言われます。しかし、私はエリツィンにこれらすべての質問をぶつけました。それが人々にとって重要だからです。なぜなら、これらすべては、よく練られたものでも何でもありません。たとえば国籍の問題です。現在、１２００万人から１４００万人のロシア人が別の国、外国で生活しています。エリツィンは、この問題は二重国籍によって解決されると言います。しかし、こんな例を挙げましょう。ウクライナの青年がカザフスタンで勤務し、そこで結婚して住み着きました。もし共通の国籍があれば、彼にはすべての権利、すべての社会的保障が残ります。もしなければ、市民の権利に、あらゆる人間関係の構造に何が起きるのでしょうか。これらすべてが崩壊します。

私はエリツィンに、こう注意を促しました。あなたは初めてバルト海沿岸諸国〔バルト３国〕を認めて、市民の権利を守る条約を彼らと結んだ。その結果はどうか。ラトビアや他の共和国では国籍法に着手し、それに伴って第二種市民というカテゴリーが出現した。これは誰のことか。ロシア人だ。これが、民主主義者たちのやっていることだ。あなたが数十年間、守ろうと闘ってきた人々がやっていることなのだ――と。

我々がバルト3国の人々と話したとき、これらの共和国にはソ連の戦略防衛や宇宙通信、侵入をレーダー探知する早期警戒の各施設があることを指摘しました。彼らは、これについては合意していると語りました。ところが、いまは何が起きているのでしょうか。あなた方がいくつかの国でそう叫ばれるように、いまは「ロシア人よ、とっとと出て行け」と叫ばれるのです。だって、これには手順がある、時間を要すると彼らも言っていたではないですか。これが言葉による約束の結果ですが、実際の政治的決定が必要だったのです。

ベーカー あなたがおっしゃったことはまったくその通りです。エドゥアルド〔シェワルナゼ〕も知っているように、米国政府で問題が審議され、誰かがバルト3国問題であなたへの圧力を強めるよう発言したとき、私はいつもその論拠を求めました。なぜならいま、ロシア人だけでなく、リトアニアではポーランド人も第二種市民に変えられています。我々はランズベルギス〔リトアニア最高会議議長〕の一連の声明をよく覚えていて、いま起きていることをしっかり見ています。

だからこそ、ここで起きていることを我々は非常に心配しています。これが繰り返されることを我々は望んでいません。解体が最小限の共通分母にまで行き着いたとき、何が起きるのかを我々は知っています。チェチェンやイングーシ、沿ドニエストルで起きている連邦離脱の動きも知っています。我々はユーゴスラビアで何が起こっているかも見ています。こうしたことから我々は、警戒を呼びかけました。それはここでも起きうるし、しかもはるかに激しい暴力を伴う可能性があることも理解しています。

だからこそ、1989年9月に英国のバーミンガムでエドゥアルドと会った段階で、私はこう言いました。あなたにとっていま最も重要なのは、連邦条約に到達することなのだ、と。そして、これを達成するために、あなた方がどれほど多くの力を注いできたかも、我々は知っています。

ゴルバチョフ　クーデター参加者たちは文字どおり、署名の1日前にこの可能性を断ち切ってしまいました。

そう、二つの衝撃が次々と国を襲った。クーデターと連邦消滅である。

ソ連の核兵器庫の運命といった最も重要な問題でさえ、何も合意されていなかったではないか。1992年に数カ月にわたって、ベーカーの仲介で、ウクライナ、ベラルーシ、カザフスタンの領内にある核兵器はロシアに引き渡すという議定書がつくられた。結局、議定書はリスボン〔ポルトガルの首都〕で署名された。これが履行されたのは、やっと1996年になってである。これはまさに無責任の典型ではないか。

これら12月の最後の週に電話で話したコール、ミッテラン、メージャーをはじめ、他国のリーダーたちも、少なからぬ不安を口にしていた。私は自分の立場を隠すことはしなかった。連合連邦国家のような主権国家連邦条約を放棄したことは、戦略的な手続きの重大な誤りである。

第8章　未来に向けて

達成したことをどう維持するか？

ここ数年間に共同の努力を通じて達成されたことを、どうやって維持していくか。いまやそれが、喫緊の課題となった。我々は冷戦を終わらせた。この結果を逆戻りさせず、対立へと回帰させないためには、どうすべきなのか。国際関係の新たな流れを定着させ、新しい世界政治へと進んでいくためには、どうすればいいのか。

これらの問いに、単純な答えはなかった。世界は不確実性の時代に入った。冷戦を終わらせた世代は、新たな世代へ徐々に席を譲らなければならなかった。彼らは新たな千年紀を間近にして、よりいっそう複雑な政治的、経済的、環境的な試練に対して答えを模索しなければならなかった。

我々はいま、あの当時は知ることができなかったことを知っている。1990年代初めに性急にも広く伝えられた〈歴史の終わり〉〔理想の世界をめざして人類が続けてきたイデオロギー闘争が、自由民主主義の勝利によって終わるとする主張〕は、起きることはなかった。我々の目の前で繰り広げられる歴史は、複雑で矛盾に満ち、予期せぬものであることが分かった。そして、我々の多くが予想していたよりも、はるかに騒然としたものだったと認めなければならない。この本の締めくくりとなる最終章で私は、冷戦終結後の世界政治について、自らの思索の結論をいくらか述べてみたい。

この先は？

時は過ぎ、数十年が経った。飛ぶように早く通り過ぎ、非常に多くの出来事を、良いことも悪いことも非常に多くのものを包み込み、新たな問題や不安をいっぱい生み出した。多くの人々と同様に私は、決して希望を捨ててはいけない、パニックやペシミズムに身を任せてはいけないと考えている。しかし、今日の世界が不安に満ち、不公平であり、軍備が強化されていることを見過ごすことはできない。

人々は問う。本当に冷戦は終わったのか、と。おそらくすべては、美しい言葉に、センチメンタルな夢に、最善の場合でも、一時的な静寂や休戦に帰してしまった。そしていま、私たちは〈2度目の冷戦到来〉のすぐそばにいる。

見たところ、グローバルな対立がなくなり、最新技術の可能性がこれまでになく広がって、世界は新たな息吹を与えられ、文字どおり一人ひとりの生活も良くなるはずだった。しかし、現実はそうなっていない。

米シカゴで発行されている「原子力科学者会報」は、1947年から核戦争の危険性を評価付けしているが、最近、その象徴である〈終末時計〉の針を1分半、〈午前0時〉（つまり核による破局）に近づけた。いま我々は、学者たちの意見によると、〈戦争まで2分〉だ〔原子力科学者会報は2020年1月、残り100秒まで時計の針を進めた〕。最後にこのレベルまで脅威が高まったのは1953年である。一方、〔冷戦終結宣言直後の〕１９９０年、１９９１年には、時計の針は何分か後ろに戻った〔91年は17分前まで後退した〕。

グローバルな安全保障はこのような状態だ。

我々に共通したもうひとつの不安は、貧困、未開発、不平等だ。ダボスの世界経済フォーラム（２０１６年）で引用された数字をここで示したい。

世界の１％の人口が、世界の富の99％を所有している。62人の大富豪が持つ資産は、経済的に恵まれない人類の半数の合計資産に相当する。〈エリートクラブ〉が手にする富は年々、その集中度を増している。

共同の努力で環境問題への答えをうまく見つけようとしても、その望みは小さくなっている。気候変動は続き、何億もの人々が、きれいな水の不足と、大気汚染や海洋汚染、土壌汚染に苦しんでいる。

冷戦からの出口で、我々はこのようなことを期待していたわけではなかった。世界の現在の状況を放置してはいけない。粘り強く活路を探さなければならない。

原因を理解する

起きたこと、起きていることの原因を理解しなくてはならない。

単純化はしたくない。起きたことへの単純な説明などありえない。しかし、我々の連邦の崩壊から原因のリストアップを始めなければならない。そして、この出来事への反応やその結果について語る必要がある。

ペレストロイカ政策の目的はソ連の根本的な改革だった。巨大な大国を、グローバル化する世界の中で、より公平な世界秩序をめざしてともに努力する、誰もが認めるリーダーへと変えることは、あらゆる国際情勢に好影響をすでにもたらし始めていた。しかし、ちょうどそのときに、客観的、人為的な諸事情が絡み合い、国家の崩壊へと至った。

冷戦終結で決定的な貢献をしたソ連が歴史の舞台から去ることは、世界の秩序から最も重要な支えを奪うことでもあった。

これは実際、全世界的な破局だった。政治的、地政学的な大変動だった。これらの点で極めて重要なのは、世界を動かす主要なプレーヤーたちが、どう責任を持った振る舞いをするかだろう。私はロシア指導部にも、西側のパートナーたちにも、あらゆる状況を考慮に入れた責任ある行動を呼びかけた。これが自分の最重要課題であると意識して、１９９２年にドイツ、米国、日本を訪れた。

このとき、私はすでにどんな公職にも就いていなかった。しかし、私にとっての〈シーズンオフ〉はやってこなかった。すぐに私は、いろいろな国で、多くの人が私の立場に関心を持ってくれていると確信した。訪問や講演の招待が、世界中から届いた。

アメリカ人との会話

いくつかの州と数十の都市をめぐった米国訪問には、忘れがたい印象が残っている。国を見て回り、人々と交流するチャンスは、これまでの訪問よりもたくさんあった。

私はアメリカ人に好印象を持った。彼らをよく知ることで私は、両国民の間には実際多くの共通点があるとの結論に達した。もちろん、違いはある。それでもやはり大切なのは、お互い友情の手を差し伸べようと願っていることだった。

私は米国を私人として訪れた。公的なミッションもなく、それを求めることもなかった。私が訪米する数週間前に、ロシア連邦大統領のボリス・エリツィンが米国を公式訪問していた。正直なところ、彼の議会での演説に私は驚いた。まるでそれは〈部下〉の報告のようだった。彼の極端なイデオロギー化も衝撃を与えた。

「共産主義の偶像は、社会の不和や反目、前例のない残酷さを地球上の至るところに広め、人間の共同体に恐怖を生み、崩れ去りました。永久に崩壊しました。それを保証するために、私はここにいます。我々の地球上で、その復活は許さない、と。過ぎ去った数十年の経験から、我々は学びました。共産主義は人間の顔を持っていない、自由と共産主義は共存できない、と。ロシア国民のためだけではなく、米国市民、全人類のためにも、改革を成功させる大きな責任を我々は感じています。いま、アメリカの自由はロシアで堅持されています」

ロシア大統領は最後にこう言った。「自分の演説を、ロシア出身のアメリカの作曲家、アービング・バーリンの歌の言葉で終えたいと思います。『主よ、アメリカに祝福を』」

ここで私の米国訪問に戻ろう。議会や大学、財界での演説を準備しながら、主にどんな考えを、どんな〈メッセージ〉を聴衆に届けたいのか、私はじっくり考えた。そして、米国訪問の直前に、そして訪問中に、そのメッセージは仕上がっていった。私たちは対等な関係、対等な協力とパートナーシップを築かなくてはならない、と。

ニューヨークの外交問題評議会で、私はこう演説した。

「我々は知っています。あなた方には米ロ関係で二つのアプローチがあることを。一つ目は、ソ連の権利継承国としての地位を完全には利用させずに、ロシア連邦の現在の困難な状況から利益を引き出そうとするアプローチです。二つ目のアプローチは、強いロシア、刷新された民主主義のロシアは米国の国益にも寄与する、との考え方に立脚しています」

私はアメリカの政治家たちに、しっかりと二つ目のアプローチを選ぶよう呼びかけた。もちろん、今回の訪問の主眼であり、最も責任を負っていた瞬間は、1992年5月14日、米国上下両院の議員たちを前にした演説だった。私はアメリカの政治家たちに、国益や国の優位性についての理解を見直すよう呼びかけることから始めた。

「これまで同様に現在も、国益は対外政策の策定やその実現に一定の影響を及ぼしています。しかし同時に、世界の新しいファクターも考慮に入れる必要があります。

それは、相互依存です。

それは、世界の一体性です。

それは、グローバルな挑戦です。

これらは、真に現実的な政策において、さらなる優先事項を示唆しています。

私の意見では、共通の利益に応える理性的で現代的な対外政策において、基本となる国際的な優先事項は、次のようなものです。
・国際関係の正常化路線を続けること
・生息環境に差し迫る脅威の予防に力を合わせること
・エネルギーと食料供給での協力
・軍縮プロセスでの相互協力
・民主的改革への支援と人権保護」
ロシアについて、米ロ関係について、総論から具体的な内容に移ろう。

私は演説をこう続けた。

「私の米国訪問は、ロシアで起きていることにアメリカ社会の各界でどれほど多くの関心が持たれているかを示しました。

ロシアは法的にもソ連の継承国として認められ、国連安保理でのポストも占めました。ロシアは核

米国議会議事堂のロタンダ（円形広間）で行われた上下両院合同会議での演説風景
＝1992年5月14日、ワシントン

超大国であり、防衛の潜在能力を大幅に削減していても、その質は落としていません。ロシアは、その姿を変えた後も、世界で最も広大な領土を持つ国家のままでいます。その人口は約1億5千万人です。ロシアは、傑出した天然資源や高度な技術を備えた労働力、たとえ古くさくても巨大な工業潜在力、そして、一連の分野で優れた科学的人材を有しています。

いまロシア連邦は、深刻な状態にあります。しかし、対外政策は今日のためだけでなく、明日のためでもなければなりません。ロシアは明日には必ずや強力な繁栄国家となり、世界の中での比重は、その強大な可能性と一致するものとなるでしょう。

1985年以降、米ソ関係は劇的に好転しました。いま非常に重要なのは、この数年間に積み上げられたものを忘れずに発展させることです。繰り返して言いますが、あらましの計画では、こうした必要性に対する理解はあります。しかるべき声明も米ロ双方から出されてもいます。しかし、よく知られているように、同一の声明はわずかです。本当の難しさは、具体的な仕事に着手して初めて表面に出てくるものです。有名なことわざにあるように、〈神は細部に宿る〉のです。

ロシア連邦は、固有の民族的、地政学的、経済的な利益、対外的な優先権や問題とともに、新しい国家として認められています。国防分野では、ロシアは自らの国家安全保障の課題を解決しなければならないし、それが理解されることを期待する権利があります。

これに関しては、より大きな問題があります。ヨーロッパ大陸の不安定化の問題です。米国にはヨーロッパにおける自らの義務があり、決してそこから逃れられません。ロシアにとってヨーロッパの安定は、ロシアに直結する、生死にかかわる問題なのです。

このように、現実そのものが共同行動へと促します。全ヨーロッパの和解・仲裁メカニズムのシステムをつくるため、早急に動くことが必要です。場合によっては、紛争を予防、もしくは停止させる強制的な行動が必要です。これに関して私は、広範な権限を持ったヨーロッパ独自の安全保障会議をつくる提案を全面的に支持しています。こうした行動は米国の利益にもなると思います。

ロシアは自らのヨーロッパ政策で、中欧や西欧から孤立する危険性に目をつぶることはできません。こうした傾向はもう目に見えています。ロシアの西側国境には、一連の国家群が形づくられました。ロシアと残りのヨーロッパとをつなぐ、懸け橋にも回廊にもなりうる国々です。親しくなるには、ロシアの地政学的利益、ロシアの民主主義の利益も必要です。ロシアを孤立させ、西側から東へ遠ざけることは、西欧については言うまでもなく、米国にとっても利益にはなりません。

私のスピーチの基本にある情熱は、おそらくすでにお気づきの通り、米国とロシアの対等で相互に有益なパートナーシップに向けられています。もちろん私は、世界の二流国に成り下がった弱くて分割されたロシアの方が、米国にとっては都合がいいと考える人々がいることを知っています。そのような視点からの論争には加わるつもりはありません。これに関しては二点だけ、重要だと思われることを指摘しておきます。

一つ目です。解決できない課題を政策の最重要項目に据えることは果たして適切なのかということです。ロシアを世界政治の外側に押しとどめておくことは不可能でしょう。このような試みには将来の望みはありません。ロシアの民主主義を完全には破壊しなくても、それに損失をもたらす結果にしかならないでしょう。

二つ目です。本当に米国は、モラルの高い賢明な国際政治を進めるために、十分な影響力のある仲の良いパートナーを必要としないのでしょうか。ロシアはそのようなパートナーになりえます。人間の生存に関する根本的問題での考えの違いが、ロシアを米国から切り離しているわけではありません。ロシアは地政学的には米国と対立しておらず、アメリカのライバルでもありません。それはロシアにとって現実的な利益とはならないし、警戒する動機もありません。さらに、〈超大国の時代〉はおそらく、はるかに過去のものとなるでしょう。

もしこれらの考えが正しければ、ロシアの改革を現実的に支持することは米国の利益にもなるでしょう。ロシアはいま、最も困難な段階にあります。我々は危機の最低ラインをまだ抜け出せていません。

私は両院のみなさんに呼びかけます。わが国の改革を支持する米政権の提案をいつ採決してもらえるのでしょうか。国の命運がかかっていることを忘れないでください。

議会が、二大政党制と責任のより良き伝統に基づいて行動することを願っています。歴史的な瞬間であり、歴史的なチャンスなのです。これを取り逃してはなりません」

いま、議会での演説を振り返りながら、もうひとつ指摘しておきたいことがある。歓迎のスピーチを述べてくれたアメリカの主導的な政治家たちについてだ。トーマス・フォーリー下院議長、ディック・ゲッパート、ロバート・マイケル両下院議員、ロバート・ドール、ジョージ・ミッチェル両上院議員。彼らのスピーチは内容もトーンも建設的だった。〈冷戦での米国の勝利〉という言葉はなかった。1992年4月のジョージ・ブッシュ大統領とベーカー国務長官の綱領演説についても、私の米国訪問中にホワイトハウスで彼らと話した内容についても、同様のことが言える。

しかし、このスタンスをアメリカの政治エスタブリッシュメント〔支配階級〕が維持することはなかった。アメリカの政治家たちは歴史の実験にこらえきれず、自らの歴史的責任の高みに達することはなかった。冷戦への共通の勝利を確認する代わりに、自らの〈冷戦での西側の勝利〉を宣言することを決めた。数週間たって、選挙キャンペーンで勝利者のスローガンが鳴り響くようになった。それをメディアが取り上げた。最も驚いたのは、わが国の多くの活動家もそれを取り上げ、しかも賛同していたことである。

誤りと失敗の根源

そのとき、あの挫折、あの方向転換も生じた。それは、先に続く世界での出来事の多くをあらかじめ決定づけることになった。新しい世界政治の土台を壊した誤りと失敗の根源は、ここにある。

なぜ、それは起きたのか。私の見方はこうだ。最大の原因は、西側の列強、とりわけ米国が、ソ連の崩壊や対立路線の終結を正しく評価しなかったことにある、と。〈冷戦での西側の勝利〉宣言は、グローバルな対立の解消が、実際に行われた交渉や共同の努力の結果ではなく、西側の力の政策によってもたらされた、という主張に等しかった。米国と全西側諸国は〈勝利者コンプレックス〉を患った。なぜ〈勝利者〉の側が何かを変える必要があるのか。この先も力を強め、軍事的優位を拡大するべきだ——と。これはおそらく、ソ連崩壊の後にロシアは弱体化したということが、とりわけ魅力的に映ったことを意味している。

しかし、勝利者感覚は、国際問題では悪しき助言者である。そして、私は断言できる。〈冷戦での西側の勝利〉を宣言した者は、新しい対等な安全保障システムの確立を拒んだ者は、現在の情勢に、世界政治の危うい危機に、大きな責任を負っている、と。

NATOの東方拡大の理念は、この勝利者感覚の土壌から生まれた。この問題で、いわゆる非常事態国家委員会のクーデター首謀者らが唱えた、〈責任はすべてゴルバチョフに押しつけよ〉という信念に追随する人々に対しては、私はすでに答えを示した。しかし、NATO拡大路線を正当化して理由付けする西側の人々にも、私は答えなくてはならない。

こうした人々は、NATOはただ中欧諸国や東欧諸国の粘り強い要望に応じただけだ、NATO拡大はそうした国々の安全保障の不安を取り除くためのものだった、と主張する。しかし、出来事の時間的な経過を見れば、このアイデアが海の向こう〔米国〕から来ており、その目的は、ロシアを孤立させ、ヨーロッパのシステムからロシアを事実上排除することにあるのは明らかである。だが、言葉では、ロシアはヨーロッパの国であり、不可分なヨーロッパの一部であり、欧州安全保障の最も重要な要素だと考えている、と語ってきた。その状況はいまも変わらない。NATOの問題においては、これはロシアなき〈欧州の安全保障〉である。しかし、これはナンセンスだ。それは、新たな欧州分割への道である。

再びストラスブールで

2008年9月、最も古い全欧機関である欧州評議会に、私は60周年記念式典の主賓として招待された。この日は実際、1989年に同じ欧州評議会で、私が「ヨーロッパ共通の家」の創設を呼びかけた演説から20年目の日に当たっていた。最初に記念式典に出席し、その翌日には、欧州評議会とフランスのストラスブール市が主催した社会フォーラム〈ストラスブール対話〉に参加した。超満員の会場には千人以上が集まった。特に若者が多かった。ストラスブールは学生の町である。

ストラスブールの演説で披露した私の最も重要な考えは、次の通りである。〈我々の予想がすべて正しいと証明されたわけではない。ヨーロッパでいまでも解決されていない重要な問題がある。それは、揺るぎない平和の礎を、安全保障の新しいシステムを築くことだ〉。これが最も重要ではないだろうか。安全保障の統一システムがない限り、ヨーロッパの他のすべての問題は本当の意味で解決されないだろう。

だからこそ、いまのヨーロッパは〈動乱時代〉になっている。それはヨーロッパだけではない。我々はグローバルな動乱、グローバル化の危機の中を生き延びている。四半世紀前、あれほどの歓喜とあれほどの大きな期待で迎えたグローバル化だったというのに。

グローバル化――しかしどのような?

我々はゴルバチョフ財団で90年代半ば、グローバル化のプロセスの研究を始めた。そして、すでに当時、これは一筋縄ではいかないプロセスだとの結論に達した。一見したより、もっと複雑だった。

グローバル化は、客観的で不可避なプロセスである。しかし、新しいグローバル世界はこれまで、本当の意味では理解されていなかった。我々はグローバル世界での生き方は学ばなかった。それは新しい行動規範と別のモラルを求めている。世界の指導者たちにとっては、よく言われるように、そこまで〈手が行き届かない〉ものだ。その結果、今はもうすっかり明らかなように、グローバル化のプロセスは、主要な世界的脅威を解決するどころか危険を高め、古い世界秩序の不当な行為を増大させている。

人々は国際問題の緊迫の高まりに不安を覚えている。同じように自分の置かれた状況や将来の展望についても憂慮している。

最も発展している国でさえ、大部分の人々、すなわち、あらゆる成熟社会の土台である中流層の人たちが、自分の生活に不満を漏らしている。有権者は頻繁に、一見普通だが実は危険な判断をいとわないポピュリストの政治家たちを支持している。

その代わり、誰にも報告義務のない金融の仕組みが素早くグローバル化に順応し、そこから利益を吸い上げるようになった。彼らは次々と〈バブル〉を膨らませ、文字どおり莫大な金を空気から生んでいる。これらの大金は非常に限られたグループの管理下に置かれ、課税を逃れている。最近、我々はこうした動きが分かる新たな確証を得た。しかし、これはまだ氷山の一角だ。

そして、言うまでもないことだが、グローバル世界では、組織犯罪グループや麻薬・武器商人、多数の移民の流出入で利益を得る集団、サイバー犯罪者、そして何よりテロリストが我がもの顔に振舞っている。

これらの脅威のどれひとつにも、世界の政治はまだ有効な答えを見いだせていない。と同時に、紛争が激化し、軍拡競争の新たなラウンドが始まり、エコロジー危機が深まり、富める国と貧しい国との間の断絶、国内の富める者と貧しい者との間の断絶が広がっている。まさにこれらの問題は、世界の議題のトップを占めなければならない。しかし、それらは解決されていない。すべてが行き詰まっている。

これらを克服するための可能性やメカニズムはないものだろうか。それは、ずっと存在してきた国連組織のシステムであり、地域の組織や連合である。新しい脅威と闘うために創設された〈G20〉もそうである。しかしいま、これらの取り組みがうまくいっていると誰が言えようか。それらはいつも遅きに失して、取り残されてしまう。

軍拡競争のエンジン

安全保障と軍縮の領域で、耐えがたい状況がつくりだされた。軍事支出は天文学的な額にのぼった。軍拡競争のエンジンは依然として米国であり、〈国防〉予算は最近、800億ドル拡大した〔2018年度の国防総省予算案は15年度に比べて790億ドル増えた〕。米国は、世界の残りの国をすべて合算したのとほぼ同じ分だけ、軍需に費やしている。

核大国の軍事ドクトリンは、核兵器使用のハードルを下げる方向へと見直されている。包括的核実験禁止条約〔CTBT〕は批准されていない。すなわち発効していない。米ロの中距離核戦力〔INF〕全廃条約は脅威にさらされ〔INF全廃条約は2019年8月、ロシアの条約違反や中国の脅威を理由に米国が離脱方針を決めたことに伴い失効した〕、2010年に締結された米ロの新戦略兵器削減条約〔新START〕の運命も明らかではない。核不拡散条約〔NPT〕の建て付けもぐらついている。これはおそらく、最も危険な状態だ。

核不拡散条約には相互義務がある。核兵器を持たない国家は、核兵器の製造や保有はしないと約束している。核保有国は、自らの保有量を完全な廃棄に至るまで減らす約束をしている。もし核保有国がこれを実施しなければ、つまりそれは、大量破壊兵器こそ自らの重要な安全保障だと考えているということだ。しかし、それらの国々を見本として、遅かれ早かれ他の国々も追随するだろう。技術的にも経済的にもそれが可能な国が何十とある。

このように、方程式は単純である。この解決を望まなかったりできなかったりしたらどこに向かうのか、朝鮮半島で見てみよう。

「核の不安」

いま、世界で新しい核保有国——朝鮮民主主義人民共和国（北朝鮮）——の出現が現実となった。これは避けられなかったのか。この問いに答えるなら、そうではないと私は思う。

1985年、ソ連は北朝鮮の核不拡散条約への加盟を要求した。その後、北朝鮮と韓国は朝鮮半島非核化の共同声明を出した。米国は、北朝鮮に対し核兵器を使用しないと表明した。アメリカの核兵器は韓国から運び出された。国際原子力機関〔IAEA〕との合意に基づき、北朝鮮の核施設への査察が始まった。

北朝鮮が核不拡散条約からの脱退を1993年に決めたことが、事態を急激に悪化させたと認めなければならない。しかし、対話は続き、条約からの脱退決定は中断された。交渉成功のチャンスは、米国の立場が変化するまでは維持された。その変化は、ジョージ・ブッシュ・ジュニアの政権へ移行した後に起きた。米国大統領は北朝鮮を〈悪の枢軸〉に加えた。好戦的な修辞で数年が浪費された。朝鮮半島情勢は急激に悪化した。

私はこの間、一度となく朝鮮半島を訪れた。2006年6月、韓国の光州で開かれたノーベル平和賞受賞者たちのサミットに参加した。我々は共同声明を発表し、その中で、朝鮮の核問題は何より政治的な性格を帯びていると指摘した。そしてこう表明した。〈あらゆる当事者が、前進に向けてのどんな新しい障害も生まないようにすべきだ〉。声明には具体的な提案も盛り込まれた。南北朝鮮に米国、ロシア、中国、日本を加えた6者協議を、朝鮮半島の平和と民主主義を保障する常設の国際機関とすることだった。

北朝鮮は、6者協議が用意したチャンスを生かさなかった。2006年に初の核実験に踏み切り、2009年には2回目の核実験を実施した。09年5月25日の核爆発の知らせを受けて、私は朝鮮半島の非武装地帯に赴いた。前世紀の1950年代初めに朝鮮戦争を止めた休戦ライン、いわゆる38度線に〈平和の鐘〉を設置するセレモニーに参加するために、そこへ招待されていた。私は証言できる。パニックはなかったが、懸念、しかもこの先何があるのか分からないという強い懸念が、私と参加者たちのあらゆる会話の中に映し出されていた。

そしていま、北朝鮮の核プログラムをめぐる危機が新たに深まっている。いまは、より大きな原因が誰にあるのかを語るときではない。どんなに難しくても、問題解決のための政治的な鍵を探さなければならない。

我々は具体的な問題の向こうに、大事なことを見ておかなくてはならない。もし〈垂直の〉、すなわち主要な世界の強国、何より米国とロシアによる核保有量の維持や向上に終止符が打たれなければ、〈水平の〉不拡散問題も増える一方だということである。

そして、最も重要なのは、常に核兵器とは何かを意識し、その廃絶を実現しなければならないということだ。

他の目的はありえない

いまも核兵器は存在し、核戦争の危険も存在している。チェーホフ〔ロシアを代表する19世紀後期〜20世紀初頭の劇作家〕が書いた戯曲の第一幕の小銃のようなものだ〔チェーホフは、物語の中に不必要なものを出してはいけないと唱えた〕。いつかそれは火を噴く。過ちや、技術的な故障を起こす可能性がある。これについては最近、米国のウィリアム・ペリー元国防長官が警告した。学者として、政治家として、この問題に携わってきた人物だ。〈技術的な誤りは過去にもあった、人間は間違いを犯すものだ〉と。

だからこそ、核兵器なき世界なのだ。他の目的はあり得ない。

しかし、核兵器なき世界についての議論も、米国を含むすべての国々が言葉ではこの目標を支持し続けているものの、現在の世界政治と政治的思考の軍事化を克服できなければ、むなしく響くだけだろう。

同様に重要なのは、ひとつの国が絶対的な軍事的優位にある状態では、核兵器なき世界への道にある障害を乗り越えることはできないということだ。

10年後、15年後に、世界が核兵器から解放されたと想像しよう。どうなっているか。通常兵器の山々だ。その中には、大量破壊兵器に相当する威力を持つ新しいタイプのものも含まれている。その大部分は、ひとつの国、米国の手の中にある。世界の舞台でこのように圧倒的な優勢を誇っている国だ。このような状況は、核廃絶への道を断ち切ってしまう。

現在米国は、世界の軍需品の半分を製造している。ヨーロッパから世界の果てまで700以上の軍事基地を持っている。これは公式に認められた基地だけの数字であり、さらに新しい基地をつくろうとしている。まるで冷戦が過去のものではないかのようだ。まるで国が敵に囲まれ、それと戦うのに戦車とミサイルと飛行機の助けを借りるしかないかのようだ。

ドナルド・トランプ政権が公表した文書、すなわち国家安全保障戦略と核態勢見直しは、〈全世界での政治的、経済的、軍事的競争〉に向けたアメリカの対外政策を志向している。〈よりしなやかな適用〉のための新しい核弾薬の開発を課題に掲げたが、これは将来的に核兵器の〈使用のハードル〉を下げようというものだ。

こうした背景の中、ロシアのウラジーミル・プーチン大統領は連邦議会への教書で、世界にまだ存在しないものも含め、新しいタイプの兵器をロシアで開発すると表明した。

国連は、安保理は、国連総長はどこに行ったのか。そう問わずにはいられない状況だ。国連総会の臨時会合、あるいは国家首脳レベルの安保理開催を呼びかける時間は本当になかったのか。世界は、人々は、そのようなイニシアチブを待っていると私は確信している。

核軍縮に向けた戦いと同時に、世界政治や思考を非軍事化し、軍事予算や武器取引を減らす必要性、新型兵器の開発禁止などの問題を提起しなければならない。軍拡競争を生み育てている各種紛争の調停に向けて、徹底的に取り組む必要がある。

ロシアと米国の責任

核兵器の問題、総じて安全保障の問題を膠着状態から動かす主要な責任は、従来通り米国とロシアが背負っていると私は確信している。私は一度ならず両国の大統領に、安全保障と軍縮の問題で呼びかけ、具体的提案を彼らに示した。いまだ声明の形でも政策でも何ら反応はない。それゆえ、その中のいくつかを紹介したい。

私はロシアと米国の大統領によるフルバージョンの会談を準備するよう提案した。米ロ関係の正常化に異を唱える最も札つきの反対者でさえ、両大統領のこうした行動にはあえて反対はしないだろう。彼らには単に論拠がない。

こうした会談で焦点になるのは、核軍縮と戦略的安定強化の問題だ。そして第一に、共同声明を採択して、中距離核戦力全廃条約に双方が忠実であること、その履行で生じる問題をお互いの足元で取り除く決意を示す必要がある。

さらに続ける。私は両国の大統領に、核戦争は容認できないという国連安保理決議を採択するため共同してイニシアチブをとることを提案した。〈核戦争は容認できない。そこに勝者はありえない〉。国際法の原則として、これを確認すべきときだ。

安全のためのもうひとつの重要な闘いがある。テロリズムの阻止だ。ロシアと米国は、国連の庇護のもとで対テロ協定の締結にイニシアチブを発揮できるのではないか。主な規定はこうだ。どこであれ非合法軍事組織への武器供給を禁止する、物資面だけでなく精神面やプロパガンダも含め、国家や政府への軍事闘争を目的に据えるどんな勢力や活動に対しても支持を拒否する、などだ。そしてもちろん、具体的な規定には、テロとの戦いの共同行動、情報交換や予防措置での協力の義務などもある。

私がさらに両大統領に提案したのは、米ロ関係の総体について議事日程に載せ、基本方針を進めていくワーキンググループを立ち上げることだった。

その目的は、両国間の信頼回復でなければならない。この目的は現在、途方もなく難しく、達成不可能にさえ思われる。しかし、我々がロナルド・レーガンと共同作業を始めたとき、状況はおそらく、いま以上に困難だった。

だからこそ、行動を起こさなければならない。国家間の政治対話と、そして同様に重要な民間レベルの対話を再開しなければならない。すべての望みを大統領の肩にだけ負わせるべきではない。昨日起きたのではなく、長年かけて積み重なったすべての堆積物を、二人の人間だけでかき分けることなど不可能だ。あらゆるレベルの対話と、両国の専門家集団を含め、総力の結集が必要だろう。専門家集団は大きな知的潜在力であり、これを世界の利益のために生かさなければならない。

新しいモデルが必要だ

〈冷戦での西側の勝利〉の宣言は、〈唯一の正しい経済システム〉、その枠内での〈唯一正しい〉経済政策のイメージをもたらす結果となった。

即座に言おう。市場や個人の所有権がなければ効果的な経済を打ち立てられないことに議論の余地はない。しかし、〈勝利者〉たちは、発展のレベルや伝統、文化、メンタリティーとは関係なくすべての国が採用しなければならない唯一の経済モデルがあると決めつけた。このモデルの本質は、何事にも制限されない市場の独壇場であり、国家の役割を最小限に、ほとんどゼロに導くことにある。このシステムは本質的に、人間を経済という機械の〈歯車〉へと役割をおとしめてしまう。

国家への攻撃の音頭を取ったのは、ロナルド・レーガンとマーガレット・サッチャーだった。彼女には、ロシア人も含め、エコノミストやビジネスマン、政治家たちが同調した。彼らは国家を、経済に生じるほとんどすべての問題の根源だと非難した。

国家が果たす機能をめぐって国家を批判する根拠は、その当時はあった。あらゆるものを〈規制〉しようとする鈍重で官僚主義的な機構は、しばしば利益よりも害をもたらした。当時の有権者たちが、国家の官僚主義の役割を制限し、より大きな自由をビジネスに与えることを公約した政治家たちを好んだのには、それなりの理由があった。

しかし、国家批判の裏には、別の利害が潜んでいた。〈満潮はすべての船を持ち上げる〉とのスローガンのもと、大企業の手に最大限の自由を与え、重要な社会的責任から逃れ、労働者の社会的保護体制の解体を望む人々の利害である。

商品市場、サービス市場、労働市場で競争をいっそう激しくしたグローバル化は、国家への攻撃が次の段階に移ることを意味した。いまやもう国際レベルで、拝金主義の原則、ビジネスの社会的・環境的無責任の原則、過剰利益と過剰消費の原則が、経済と社会の発展のほとんど主要なエンジンや基準として定着し始めた。大部分の国が押しつけられた、いわゆる〈ワシントン・コンセンサス〉は、これらの原則やアプローチの代名詞となった。

ビジネスとファイナンスの様々な領域から国家を押しつぶすことは、多くの機関がどんな監視もなしに動くことになった。次から次に泡が膨らんだ。〈デジタルの〉、株式の、不動産の、ファイナンスの泡だ。だが、たとえその泡が遅かれ早かれはじけても、その過程で少数のグループが途方もない財産を築く一方で、大多数の生活レベルは、よくても現状維持でしかない。貧しい国々への支援の義務は、すっかり忘れ去られている。

国家はよみがえる

国家の役割の弱体化は、長年の統計が示しているように、経済成長のテンポを速めることにはなっていない(たとえば、1950年代から60年代までと比較しても、それほど速まっていない)。その代わり、金融マフィアや汚職が横行し、多くの国の経済に犯罪組織が侵入し、ロビー団体の役割が過度に増大したことで、国家は異なる方向に向かった。なぜなら、ロビイストは巨大な国家外の官僚であり、とてつもない資産と、政治に影響力を及ぼすレバーを握っている。これは民主化プロセスをゆがめ、深刻な社会的結果をもたらしている。

国家はベビーシッターではなく、人々を〈ゆりかごから墓場まで〉扶養するべきではないと言われる。それはその通りだ。しかし、国家は少なくとも、金融も含めて強盗や略奪者から市民を守る義務がある。

ここ20年ほどで2度、1998年と2008年に、世界は最大級の経済危機に振り回された〔金融危機とリーマン・ショック〕。そこから脱出するには、各国が力を合わせることが必要だった。国家レベルで市場の独断を制限し、多国間レベルでの経済政策を調整するために、世界の主要経済国20カ国のフォーラムである〈G20〉の仕組みをつくらなければならなかった。

だが、〈G20〉は即興でつくられたものであり、危機の最も厳しい結末を清算する〈消防隊〉の役割しか果たせなかった。それ以上に、機能しないことが分かった。過剰消費を基礎とした経済モデルを討議するためのフォーラムではなく、〈公益〉経済の役割についての問題に焦点を当てることもなかった。それはたとえば、持続可能でクリーンな環境、教育、広い意味での人々の健康、機会均等、社会的結束であり、富める者と貧しい者の間の許しがたい断絶をなくすことである。

経済発展の新しい原動力と刺激を模索することが求められている。これは壮大な任務であり、すでにほぼ半世紀も存在してきたモデルをすぐに取り換えられないことは、私もよく理解している。しかし少なくとも、目標を据え、そのモデルの変革がなければ、人類は社会的・環境的な大変動の深淵にはまり込むということを自覚しなくてはならない。

エコロジーの挑戦

私がエコロジーに不安を持つようになって、もうかなりになる。党政治局員になって、大都市を含め、国の一連の地区をめぐる居住環境状態の秘密情報に閲覧許可を得たときのことを思い出す。私は大きな不安に駆られた。ペレストロイカとグラスノスチによって、何に心配しているのかを人々が表明できるようになったとき、彼らはきれいな空気ときれいな水を求めて街に出たのは理由があってのことだった。

1992年、私は社会活動グループの提案を受け入れ、環境組織「グリーンクロスインターナショナル〔国際緑十字〕」の創設会長の任務を負った。この決心を一度も後悔したことはない。だが、その当時は多くの人が驚いた。彼らにとってエコロジーの問題は、二の次で副次的なものだった。しかし、ちょうど私は、政治家や市民、ビジネスマンらあらゆる人々に、目に見えてグローバル規模の危機が高まる中で、エコロジーは深刻で先延ばしできない問題だと自覚してもらうのが自分の責務と考えた。

20年以上、私はグリーンクロスに命を注いだ。エコロジー問題を広く社会に発信し、エコロジー意識を育て、冷戦と軍拡競争がもたらした環境負荷の後遺症を克服するために、多くのことを成し得たと考えている。

我々は、化学兵器を環境に安全な形で廃棄する活動に多くの力を費やした。化学兵器禁止条約の義務の履行が問題になったときがあった。

米国とロシアは、すべて合わせると6万5千トン以上の化学兵器をため込み、それらは両国の16カ所に配置されていた。ロシアの化学兵器庫の撤廃は、資金不足のために中断された。それは、何年にもわたって解決されていなかったいくつもの要求や問題を、アメリカ側が持ち出してきたこととも関係していた。

私は、ロシア、米国、英国、スイス、その他の国々の指導者たちに、化学兵器全廃のために財政的な義務をしっかり果たすよう呼びかける手紙を送った。この呼びかけに応じて、ロシア政府は化学兵器全廃プログラムの財政措置を拡大した。他の国々の指導者も真剣な行動をとった。スイス議会は、この目的のために1700万スイスフランを割り当てた。共同の努力によって、行き詰まったプロセスを前に進めることができた。

グリーンクロスは全大陸の数十カ国に活動の場を広げ、数多くの有効なプログラムを実践してきた。それらの中で最も重要だったのは、グローバルな温暖化と水の危機を克服するための協力である。

今日、これはグローバルなエコロジー危機の最も主要な部分である。

決定を下す立場にある人たちは、気候変動のプロセスで到来するかもしれない危機的水準に世界がどれほど近づいているか、自覚しようとしていない。最新の科学的データによると、パリ会議で合意された措置がとられなかったならば、ここ100年の間で気候は4度以上暖かくなる。これは、〈G8〉やその他の国々のリーダーたちによって公式に採択された上限の2度よりも2倍高い。世界的な気候温暖化のプロセスで危機的水準が到来する可能性は50%を超える。

2007年、グリーンクロスインターナショナル総会がニューオーリンズで開かれた。この素晴らしい都市は、アメリカで最も独創的なまちの一つで、その2年前にハリケーン〈カトリーナ〉の犠牲になったところだ。私は自分の目で、この恐ろしい天災がもたらしたものを見た。私がモスクワにいた2010年夏には、信じられないほど長期の熱波が我々の首都に文字どおり襲いかかった。こうした災害はもっと頻繁に起きるようになり、その結果は、より破壊的になっている。もはやそれらを、自然発生的と呼んではならない。気候変動において、人間の活動の影響が決定的であることは、科学が証明している。

この明らかにされた科学的事実を否定する人が、いまだに存在する。しかし、私は学者を信用する習慣が身についた。彼らの警告は実際に一致している。気候変動の最新の科学データは、非常に不安を駆り立てるものだ。これは最後の警鐘だ。不作為のためのあらゆる言い逃れや口実、えせ科学的な論拠はいまこそ、すっかり排除されなければならない。

水は何ものにも代えられない

グローバルな気候変動は、水の危機、淡水の不足とも関係している。それは深刻化し、規模を大きくしている。現在、地球上の3分の1の住民の手に、清潔な飲み水や公衆衛生対策が届いていない。

水は他の資源と違って、何ものにも代えられないのだ。アクセス可能な淡水の資源は限られている。人間が必要とする水の需要はずっと増えている。20世紀並みのテンポで水の需要を拡大し続けることは、もはや不可能だ。不衛生な水を利用した結果、貧困国では数百万人が命を落としている。世界保健機関〔WHO〕が世界の五つの地域で実施した調査では、感染病と疫病の80%が、質の悪い水と関係していた。

グリーンクロスインターナショナルは、〈命という名の水〉のイニシアチブを打ち出し、水への権利について国際協定をつくるよう提案した。国連は２０１０年、水への権利を基本的人権の項目に加える決定をした。国際社会にとって、この限りなく重要な一歩を理解することは難しかった。しかし、それは成し遂げられた。

いま、この原則を実際に現実化することが求められている。水への権利を自らの国家法制に組み入れた国はまだ多くない。

今日、次のような確認が極めて重要である。我々を取り巻く環境を救うことは経済をだめにするという風評は、現実そのものによって論破されている。ここ最近、我々は特にはっきりと認識した。経済をだめにするのは、現在や将来世代にとっての正常な生活環境への心配ではなく、まったく違うものなのだ。それは、いかなる犠牲を払っても過剰な利益をめざす無責任な競争であり、〈市場の見えざる手〉への盲目の信仰であり、国家の不作為であり、消費主義の基準を押しつけることである。

地球を救う

我らの地球を救わなければならない。この課題は、政府、ビジネス、科学、市民社会に共通のものである。この偉大な任務には、パートナーそれぞれに自分の役割と可能性がある。しかし、世界はいま、重要な責任は国家とその機関が背負っている。

国家だけが、厳格な標準や規格を設定することができる。それがなければ気候変動との闘いは無意味だ。国家だけが、原則的に新しい技術の奨励や普及のために資源と資金を投入することができる。国家だけが、気候変動のもとで最も被害を受けている人々へ必要な支援を施すことができる。こうした支援は絶対に必要だ。もはやいま、それは明らかだろう。

しかし現在、国家は極めて頻繁に〈逆にやってはいけないこと〉をやっている。数千億ドルを武器に費やし、その取引は世界の汚職スキャンダルに発展し、将来のエネルギーではなく過去の世紀の燃料複合企業体に補助金をつぎ込み、人間に投資しないで社会的プログラムを切り詰めている。

めざましい結果を達成するには、最高レベルでの政治的意志が発揮されなければならない。現実的な技術とメカニズムが必要だ。エネルギー効率化の技術と生産、再生可能なエネルギー源、発電と送電のための新たな技術的解決に向けて、格段に投資を拡大する必要がある。やはり、このプロセスを〈空中分解〉させない政治的な意志が必要なのだ。

こうした努力への支出は膨大なものだろう。これは数千億ドルにもなる。しかし、文脈の中でとらえることが必要だ。2008年の金融経済危機〔リーマン・ショック〕以降、数兆ドルが銀行システムを救うために費やされた。数兆ドルが相も変わらず軍事目的に費やされている。新しくてエコロジー的にしっかりした経済を創成するための支出は、人類の将来のためにも生かされるはずだ。

ビジネス社会を倫理的に〈鍛え直す〉ことも必要である。概して今日、企業やそのリーダーたちは、エコロジー問題に関する自らの立場を、ビジネスへの短期的な、良くて中期的な影響に応じて決めている。例外はある。社会的、エコロジー的に責任を負っているビジネスだ。しかし、それらは例外ではなく、原則にならなければならない。まさにこのようなビジネスが、次の十年で競争力を持つだろう。これは、課税システムの改善、奨励金や刺激策など仕組みの改善といった影響のもとで可能となるはずだ。ただ、これだけではない。ビジネスの〈育ての親〉は、消費モデルを改善することを含め、市民社会でなければならない。

　市民社会はすでに、人々の意識を変え、政治プロセスにプレッシャーをかける形で、大きな役割を果たしている。しかし、現在の危機的に重要な段階で、市民社会はより難しい課題に向き合っている。それは、この先何十年かのエコロジーと経済の輪郭を明確に決め、それを実行することに、全面的に参加することである。

政治とモラル

　ここ数年に起きた様々な出来事は、この数十年の間に人類が直面した最も重要な試練と脅威が、いかに固い結び目で絡み合っているかを示した。しかし、それらについて深く考えたとき、私はある結論に達した。これらすべての背後には、道徳的な危機、政治とモラルの間の〈乖離〉がある、ということだ。再びそれらを結びつける必要性こそ、最も重要な政治的課題として意識されなければならない。

　もちろん、これは大きくて難しい問題だ。即座に解決することはできない。しかし、もしこの問題を提起しなければ、その解決に粘り強く取り組まなければ、世界はあらゆる新たな紛争や解決不能な矛盾へと向かう運命にあるだろう。いま、政治家や市民社会の代表らが指摘する政治的意志の麻痺を克服することは、倫理的なアプローチを土台にすることでしか成し得ない。そうすれば方策が見つかり、おのずと優先順位も決まっていくだろう。

　グローバルな世界で特に危険なのは、ダブルスタンダード〔二重基準〕である。誰が言ったのかはもう覚えていないが、〈彼はもちろん畜生だ。しかし、我々の畜生だ〉という発言がある。私にはそれがいつも、ソフトに言えば、いかがわしかった。たとえ最小限でも、政治リーダーたちの振る舞い、国家の振る舞いへの要求は存在しなければならない。

グローバル世界での国家関係は、国際法のノルマだけでなく、全人類的なモラルの原則に基づいた一定の行動規範で調整されなければならない。この〈行動規範〉は、抑制的で、全方位の利益を考え、情勢悪化や危機の脅威が迫ったときには調停や仲裁に乗り出すことを見込んでおかなくてはならない。ウクライナ危機もシリア危機も、その当事国や特に外部の国々がこの行動規範にのっとっていたら、回避することはできたと確信している。

行動規範、それは一種の倫理基準であるが、マスコミにも必要だと思う。言わせてもらうが、彼らに罪がないわけではない。彼らはしばしば激情を焚き付け、情報環境を汚す。紛争の予防や停止を支援する代わりに、実際はそれらをあおることに参加している。

私が最も重要だと言いたいのは、世界的な緊急課題を刷新する問題、モラルと政治の結合、グローバル世界の行動規範こそ、国家や世界の市民社会が関心の真ん中に据える必要があるということである。

ただただ一緒に！

多くの言語にも存在していることわざがある。〈祈りは繰り返してもだめにはならない〉。そして私も繰り返すことをいとわない。新しいミレニアムで人類が直面したどんな試練も脅威も、軍事的な解決策ではどうにもならない。大きな問題のひとつとして、一国の努力、あるいはひとつの国家グループの努力だけで解決されたものなどないのだ。ただただ一緒にやるしかない。

しかし、この真実が世界の指導的地位をねらう人たちにまで届くには、なんと大変なことか。米国大統領のジョージ・ブッシュ・ジュニアと2001年春に交わした会話を思い出す。私はそのとき、いくつかの大学からの招待で米国にいた。ワシントンで国務省とホワイトハウスを訪問した。コリン・パウエル〔国務長官〕、コンドリーザ・ライス〔国家安全保障問題担当大統領補佐官〕、ディック・チェイニー副大統領と話をした。ジョージ・ブッシュ・ジュニアとの会話は内容に富んでいた。ちょうど、ウラジーミル・プーチンとの最初の会談を準備し、米ロ両国の真剣な相互協力の見通しを描いていたころだ。

しかし、米国の対外政策では常に、二つの傾向が競い合っていた。現実主義的な傾向と攻撃的な傾向である。米国が2003年、うその報告書をもとにイラクへ侵攻したとき、二つ目の傾向が優位に立ったことが明らかになった。この知らせを聞いたとき、私は日本の東京にいた。電話が入ったのは、駅のプラットホームにいたときだ。電話をかけてきた特派員に、私はこう言った。この行動は限りなく大きな誤りであり、それは中東地域だけでなく、全世界への深刻な結果をもたらすだろう、と。その後の展開は、これを裏付けるものとなった。

アメリカの指導的地位、一極世界についての見解から、大アメリカのイデオロギーは〈アメリカ帝国〉の創設プランへと変わった。そこでは、米国が世界の憲兵、予審判事、検察官、裁判官の役割を演じるのである。ついでに、全大陸への重要な〈民主主義の供給者〉の役割もそうである。ほとんど神様自身が、アメリカにこの責務を負わせているかのようだ。しかし、帝国について我々はもうすべてを知っている。結局、帝国はすべて崩壊する。なぜ何の役にも立たないことを新たに始めるのか、当時、あるインタビューで私はそう質問した。

これについて私は、米国での旅行や講演でアメリカ人に対しても語り、理解を得たと言わなければならない。私は直接、多くの聴衆に問いかけた。「アメリカ帝国は必要ですか」と。そして文字どおりすべての人が「ノー」と答えた。

すぐにではなくても、この帝国化計画が失敗したことは次第に明らかになっていった。ミサイルや飛行機、戦車の助けを借りて、ひとつの政治的、経済的なモデルを全世界に押しつけることはうまくいかなかった。世界秩序の代わりに、世界的なもめごとがもたらされた。そして、地域的、世界的な冒険の末に起きた出来事の山をかき分けるには、非常に長い時間がかかるのである。

変わりゆく世界の中のロシア

世界的支配をめざす人たちのもとで、〈成功のほろ酔い〉がまだ完結していないとすれば、遅かれ早かれ、やはり酔いざめはやってくるだろう。世界政治の中で、新しい〈引力の中心〉がより影響力を強めている。それらの国は主体的に振る舞い、仲間や盟友を見つけ、同盟を形づくっている。これらの国の中に、好むと好まざるとにかかわらず、ロシアは入る。伝統と、世界の物事に携わってきた経験と、大きな潜在力を持つロシアが、〈二流の役割〉には甘んじないと言っても、誰が驚くだろうか。

いや、変わりゆく世界の中でのロシアの役割は、最も重要なもののひとつである。それは肯定的なものだと確信している。ロシアを〈罰する〉ことも孤立させることも不可能だ。西側は、このような試みを放棄すべき時だ。そして、西側で、特にヨーロッパで、これを理解し始めている前兆がいくつかある。しかし、これはまだ始まりだ。関係改善の取り組みは簡単ではなく、相互の努力がなければならない。

ずっと私は、自立的で積極的な対外政策を進めるためのロシアの無条件の権利を守り通してきた。根拠のない批判や、帝国的な意図や攻撃的なもくろみでなされる非難から守ってきた。発生した問題を客観的に分析する代わりに、すべての罪をロシアに負わせる根強い慣習が西側で定着したのは、あまりにもひどいことだ。西側の一部のマスコミは、文字どおり反ロシアのステレオタイプで同じことをしつこく繰り返した。我々の現実問題に対する批判は、根拠の薄い性質のものだった。

私は今後も、これに反撃するためにあらゆる可能性を利用するだろう。しかし、もちろんこれは、わが国の対外政策がすべて理想的で問題や失策がないということではない。いまの状況に我々は大きな責任を負っており、いくつかの政策遂行の立場やスタイルは反省しなければならない。

我々は、近隣国と真の友好関係を築いて〈協力のアルゴリズム〉を見つけ出すことはうまくできなかった。それは認めなくてはならない。ユーラシア経済連合の創設は重要な一歩だが、これは始まったばかりだ。そしてウクライナは、私にとって絶え間ない痛みだ。

ウクライナとの関係は最終的には調整され、実際に兄弟のようになっていくと思っている。いま起きていることに、私は耐えられない思いだ。ミンスク合意〔2014年9月と2015年2月、ウクライナと同国内の親ロシア派との間で交わされた停戦合意協定〕があり、平和維持部隊を入れる提案もある。ロシアとウクライナの関係が〈凍った紛争〉にならないように、より精力的に取り組まなければならない。

西側を含めた外国のリーダーや政治家、外交官と絶えず交流しながら、私は、ロシアへの尊敬と、協力やパートナーシップの可能性は、ここ数年の状況悪化にもかかわらず維持されてきたとみている。これはとても重要なことだ。〈ロシアなき世界〉を打ち立てるのは可能だという幻想があった。公然と語られ、記されてきた）は、過去へと去りつつある。

わが国民はヨーロッパとアジアで広大な領土を獲得し、十数カ国の隣人となった。だからこそロシアには、すべてと協力する政策、西でも東でも激しくぶつかることのない考え抜かれた対外政策が必要である。我々に敵は必要ない。勝者と敗者を伴う地政学的ゲームは我々には必要ない。

実りある効果的な対外政策のために我々が必要とするのは、強い民主主義のロシアである。これが重要なことだ。そして我々は必ず、そこに至るだろう。私は何度もこう語った。ロシアに民主主義は無縁だということには決して同意しない、と。これは私の深い信念だ。同じように私は、21世紀にふさわしい新たな世界政治を構築する上で、ロシアが建設的な役割を運命づけられていると深く確信している。

世代交代――時代の絆

政治では、人生と同じように、世代はお互い徐々に変わっていく。しかし、ある時点で、ひとつの世代が過ぎ去ると、自らの遺産を次の世代に残したことが明らかになる。冷戦に終止符を打った我々の世代は、自らの使命、自らの歴史的課題を成し遂げたと考えることができると思う。

１９８8年12月の国連での演説で、私はこう述べた。〈我々の理想は、自らの対外政策活動でも法に従う法治国家による世界共同体である〉と。

この理想には今日も、まだまだほど遠い。しかし、これは決して、大きな目標と人類の理想を掲げて我々は無邪気な人間だった、ということを意味しない。単に我々は、それがなければ将来への道は克服できないと分かっていた。

冷戦から脱却した世界共同体は、世界の次世代のリーダーたちへ引き継ぐ具体的な課題をまとめた。それは、大量破壊兵器の根絶、〈第三世界〉の国々での極貧の克服、教育と健康分野でのあらゆる人々への機会均等の保障、悪化する環境の克服である。私の参加した国連のセッションや会議では、これらの課題解決に向けた進展は不十分だと認定しなければならなかった。

このように認定することは、現在のリーダー世代への批判ではない。しかし、それによって彼らは、自らの政治目標を真剣に再評価するとともに、より危険な脅威と向き合う必要があった前任者たちの経験の意味を理解するはずだ。この経験は、誰にも消し去ることはできない。そして、私がこの自著を記したのは、弁明や説教のためではない。それは、時代の絆を保つためであり、過去と現在の間の対話を途絶えさせないためであり、過去の真実を知って将来への教訓を引き出すためである。変わりゆく世界の中で、これは我々すべてに必要なことなのだ。

付録

ノーベル平和賞受賞演説

1991年6月5日、オスロ（ノルウェー）

尊敬すべき委員長殿！

尊敬すべき紳士淑女のみなさん！

いまこの瞬間、私は、ノーベル委員会の決定を知らされたときにも劣らず感激しています。この賞の授与に際し、政治と倫理を結びつける闘いに勇気を捧げた特筆すべき人たちが、人類への言葉を述べてきたからです。その中には、わが同胞もいます。

ノーベル平和賞のような表彰は、一見、単純で明白に思える問いについて改めて考えることを促します。平和とは何か、と。

自分の演説を準備しながら、ロシアの古い百科事典で、〈平和〉の定義を〈共同体〉としているのを見つけました。ロシアの農民生活の伝統的な居心地の良い小さな場所のことです。そしてそこに、平和を同意や調和、相互支援、協力とみなす、人々の奥底にある理解を見ました。

このような理解は、世界の宗教の法典や、古代から現代に至る哲学者たちの著述でも体現されています。ここではこれまで、彼らの多くの名前が挙げられてきました。もう一人、付け加えさせてください。平和は〈人々の幸福な暮らしをつくり上げる豊かさや公正な裁きを広めている〉、〈単なる戦争の休息〉の平和は〈この名には値しない〉、平和は〈全体の同意〉を前提としている――。これらの言葉は、およそ200年前に書かれたワシーリー・フョードロビッチ・マリノフスキーのものです。偉大なプーシキンが輩出したあのツァールスコエ・セローの中高等貴族学校の学長です。

もちろん、これまで〈平和〉の理解の具体的な中身に、歴史は多くのものを付け加えてきました。この核の世紀に、平和は人類の生存条件という意味を帯びています。しかし、人々の英知と、社会を先導する考えに根付いている本質は同じです。

平和はいま、協力と共同作業に向けた国々や国民の単純な共存から、さらに上に行くものとみなされています。

平和とは、グローバル化と文明の普遍化への動きです。平和は不可分であるという真理が、いまほど正しかったことはありませんでした。

平和とは、似たものの統一ではなく、多様性の中の統一、違いの比較や同意の中での統一です。

理想的な平和とは、暴力のないことであり、倫理的な価値です。ここで我々は、最近悲劇的な形で命を落としたラジブ・ガンジー〔インド元首相。首相退任後の1991年5月に暗殺された〕のことを思い出さないではいられません。

私は、あなた方委員会の決定を、ソ連で起きた変化に大きな国際的意義を認めてくれたものと理解しています。20世紀の終わりには、世界政治を動かす主要な手段としての武力や兵器は退かざるを得ないという確信に基づいた、我々の新思考政策への信任として理解しています。

私がこの賞を受けたことを、私はこう評価しています。ソ連国民が信じられないほどの努力やコスト、困窮、痛み、忍耐を強いられた多くのことに連帯を示す行為だと。連帯、これは全人類的な価値です。人類の進歩や生存そのものにとってますます必要となっている価値です。

しかし、現代の国家は、連帯するに値するものでなければなりません。言い換えれば、国内問題でも国際問題でも、自らの国民の利益と世界共同体の利益とを結びつける方向に導かなくてはなりません。当然のこととは言え、課題は単純ではありません。世の中は、それをより良くする最も完璧な計画よりも、はるかに豊かで複雑になっています。世の中は結局、たとえ善意であっても、何らかの図式への強制的な押しつけには激しく仕返しするものです。ペレストロイカは、その歩みを通して、これを我々に理解させせました。現実の生活体験によって我々は、最も一般的な文明の法則を重んじることを学びました。

しかし、それを学んだのは後のことです。我々は1985年3月から4月にかけて、非常に責任重大な、告白すれば、苦しい選択を迫られていました。事実上、国家最高ポストの共産党中央委員会書記長への就任を受け入れながら、私はこう考えていました。この先、過去のようには生きられない、もし抜本的な改革の実行に支持が得られなければ、このポストにはとどまらない、と。私ははるか先へ行かなければならないと考えていました。しかし、どれだけ膨大な問題や苦労があるのかは、もちろん想像もつきませんでした。当時は誰ひとり、予見も予言もできなかったと思います。

当時、国の指導部にいた人たちは、後に我々が翻訳の難しい〈ザストイ（停滞）〉と名付けることになる現象が、実際にわが国で起きていることを知っていました。社会は足踏みし、技術的に進んだ

1991年6月5日、オスロでノーベル平和賞の受賞演説をするゴルバチョフ大統領

世界の先端と比べて回復不能な立ち遅れに脅かされているのを見ていました。中央が基本的に統制する国有財産の全体支配、すべてを握る独裁的な官僚主義システム、政治の総イデオロギー化、社会の考えや科学自体の単一化、最も先進的な知的資源を含め最良のものをすべて吸い取っていく軍国主義化された工業生産能力、革命の時代から獲得していつか我々の誇りにもなった社会的成果を壊しながら、民間部門を窒息させる軍事支出の過度な負担……。わが国の本当の状態とは、こういうものでした。

これらすべての結果、あらゆる面で大きな可能性を秘めた世界で最も豊かな国は、すでに堕落の一途をたどっていました。経済的にも精神的にも、社会は次第に衰えていたのです。

しかしながら、表面上は、ある程度の平穏な暮らしや安定、秩序が支配しているようでした。プロパガンダに慣らされ、偽りの情報で惑わされた社会は、周りで何が起きているのか、近い将来にこの国で何が待っているのか、十分には知りませんでした。最も小さな抗議行動も抑え込まれました。そして大部分の人々は、それらを謀反、中傷、反革命だと考えました。

このような状況で1985年春、すべてをそのままにして表面的な修復だけを施そうという大がかりな試みがありました。しかしこれは、国家自らも国民もだまし続けるようなものでした。

これらは、我々が選択を迫られた内政的な側面です。では、対外的にはどうでしょうか。

西側と東側の対立、〈自分〉と〈他者〉の峻別、〈冷戦〉のしかるべき特性をセットにした二つの敵対陣営への峻別。西側と東側は軍拡競争で疲れ果てながら、軍事対立の論理に縛られていました。

こうなってしまった体制をどう解体するか、それについて考えることさえ簡単ではありませんでした。しかし、国内的にも国際的にも、避けることのできないカタストロフィー〔悲劇的結末〕に事態が進んでいるという認識こそが、我々に歴史的な選択をする力を与えてくれました。その選択を、いままで一度も悔いたことはありません。

国民を健全な思考に戻したペレストロイカは、我々を世界に開き、国内の発展と対外政策との間の正常な関係を取り戻しました。しかし、これはどれも簡単ではありませんでした。政府の政策はいつも平和に寄与してきたと信じている国民に、我々は多くの点で違う提案をしました。この提案は実際に平和に寄与するものであっても、まさに平和について慣れきった見方から脱却する、さらに言えば、平和をどう守らなければならないかという根強い固定観念の殻を破るものでした。いわば、新しい外交政策の考え方だったのです。

こうして、我々は大きな、おそらく20世紀で最も意義ある改革へと進みました。これはわが国のため、わが国民のためでもあり、全世界のためでもあったのです。

私はペレストロイカや新思考についての著書を、〈我々は理解されることを望む〉との言葉で始めました。そして、すでにそうなっているように感じました。しかしいま、もう一度この言葉を繰り返したい、全世界に向けたこの演台からここで繰り返したいと思います。なぜなら、我々をありのままに理解して信じてもらうことは、簡単ではないと分かったからです。変化はとても大規模です。国の改革の規模と質はこれほどにまで及ぶため、根本からじっくり考えることが必要になります。ペレストロイカをこれまで通りの理解で評価することは生産的ではありません。あなた方ソ連が〈私たち〉西側とそっくりになったときに理解して信じましょう、などという条件をつけることは、無意味であり危険です。

ペレストロイカの結果として何が起きるのか、正確に輪郭を描くことは誰もできません。しかし、ペレストロイカが何かのコピーであると期待することは妄想と言えるでしょう。

他者の経験を活用することは我々もやっていますし、これからもやっていきます。しかしこれは、他者が経験したとおり正確にやるという意味ではありません。我々の国家は国際社会で自分の個性を失っていません。民族間の相互浸透、文化的多様性、過去の悲劇、歴史の急転換と民衆の功績の偉大さ――においては唯一無二の、そして、多くの言語を持つこのような国では、21世紀の文明の中にも自らの道があり、自らの場所があるのです。ペレストロイカはこのような文脈の中でのみ考えられます。そうでなければ、それは成り立たないし、はねつけられるでしょう。そして、独自の千年に及ぶ歴史からは、〈飛び出す〉こともできません。歴史の真実だけを将来へ伝えるために、いわば我々自身が根本的に意味を理解しなければならない独自の歴史から抜けられないのです。

我々は現代文明にとっての不可欠な部分でありたいし、全人類の価値に従って、国際法規にのっって生きていきたい。外の世界との経済関係で〈ゲームのルール〉を順守し、我々の共通の家の将来のために全国民とともに責任を負いたいと思っています。

あらゆる生活分野が質的に新しくなる移行期は、病的な現象も伴います。ペレストロイカを始めながら、すべてをきちんと評価したり予見したりすることはできませんでした。長い年月の間に慣れてきたすべてのことを本当に手放さなければならなくなったとき、社会は極めて腰が重く、生活の利益にかかわる新たな変化への準備ができていませんでした。不注意にも最初に大きな期待が生まれてしまった結果、みんな生活も仕事もこれまでと同じではいられないという意識、新しい生活は上から与えられるとの染みついた期待を捨てなければならないという意識が、それほどすぐには根付くはずがないことに我々は思い至らなかったのです。

いまペレストロイカは、最も劇的な局面に入りました。ペレストロイカの哲学を、文字どおり古い生活様式の破壊から始まった現実の政策へと転換していく中で、困難なことも増えてきました。多くの人がびっくりし、過去に戻ることを望みました。それは、政府や軍、諸官庁や要人など政権のそばにいる人々だけではありませんでした。自らの利益や生活秩序が試練にさらされた多くの人々もそうでした。なぜなら、この数十年の間に彼らは、イニシアチブをとることも、自主的になることも、進取の気性に富むことも、自立することもなくなっていたからです。

ここから、不満や抗議活動、理解できるとしてもあまりに過度な要求が出てきました。けれども、それらを同時に聞き入れていたら、完全なカオスになるだけです。ここから、政治熱も高まりました。それは、民主主義システムに基づく正常で建設的な反対派ではなく、ほとんどいつも破壊的で不条理なものでした。私はもう、民族間対立の根付く地域で特に荒々しく非人間的に振る舞う急進勢力については、語ろうとは思いません。

この6年間で我々は、社会の刷新と改革の途上にあった多くのものを捨てたり壊したりしました。しかし、社会が自由を得たとき、長い間〈鏡の中のおとぎの国〉で暮らしてきた社会は、自分の姿が分かりませんでした。矛盾や欠点が外に噴き出してきて、たとえ大きな流血は避けられたとしても、血は流れました。改革の論理は、拒否の論理とも、不寛容に彩られたいらだちの論理とも衝突しました。

大きなチャンスも大きなリスクも抱え込んだこの状況下で、ペレストロイカの危機のまさにピークにあるいまの課題は、主要な路線は維持すると同時に、この路線に息つく暇も与えない目下の日常の問題を処理することであり、社会的、政治的な爆発を防ぐことなのです。

自らの立場について述べます。原則的な選択に関しては、私にとってこの問題はだいぶ前から変わることなく決められています。何ひとつ、一度も、右からや左からのどんな圧力によっても、ペレストロイカと新思考のスタンスを踏み外すことはありませんでした。自分の考えや信念を変えるつもりはありません。これは最終的な選択です。

改革の途上で発生する問題は、これは私の信条ですが、憲法手続きによってのみ解決されます。従って、民主主義と改革の枠内でプロセスを維持するためにも、私は手を尽くします。

これは、民族自決のような、我々にとって厳しい問題にも関係します。我々は憲法手続きの枠内でこれを解決するメカニズムを探し、国民の法的選択を認めています。もし実際に公正な国民投票を経て、共和国がソ連から離脱することを国民が決めたなら、一定の合意を得た移行期間が必要になるとの理解が基本にあります。

平和路線を維持することは、国にとっても容易なことではありません。もし〈反対〉あるいは同意しないなら、締め出されるか監獄に行くしかない——と世代から世代へ人々が慣らされてきた国であっても、それは容易ではありません。わが国では何世紀にもわたって、すべては結局、強制的に決められてきました。そしてそれは、こうした表現が可能ならば、簡単にはぬぐえない足跡をあらゆる〈政治文化〉に残しました。

我々の民主主義は苦しみの中から生まれています。議論や多元主義、新しい法的秩序、民主主義が機能するために必要なしっかりした権力、すべての人に平等な法律に基づく政権……、それらを前提とする政治文化の創造プロセスは、力をつけつつあります。いま少なからぬ議論になっているペレストロイカの固い覚悟は、民主主義の発展へ向かう変化への忠誠によって評価されなければなりません。固い覚悟とは、抑圧や圧迫、権利や自由の抑制への回帰ではありません。私は、社会が再び〈赤い人々〉と〈白い人々〉に分断され、〈人民の名で〉と自ら語って活動する人々と〈人民の敵〉とに分けられることには同意できません。固い覚悟とはいま、政治や社会生活の多元主義の状況下と法秩序の枠内で、改革を続けるための条件を確保し、国家の崩壊と経済の破綻を予防して、カオスの要素が悲劇的結末の性格を帯びないようにすることにあります。

これによって、しかるべき戦術的な行動をとり、直近や長期的な課題解決の道を探らなければなりません。このような模索や政治的経済的な措置、理性的な歩み寄りに基づいた同意は、みんなが見ています。それらの中で、〈1＋9〉声明〔1991年4月に9共和国指導者とゴルバチョフ大統領が、6カ月以内に新しい連邦条約と憲法をつくることで合意した〕が大いなるチャンスとして歴史に名を残すと私は確信しています。必ずしも我々の決定がすぐに正しく理解されるわけではありません。多くの場合、評判が悪く、批判の高まりを招きます。しかし、我々の側から世の中を驚かすように、世の中の側も何と多くのサプライズをもたらすことでしょうか。ソ連指導部の各段階を経たあと、何らかの大統領令に際して、彼は右に行くのか左に行くのか、前に行くのか後ろに行くのかと性急に結論を出すことは、道理のないことであり、理解されません。

我々はただ、前へ進み、急進的な改革さえも続け、揺るぎない社会の民主化を進めることによって、我々に寄せられるあらゆる問題への回答を模索するでしょう。しかし、慎重に行動し、一歩一歩熟慮して決めます。

社会にはすでに、混合経済〔社会主義の計画経済と市場経済の混合システム〕や市場化への移行について同意があります。これをどんな期間でどう実施するかの点で、意見の相違は残ったままです。事情がどうあろうと、できるだけ早く移行期を走り抜けることを支持する人々がいます。冒険主義の要素がそこにはあります。しかし、このような考えが支持を得ていることに目を閉じることはできません。国民は疲れ、ポピュリズムにさらされています。だからこそ、ぐずぐずして、人々をあやふやな状態に留め置くことは危険です。彼らはいま、生活は苦しく、貧困にあえいでいます。

新しい連邦条約への作業は最終段階に入りました。その採択は、我々多民族国家の歴史に新たな段階を開くでしょう。

分離主義が横行し、ほとんどの村までが主権獲得の幸福にひたった後で、逆に中央志向の動きが復活しています。いまの現状や危険性に対する、より健全な理解に基づいた動きです。国家があり、国があり、共通の生活がある、そのことに同意して理解しようという意志が育っています。これはまず最初に守らなければなりません。そうして初めて、誰がどの党に行くのか、どんなサークルに入るのか、どんな祈りをどんな神に捧げるのか、を考えることができるのです。

特にここ2年間、嵐のような矛盾に満ちたペレストロイカのプロセスを経験したことで、国家指導部の効率性をはかる基準について、我々は厳しく問題を突きつけられました。多党制、価値観の自由化、民族の独自性と共和国の主権性といった我々の新しい条件下では、言うまでもなく社会の利益は、政党やグループ、地方、省庁の利益、他のあらゆる個々人の利益よりも高く置かれなければなりません。たとえ個々人の利益には、生存の権利も、政治プロセスや社会生活で代表者を選ぶ権利も備わっているとしても、もちろん、大きな国家政策の中で考慮されなければなりません。


紳士淑女のみなさん。

国際政治の場でも多くのことが、ソ連でいま何が起きているのかを正しく評価することにかかっています。いまも、そして将来も、です。

おそらく、最も決定的な瞬間が近づいてきました。国際社会が、とりわけ事態の成り行きに大きな影響力を持っている国々が、ソ連との関係を明確に定め、しかも現実的な行動を明確にすべきときです。

いま全世界で起きていることを考えれば考えるほど、ペレストロイカはソ連自身に劣らず、世界にも必要だと確信します。幸いなことに、いまの世代の政治家は大半が、この相互依存をより深く理解しています。それは、ペレストロイカの展開が批判的な局面に入ったいまも変わりません。ソ連は、その成功のために大規模な支援を期待する権利があります。

我々自身も最近、他の国々、とりわけ西側の大国との経済協力の内容や重要性を抜本的に再検討しています。もちろん、きちんと世界経済に開かれ、本質的にそれに加われるような措置を実行しなければならないと理解しています。しかし、〈G7〉やヨーロッパ共同体との一種の協調行動が必要という結論に近づいています。言い換えれば、国際協力の抜本的に新しい局面について考えています。

ここ数カ月わが国では、構造的な危機から脱して恒常的な発展と生活の正常化へと向かう前提条件をつくるために、多くのことが決められ、そして今後も決められていくでしょう。

これと関連した多数の具体的な課題は、主に次の三つの方向にまとめることができます。

- 広い社会的な合意と、真の自由で自発的な連邦制としての新たな連邦国家整備に基礎を置いて、民主化プロセスを安定化させる
- 所有関係の新たなシステムに基づき、混合的な市場経済を創設する方向へ経済改革を集約化する
- ルーブルの通貨交換を通じて国を世界経済に開くため断固行動する。世界銀行や国際通貨基金への加盟を通して、世界の市場で採用された文明的な取引のルールを承認する

これら三つの方向は、密接に相互関連しています。

従って、〈G7〉やヨーロッパ共同体での対話が必要です。数年にわたる共同の行動プログラムが必要です。

もし、協力の新しい局面について合意できなければ、我々は他の選択を模索しなければなりません。時間は不可欠です。しかし、この新しい局面への移行は、世界政治に参加し、さらにそれを決定づけ

る人たちが、現代の世界とその責務の変わりゆく現実について哲学的な意味づけをする中で、変わり続けることを求めています。そうでないと、実践的な行動の共同プログラムをつくることは意味がありません。

ソ連の指導的グループに関して言えば、それは中央でも共和国でも、我々の社会のかなりの部分でも、こうした必要性に理解があります。とはいえ、社会全体についてみると、こうした考えは必ずしも簡単には受け入れられるわけではありません。愛国主義一色を主張する狂信的な愛国主義者がいます。彼らは、外の世界と〈絡まらない〉のが愛国主義と考えています。すべてを過去に戻したいと考える人々もいます。こうした〈愛国主義〉には、ただ自分の利益への心配しかありません。

ソ連の役割と、ソ連が新しい世界の構築に加わることは、ペレストロイカ路線が前進するにつれて、よりいっそう建設的で有意義なものとなるでしょう。我々が新思考で指導しながらやってきたことは、国際協力を新たな平和路線に変えることを可能にしました。ここ数年、ソ連と西側との全政治的な協力のもとで、広大な道を進んできました。その協力は東欧の激変によって厳しい試練にさらされ、ドイツ問題解決の試金石となり、ペルシャ湾岸危機では最も困難な緊張状態を耐え抜きました。私たちの経済がより密接に関わって、ある程度一致したリズムで動き始めるなら、もちろん、みんなに必要なこの協力はより効果的になり、その必要性はいっそう感じられるようになるでしょう。

私には明らかです。ソ連でペレストロイカが成功したら、新しい世界秩序を打ち立てる現実的なチャンスとなります。ペレストロイカが失敗したら、少なくとも予見可能な未来には、歴史の中で平和期への活路は開かれないでしょう。

この方向で始まった動きには、それなりのチャンスもあると思います。人類はここ数年ですでに多くのものを受け取っているでしょう。そしてこれは、一定のポジティブな慣性を生み出しました。〈冷戦〉は終結しました。世界核戦争の脅威は事実上除かれました。〈鉄のカーテン〉はなくなりました。ドイツは統一されました。これはヨーロッパの歴史の転換点となりました。完全な主権と独立がないと考える国は、この大陸にはひとつもありません。

ソ連と米国、この二つの核超大国は、対立から相互協力の道へ、一連の重要な出来事の中ではパートナーシップの道へ進みました。これは、あらゆる国際情勢に決定的な影響を与えました。これを大事にして、新しい内容ですべてを満たし、米ソの信頼環境を維持していかなくてはなりません。これは国際社会全体の成果です。米ソ関係の方向や潜在力について評価を見直すことは、全世界の進展にとって重大な結果を招くでしょう。

ヘルシンキ最終文書〔ヘルシンキ宣言〕の理念は、現実的な意義を獲得して政策に姿を変え始め、新しいヨーロッパのためのパリ憲章で、より具体的で現実的な表現を授かりました。全ヨーロッパの安全保障を制度化した形が、すでに姿を現しています。

現実の軍縮が始まりました。その第一段階は完成に近づいています。そして、すぐにもと期待している戦略兵器削減条約〔ＳＴＡＲＴ〕の署名のあとには、すでに将来のために用意されている理念を実際に形にする作業が、すぐにやって来ます。しかし、新しい局面のための共通のコンセプトがおそらく必要です。そのコンセプトのもとで、軍縮問題の基本的な構成要素についてのあらゆる交渉の流れが考慮され、ヨーロッパや中東、アフリカ、アジアでの変化を反映した新しい理念が考え出されるでしょう。そして、そのコンセプトは、最近ブッシュ米大統領とミッテラン仏大統領が提起した大きなイニシアチブを成長させるでしょう。我々はそれについて考えています。

軍事力、軍事予算が削減されています。外国軍は他国の領土から引き揚げ、その兵員数は減り、その配置は防衛主体へと変わっています。軍需工場の民需転換が第一歩を踏み出し、まったく信じられないようなことが起きています。最近までの〈冷戦〉で敵対していた者同士の間で、この分野では協力が軌道に乗っているのです。軍の代表者はお互いに訪問し合い、最近までトップシークレットだった軍事施設を見せ合い、非軍事化への道について一緒にじっくりと考えています。

情報環境は全ヨーロッパで、そして世界の大部分で、見違えるほど変わりました。それは規模や強度だけでなく、様々な国の人々が交流する心理的な雰囲気そのものもそうです。

新思考の原則のひとつとして我々が宣言した国家関係の脱イデオロギー化は、多くの先入観や偏見、疑念を壊し、国際環境を整えて正常化しました。しかし、このプロセスは我々の側から、西側よりも精力的に、よりオープンな形で進められていることを心にとどめておかなければなりません。

あえて申し上げます。ヨーロッパのプロセスはすでに不可逆性の特徴を帯びました。いずれにしても、何世紀にもわたるヨーロッパの、とくに20世紀のヨーロッパに特有の、あれほどの規模や特質の紛争はあり得ないということです。

そしてもし、ヨーロッパのプロセスがしかるべきテンポで進むなら、予見可能な将来には、それぞれの国民、それぞれの国の裁量下で、つまりそれぞれにふさわしい形の貢献で、地球の全表面を実際に取り巻く前代未聞の強力な共同体をつくる潜在性があるでしょう。このような文脈で、新しいヨーロッパがつくられるにつれて、そこではかつての〈カーテン〉や〈壁〉は永遠に過去のものとなり、国家間の境界線も本来の分離の意味を失い、主権を持つ民族の自決をまったく別の形で実現することになるでしょう。

しかし、大西洋からウラルまでのヨーロッパ空間は、閉じられたシステムだとは考えられていません。ヨーロッパ空間が、太平洋まで大きく広がるソ連、大西洋の向こうの米国やカナダを含む限り、それは地理学的にも自らの名称の枠を超え出るでしょう。

これは、いわば他の世界に対し、ヨーロッパをプラットホームにして現代文明を統合するということではまったくありません。このような疑いの目は存在していません。そうではなく、ヨーロッパの統合からすでに刺激を受けたことや、全ヨーロッパのためのパリ憲章で政治的に体現されたことを、精査して発展させるという話なのです。そしてこれは、普遍的な歴史の新たな平和期への、人類の新たな相互依存や一体性への全体的な動きという文脈の中で行われるのです。最近、わが友人のジュリオ・アンドレオッティ〔イタリア首相〕がモスクワで、このようにうまく表現しました。「全世界の平和への動きにとって、東側と西側の接近だけでは不十分です。けれども、その両者の間の合意は、共通の関心事に大きく寄与するでしょう」と。この〈共通の関心事〉の中で、いまは予測しがたい見通しとともに、大きな役割を果たす使命を課されているのは、アジアであり、アフリカであり、ラテンアメリカであり、中近東なのです。

我々の理解では、新たな世界の一体性を確立することは、自由な選挙と利益のバランスの原則に基づくときにのみ可能です。どの国にも、現存もしくは形成されつつある一連の地域的な国家間グループにも、自らの利益はあります。そして、それらはすべて対等であり、尊重に値します。たとえば、中ソ、独ソ、独仏、米ソ、あるいは米印の関係改善が疑念を呼ぶとしたら、我々はそれを危険な過去の遺物とみなします。いまの世紀に、良好な関係は共通の成果です。どこの関係悪化であっても、それは共通の損失なのです。

21世紀の文明化への動きはもちろん、簡単でも楽でもないでしょう。過去の重い遺物から、戦後の時代に生み出された脅威から、一日で逃れることはできません。私たちは国際問題でターニングポイントを体験しています。そして、文明の歴史の中で、新しい時代の緒に、願わくは基本的に平和が長く続く時代の緒に、就いたばかりなのです。

東西の対立が弱まり、あるいはなくなった状況で、核の脅威の前では二次的だと思われていた古い対立が表に現れ、〈冷戦〉の氷で身動きできなかったかつての紛争や不満が解凍され、まったく新しい問題が急速な勢いで蓄積されています。

揺るぎない平和への道には、すでに多くの障害や危険が見えてきています。

・ナショナリズムの強まり、分離主義、一連の国々や地域での分割化プロセス

・社会経済的な成長の水準や質における〈富める国〉と〈貧しい国〉との拡大する格差。情報の透明化によって発展途上国ではどんな暮らしをしているのかが見える状況での、数十億人もの貧困の恐るべき結果。ここから、未曽有の緊迫と残虐行為、大規模な熱狂的抗議行動。ここに、テロリズ

ム普及の土壌、国家同士の関係で行動が予測できない独裁体制が誕生、維持される土壌がある
・従来の発展形態における危険で急速な支出の蓄積。環境的なカタストロフィーの危険性、エネルギー源や資源の枯渇、制御できない人口過密、全世界的な感染症の流行や麻薬中毒など
・平和主義の政治と、一種の〈科学技術の覇権〉に愛着を持つ利己主義経済との間にある原則の乖離。こうした思考の方向性の乖離が克服できなければ、相いれない領域へ向かって文明の崩壊を招く
・安全保障強化が理由とはいえ、最新兵器のさらなる改良は、軍拡競争の新段階、多くの国への破滅的な再軍備化をもたらすだけでなく、軍縮と発展のプロセスの間に最終的な断絶をもたらし、さらに、生まれ育っている新しい世界政治の土台と規範を破壊する

これらすべてに世界共同体はどう対処すべきでしょうか。これらすべての課題は途方もなく複雑です。先延ばしはできません。明日ではおそらく遅いでしょう。

私は確信しています。それらを解決するためには、型にはまらない新たな相互協力の形を探し出し、身につける以外に道はない、と。こうした相互協力を我々はあっさりと身につけました。そうでなければ、芽を出して勢いをつけているポジティブな傾向を確かなものにはできません。それを犠牲にする権利は、我々にはまったくありません。

しかし、このためには、世界共同体のすべてのメンバーが、固定観念や〈冷戦〉が育てた行動原理から脱却し、お互いの弱点を探り合って自らの利益に生かそうとする習慣から解放されなければなら

ないのです。必ず存在する特性や違いを、尊重しなければなりません。それは、人権や国民の自由が至るところで守られている場合でも同じです。繰り返して言います。対立の克服は、違いというものを健全な競争の源に、進歩の重要な要因に変えます。これは、お互いが学び合い、交歓するための刺激となり、相互信頼を高める前提条件ともなります。

理解と信頼、これは新しい世界秩序の礎です。私の考えでは、ここから学ぶ必要があります。国連の枠組みで学者や哲学者、人文科学者らの努力を結集して、地球の様々な地域での固有の発展プロセスを予測することを学ぶ必要があります。政策は、最も綿密に点検されて正確なものであっても、人間の手によるものです。そして、世界共同体のメンバーによって採択される決定は、安全保障をはじめ、他のメンバーの主権と生死に関わる利益に言及し、自然環境の損失や世界のモラルの風潮についても盛り込むことが、最大限に保障されなければなりません。

私は楽観主義者です。一緒に全世界的で歴史的な正しい選択をし、世紀と千年紀の境目の大きなチャンスを逃さず、いまの非常に難しい時期を平和な世界秩序の方へと進めることがうまくできると思っています。力のバランスではなく利益のバランス、他者の負担による利益追求ではなく妥協と同意の模索、指導部への要求ではなく平等の尊重……。20世紀の経験で賢くなった理性ある人々にとって十分に達成可能な要素です。それらは、全世界が前進するための基礎となるでしょう。

本当に平和な世界政治の将来的な見通しは、共通の努力でひとつの国際的な民主的空間をつくることにあります。そこでは、国家にとっての優先事項は、人権であり市民の福祉であり、そうした権利や福祉を促す手助けをすることです。これは、現代世界の育ちつつある一体性と、その構成要素の相互依存が命じるものなのです。

私は何度もユートピア思想について疑いの目で見られました。とくに5年前、2000年までに核兵器をなくし、普遍的な国際的安全保障システムをつくろうと提案したときです。おそらく、そのとき挙げた期間には実現されないでしょう。しかしご覧ください。5年が経ちました。私たちは現実にはっきりと、まさにこの方向に動いているのではないでしょうか。不信の敷居を乗り越えていないでしょうか。たとえそれが完全にはなくなっていないとしても。世界の政治的志向は本質的に変わっていないでしょうか。大量破壊兵器はもはや、世界共同体の大部分で、政治目的を果たすためには受け入れられないものと理解されていないでしょうか。

みなさん。約2週間後には、ファシストのわが国への侵攻の日〔独ソ戦が始まった1941年6月22日〕からちょうど半世紀になります。さらに半年後には、戦争を全世界の悲劇に変えたパール・ハーバー〔太平洋戦争の始まりとなった1941年12月8日の日本軍の真珠湾攻撃〕から半世紀を迎えます。その記憶はいまでもつらいものです。しかしそれは、いまの世代に与えられたチャンスを大切にするよう呼びかけています。

締めくくりに、もう一度繰り返します。ノーベル平和賞の私への授与は、私の意図や志向、わが国で始まった根本的改革の目的、新思考の理念について、理解が得られた表れだと私は受け取っています。そして、ペレストロイカの課題を実現するうえで平和的手段に忠実であることを、みなさんに認めてもらえたものと考えています。

これに対し、私はノーベル委員会のメンバーのみなさんに感謝しています。そして、もし私が彼らの授賞理由を正しく理解しているとすれば、彼らは間違っていないということを請け負いたいと思います。

訳者あとがき

２０２０年の夏は、米国による広島・長崎への原爆投下から75年の節目となる。人類に初めて核兵器が使われた瞬間から、米国とソ連の間で核開発競争が始まり、狂気と思えるほどまで過熱した。米ソの核弾頭数が約7万発とピークに達するのが１９８６年だ。世界を揺るがす旧ソ連チェルノブイリ原発事故が起きた年でもあった。米ソの核弾頭数はここから減少へと転じる。その転換点は、ソ連を改革するためペレストロイカと新思考外交へ踏み出したゴルバチョフ共産党書記長と、そのソ連を「悪の帝国」と指弾していたレーガン米大統領が、１９８７年12月に署名した中距離核戦力（ＩＮＦ）全廃条約の締結だった。この条約は、二人が初めて顔を合わせた１９８５年11月のジュネーブ会談の合意を形にしたものだ。それは「核戦争は許されない。そこに勝者はない」という理念であり、後に史上初の核兵器削減と東西冷戦の終結にも導く。その精神の底流にあったのは、協調と相互協力の追求であり、政治思考の非軍事化であり、人類共通の利益というものは存在する、という信念だった。

だが、この条約は２０１９年8月2日、被爆74年の原爆の日を目前にして失効してしまう。ロシアの条約違反や中国の脅威を理由に米国が脱退に踏み切ったのだ。それは核の「歯止め」がまた一つ消えたことだけではなく、世界を変える原動力となった精神そのものをも葬り去ったことを意味した。

当時、朝日新聞広島総局長を務めていた私は、8月6日の平和記念式典で松井一実・広島市長が読みあげた平和宣言を広島平和記念公園で聞いた。世界の政治指導者に宣言はこう呼びかけた。《かつて核競争が激化し緊張状態が高まった際に、米ソの両核大国の間で「理性」の発露と対話によって、核軍縮に舵を切った勇気ある先輩がいたということを思い起こしていただきたい》。それが私の心に残った。

この条約の生みの親であるゴルバチョフ氏は今、現状をどう見ているのか。私は本人に聞きたいと思った。唯一の戦争被爆国・日本のメディアとして、聞かなくてはならないと思った。秋に大阪本社へ異動になった後、モスクワ支局の協力も得ながら、会見実現の道を探った。振り返ってみると、ゴルバチョフ氏を20年以上支える報道官のウラジーミル・ポリャコフ氏に取材依頼の手紙を直接手渡せたのが大きかった。今から思えば運命的なものさえ感じるが、ポリャコフ氏は昨年10月、のちに様々な形で尽力してくれることになるゴルバチョフ財団日本事務所の服部年伸氏の招きで、ちょうど大阪に滞在していたのだ。この時の手紙に、私は広島平和宣言のことを書いた。被爆地はあなたを忘れていない、と伝えたかった。後はゴルバチョフ氏本人の判断を待つだけだった。

単独会見は昨年12月3日、モスクワのゴルバチョフ財団の執務室で実現した。ちょうど30年前、地中海に浮かぶマルタでゴルバチョフ氏がブッシュ（父）米大統領と握手し、冷戦終結を宣言した日だった。冷戦終結30年企画を取材してきた喜田尚モスクワ支局長、写真と動画を担当した映像報道部の飯塚悟カメラマン、モスクワ支局のイリーナ・ザボーチナ助手、そして私の4人を、ゴルバチョフ氏は力強い握手で迎えてくれた。その手は分厚かった。最大の不安は高齢な彼の健康状態だった。病院を出て財団の執務室へ歩行器姿で現れた時、すでに予定時間を2時間すぎていた。耳も遠かった。しかし、頭は冴え、インタビューは1時間以上に及んだ。会見記事は、小河雅臣・社会部デスク、金子桂一・オピニオン編集部デスクら多くの同僚らの尽力で12月17日付朝刊に3ページにわたって掲載され、英文でもデジタル配信された。さらに、「重要な歴史的出来事の当事者から現代社会への警鐘を引き出した」として、第27回坂田記念ジャーナリズム賞特別賞を頂けたことも大きな励みとなった。

このインタビューの中で、ゴルバチョフ氏がとりわけ力を込めたのは、レーガン大統領と交わした「核戦争は許されない。そこに勝者はない」との合意に言及したときであり、生き生きとした表情を見せたのは、ブッシュ大統領とマルタで「お互いを敵とはみなさない」と固く握手を交わした瞬間を振り返ったときだった。先の平和宣言で述べられた「勇気ある先輩」という表現は、それぞれが抱える自国内の抵抗勢力（タカ派や軍産複合体ロビーなど）に屈することなく、人類の普遍的利益をめざし、相互の信頼に基づいて前へ踏み出した英断を、見事に言い当てていたのだと今にして思う。

逆に、ゴルバチョフ氏が珍しく声を荒らげたのは、ＩＮＦ全廃条約を闇に葬った張本人、トランプ米大統領に話が及んだときだ。「こんな言葉を使って申し訳ない」と断りつつ、「チョールト、パベリー」と何度か口にした。日本語に訳せば、「くそ！」や「畜生！」の意味である。

その後、２０２０年に入って新型コロナ問題が世界を揺るがす中で、書面によるインタビューで再取材を重ね、夕刊の「現場へ！」シリーズで3月30日から「ゴルバチョフはいま」を5回連載した。「ゴルバチョフはいま」は朝日デジタルでも特集され、89歳の誕生日を迎えた彼の近況、被爆地へ寄せる思い、国内での再評価の動きなどに焦点を当てた。その取材の一環で、１９９２年4月にゴルバチョフ夫妻が被爆地・広島を訪問した際に二人を案内した当時の広島市長、平岡敬氏にもお会いした。新聞記者時代に在韓被爆者問題を発掘し、市長時代には『希望のヒロシマ』を著した平岡氏が、ゴルバチョフ氏を「彼は核時代の人。核はどうにもならないと、核の恐怖を感じ取っていたと思う」と振り返った言葉に、核時代の本質を見抜いた者同士が引き寄せ合う糸のようなものを私は感じた。

こうした取材と並行して進めたのが、この本の翻訳作業だった。インタビューに向けて準備を始めたところ、前出のゴルバチョフ財団日本の服部氏から、「ゴルバチョフ氏が日本語版で新刊本を出版したいと言っている。ぜひ検討して頂きたい」と相談があった。ゴルバチョフ氏の服部氏への信頼は非常に厚い。トランプ大統領がＩＮＦ全廃条約を破棄したことを、ゴルバチョフ氏本人が深刻に受け止めている証しだと私は理解した。

インタビューに備えてその本を読み進めるうち、これは冷戦終結30年、被爆75年、核不拡散条約（ＮＰＴ）発効50年、そして核兵器禁止条約の発効を待つ世界の核状況の中で、今こそ必要な本ではないかと確信した。朝日新聞出版の編集者、中島美奈氏に概要を送り、社内で検討して頂いた結果、翻訳の出版を決めてくれた。訳出には、モスクワ支局のマリーナ・チャイキナ元助手が協力してくれた。両氏と服部氏をはじめ、日本ゴルバチョフ友好平和財団の皆さんにも感謝申し上げたい。

あの激しい米ソ対立の中で、なぜ核兵器削減は可能だったのか。世界政治の現場でどんなやりとりが交わされ、冷戦終結へと導かれたのか――。この本は、ゴルバチョフ氏が「歴史の生き証人」の視点から、その問いに応えるものである。そこで驚かされるのは、それぞれの国益を抱えた敵性国家のリーダー同士が、時に相手側の「国内の敵」、すなわち抵抗勢力からの攻勢をも勘案しながら、「核戦争からの解放」というモラルに向かって意思疎通を図り、共通の活路を見いだしていく深謀遠慮の姿だ。さらに冷戦終結やドイツ統一も、ソ連と西側諸国のリーダーたちとの絶え間ない対話の結果もたらされたことを、この本は如実に物語っている。それは未来への貴重な遺産であり教訓である。

この本は未来を見つめている。この条約は、2021年2月には、米ロの新戦略兵器削減条約（新START）が期限切れを迎える。この条約は、INF全廃条約締結の後、長距離核ミサイルなども削減するためゴルバチョフ氏らが尽力した戦略兵器削減条約のDNAを引き継ぐものだ。モスクワ支局長時代の2010年春、私はオバマ米大統領とメドベージェフ・ロシア大統領によるプラハでの条約締結を取材し、この方向性に希望を見ていた。その新STARTの延長に米ロが乗り出さなければ、核軍拡競争をしばる「歯止め」が事実上なくなってしまう。危うい未来への警鐘も込められているのだ。

朝日新聞社は被爆50年の1995年以来、被爆地で毎年、国際平和シンポジウム「核兵器廃絶への道」を開いている。核軍縮問題の第一人者である黒澤満・大阪大学名誉教授、朝日新聞OBの吉田文彦・長崎大学核兵器廃絶研究センター長らとともに、大阪本社の「核と人類取材センター」が企画・運営してきた。この翻訳をプロジェクトの一つに位置づけてくれた「核と人類」前センター長の坂尻信義・ゼネラルエディター、田井良洋・前事務局長（現論説委員）、武田肇・現事務局長、ともに紙面をつくってくれた田井中雅人記者、大隈崇記者、平和総括担当の田村隆昭・社会部デスク、松本一弥・夕刊企画編集長にも感謝したい。そして、一連の取り組みを支えてくれた岡村邦則・大阪本社編集局長、黒沢大陸・現「核と人類」センター長（編集局長補佐）、羽根和人・社会部長をはじめ、編集局の皆さんにお礼申し上げたい。昨年の国際平和シンポジウムで基調講演者を務めた佐藤優氏が、この本の解説を寄せてくださったことも望外の喜びである。

ゴルバチョフ氏は4月、新型コロナを受けた「タイム」誌への寄稿でこう述べている。「1980年代半ば、我々がどのように核兵器の脅威に取り組んだかを思い出す。それが我々の共通の敵であり、私たちすべてへの脅威であると理解したとき、ブレークスルーは起きた」と。確かに挫折と自国の混乱はあった。しかし、現状追認ではなく、理想とモラルと良識に立脚して世界を変えた先例がここにある。人類共通の脅威にどう取り組むのか。冷戦終結後の30年間に築けなかった東西共通の安全保障空間を、どう実現するのか。分断と自国第一主義が叫ばれる今こそ、この本とともに考えたい。

2020年6月

副島英樹

解説　全人類に共通する普遍的価値観

佐藤　優
（作家・元外務省主任分析官）

ソ連の歴史において最初で最後の大統領だったミハイル・セルゲービッチ・ゴルバチョフ氏（1931年3月2日生まれ）は、既に長大な自叙伝（ロシア語版1995年、翻訳『ゴルバチョフ回想録』新潮社、1996年）を残している。この自叙伝では、時系列でゴルバチョフ氏が自らの人生とその周辺で起きた出来事、さらにその評価について記している。

ここではギリシャ語で言うところの「クロノス」すなわち流れゆく時間（英語のtime）が重視されている。これに対してロシア語版が2018年に上梓された本書『ミハイル・ゴルバチョフ　変わりゆく世界の中で』は、ギリシャ語で言うところの「カイロス」すなわちある出来事が起きる前と後では、歴史の意味が異なってくるような時間（英語のtiming）が重視されている。ゴルバチョフ氏の価値観が浮き彫りになる作品だ。副島英樹氏（朝日新聞大阪本社編集局編集委員）の翻訳も正確かつわかりやすい。私は日本の外交官として、1987年8月から95年3月までモスクワの日本大使館で勤務した。着任時の肩書きは、在ソヴィエト連邦日本国大使館三等理事官、離任時は在ロシア連邦日本国大使館二等書記官だった。着任時と離任時の任国の名称が異なるのは、1991年12月にソ連が崩壊し、新生ロシア連邦が誕生したからだ。私はゴルバチョフ氏が権力の絶頂にあった時期から、1991年8月のソ連共産党守旧派によるクーデターが失敗し、同氏の権力と権威が急速に失墜し、ソ連が崩壊する過程を自分の目で見た。本書を読みながら、20代後半から30代初頭の青年外交官だった時代の記憶が脳裏に鮮明に甦ってきた。

ゴルバチョフ氏にとって重要なのは、全人類に共通する普遍的価値観であることが本書で何度も繰り返される。

全人類の利益と全人類の価値が存在するという思想は、多くの場合、広く根づいている考え方と相いれない。我々のイデオロギーや多くの人々の意識には、世界の分断は避けることができない、階級的利益が優先される、という考え方が基本にあった。それはいま、自国の利益を絶対視することに取って代わられている。一方、西側では、特に米国ではどうか。いまも変わらず帝国的な姿のままだ。力を見せつけて、ひとつの国、あるいはひとつの国家グループの利益や価値を押しつけようとしている。

しかし、力を使った結果がはかない性質を帯びるのは、歴史が示している。総じて、これは新思考の最も重要な原則のひとつだが、現代の兵器の特質は、軍事技術的な手段だけで自らを守れる望みはどんな国家にもない、という点にある。結局のところ、力の政策は失敗する。安全保障

は何より、政治的手段で解決しなくてはならない課題だ。（本書26～27ページ）

ソ連はマルクス・レーニン主義（ゴルバチョフが権力の座にあったときは科学的共産主義と呼ばれていた）を国是とするイデオロギー国家だった。全ての歴史は階級闘争の歴史であったというのがマルクス・レーニン主義の基本的立場だ。当然、ここでは階級的利益が優先される。しかし、ゴルバチョフは階級的利益よりも、普遍的価値観、特に平和を重視した。それはゴルバチョフが少年期に第2次世界大戦（ロシアでは大祖国戦争と呼ぶ）を経験し、戦争の悲惨さを皮膚感覚で知っていることと、ソ連の政治エリートになってから核戦争の危険を実感したことによるものと思われる。核廃絶は、現在に至るまでゴルバチョフ氏にとって最重要の課題だ。米国にトランプ大統領が誕生したことによって新たな核軍拡競争が始まりだしたことにゴルバチョフ氏は強い危機意識を持っている。

いまも核兵器は存在し、核戦争の危険も存在している。チェーホフ〔ロシアを代表する19世紀後期～20世紀初頭の劇作家〕が書いた戯曲の第一幕の小銃のようなものだ〔チェーホフは、物語の中に不必要なものを出してはいけないと唱えた〕。いつかそれは火を噴く。過ちや、技術的な故障を起こす可能性がある。これについては最近、米国のウィリアム・ペリー元国防長官が警告した。学者として、政治家として、この問題に携わってきた人物だ。〈技術的な誤りは過去にもあった、人間は間違いを犯すものだ〉と。

だからこそ、核兵器なき世界なのだ。他の目的はあり得ない。

しかし、核兵器なき世界についての議論も、米国を含むすべての国々が言葉ではこの目標を支持し続けているものの、現在の世界政治と政治的思考の軍事化を克服できなければ、むなしく響くだけだろう。

同様に重要なのは、ひとつの国が絶対的な軍事的優位にある状態では、核兵器なき世界への道にある障害を乗り越えることはできないということだ。（本書304～305ページ）

チェーホフは、演劇の第一幕で銃が出てきたら、それは最終幕までの間に必ず発射されることになると言った。抑止目的で作られた核兵器であっても、それが存在する限り使われるリスクがあるとゴルバチョフ氏は確信している。核戦争によって人類が滅亡するような事態になってはいけないとゴルバチョフ氏が真剣に考え、米国のレーガン、ブッシュの両大統領と個人的信頼関係を構築し、軍縮を実現した。この過程が本書を読むとよくわかる。外交において首脳間の個人的関係が果たす役割を過小評価してはいけない。

ゴルバチョフ氏にとって真理は具体的だ。同氏が民族自決権を普遍的価値と考えていたので、ドイツ統一も実現したのである。

1989年秋に向けて、ドイツ問題は事実上、世界政治の最重要課題となった。交渉の席でも市民のあいだでも、関心の的になっていた。これに関する劇的な出来事についてはよく知られ、たくさん書かれている。ここではもう一度、ドイツ問題の解決に向けた私の原則的なアプローチを述べておきたい。まさにこの原則が、実際の再統一プロセスにおける私のその先の行動をすべて決めたのだった。

その内容はこうだ。

・**モラル的原則**＝私は道徳的観点から、過去の罪をすべての新しい世代に背負わせて民族の分断をいつまでも支持するのは容認できないと考えた

・**政治的原則**＝ドイツ人の再統一への思いを邪魔するには、東ドイツに駐留するソ連軍の助けを借りるしかなかった。これは、冷戦や核軍拡競争を止めるためのすべての努力が完全に無になることを意味した。これはまた、わが国でのペレストロイカの全政策に取り返しのつかない打撃となるだろうし、全世界の目の前で国の名誉を汚すことになるだろう

・**戦略的原則**＝東ドイツ国民への武力行使と、再統一に向けた全国民の民主的な運動への圧力は、我々両国民の関係に長期にわたって害を与えるだろうし、ロシア自身の利益にも取り返しのつかない損失をもたらすだろう（本書132～133ページ）

ゴルバチョフ氏は、ドイツ問題の処理にあたって第2次世界大戦の戦勝国と敗戦国というステレオタイプの思考を放棄した。平和、軍縮、民族自決権を普遍的価値観と認めるならば、ドイツ人が国家の統一を望むならば、ソ連にそれを阻止する権利はないとゴルバチョフ氏は考えていた。もっとも、ソ連の政治エリートも一般国民も、ベルリンの壁崩壊とドイツ統一を容認したゴルバチョフ氏を「弱い指導者」と看做（みな）すようになった。「ベルリンの壁」崩壊後、沿バルト三国（リトアニア、ラトビア、

エストニア）やトランスコーカサス（アルメニア、アゼルバイジャン、ジョージア）の分離独立傾向が加速し、ソ連は解体過程に入っていった。

北方領土問題に関して、ゴルバチョフ氏はスターリン主義の負の遺産を克服するというアプローチには立てなかった。あくまで戦後の現実（端的に言うと日本は敗戦国であるという現実）を基礎にして考えていた。ソ連と日本が戦争関係を終結した１９５６年の日ソ共同宣言に基づいて、北方領土問題を解決するというシナリオも腹案にはあったようだ。

領土問題に関して言えば、ソ連国内に統一された意見はなかった。学者や専門家、特にマスコミの中には、即時解決の支持者たちがいた。彼らは１９５６年の日ソ共同宣言を念頭に置いていた。それは、日本とソ連の外交関係を回復するとともに、二つの南クリルの島（色丹島、歯舞諸島）を日本に引き渡す条項を含んでいた。これをもとに問題解決を模索しようとする動きは、外務省にも、私の周辺にもあった。極東の住民の大部分は、いかなる領土的譲歩にも反対していた。しかし、経済的なつながりを拡大することは強く望んでいた。（本書２１１ページ）

しかし、日ソ共同宣言で約束された歯舞群島と色丹島の日本への引き渡しを確認することがゴルバチョフ氏にはできなかった。同氏が訪日した１９９１年４月時点で、沿バルト三国が非妥協的にソ連からの分離独立を主張し、91年1月にはリトアニアの首都ビリニュスで独立派の住民とソ連軍が衝突し、死傷者が発生した「血の日曜日事件」が起き、領土問題でゴルバチョフ氏が日本に対して妥協できる余地が内政要因からなくなっていたからである。1988年から89年にゴルバチョフ氏の訪日が実現していれば、北方領土交渉が前進していた可能性があった。

ゴルバチョフ氏の、安倍晋三首相とロシアのプーチン大統領が進めている北方領土交渉に関する評価は肯定的だ。


日ロ交渉に関する報道から判断すれば、1991年に私が提案した基本的な考え方が、いまもロシアの立場の土台になっている。一方、ここ数年、日本側の立場にも変化が芽生えている。安倍晋三首相は、極東地域の発展のため経済協力を拡大する大規模な共同プログラムの作成を提案した（安倍首相は、日本の偉大な政治家で当時外相を務めた安倍晋太郎の息子である）。これは真剣で自発的な一歩だと思う。（本書218ページ）

私もゴルバチョフ氏の見方を支持する。

ゴルバチョフ氏にとって、全人類の利益と全人類の価値が存在するという思想が死活的に重要だった。それ故にナショナリズムが持つ力を等身大で評価することができなかった。

1991年8月のクーデター事件が失敗した後、ソ連国家を統合するマルクス・レーニン主義イデオロギーは生命力を失った。この空白を埋めたのがナショナリズムだったが、ゴルバチョフ氏にはこの現実が見えなかった。1991年10月30日から11月1日に行われた中東和平に関するマドリード会議におけるゴルバチョフ氏と米国のブッシュ大統領、スペインのカルロス国王、ゴンサレス首相との会談におけるやりとりを見ると、ゴルバチョフ氏が歴史の原動力を摑むことができなくなってしまった現実がよくわかる。

カルロス　大統領閣下、おそらくこれは厳しい言い方かもしれませんが、私たちの間柄なので、あえてこう質問させてください。彼（エリツィン＝引用者注）はあなたが何もできないようにしているのではないでしょうか。

ゴルバチョフ　問題はそこではありません。別にあります。エリツィンは実際、心の中では連邦に賛成し、どんな共和国も、ロシアでさえも、連邦なしではやっていけないと分かっていると私は思います。このことは、彼が私と連絡を取り合い、最近はお互い密接に協力して連邦条約に集中して取り組んできたことからもうかがえます。しかし彼は、たとえ力強くて自信満々の人物という印象を持たれるとしても、実際は非常に影響を受けやすい人間です。たとえば、ロシアは負担を脱ぎ捨てるべきだ、共和国は邪魔なだけで彼らとの連邦は利益がない、自力で前進しなければならない、と主張する一定の勢力や人々からの影響です。まさにここから、ロシアは旧連邦の権利義務を継承しなければならないとの考えが出てくるのです。そしてこの考えは、たとえベールに包まれ、あたかも否定するような形であっても、演説には姿を現しました。ここにいる私の随行者のひとり、エゴール・ヤコブレフ〔全ソ国家テレビ・ラジオ公社議長〕は、この演説を読んでこう言いました。エリツィンは連邦を壊すでしょう、しかし、その罪を他の共和国にかぶせるような形にするでしょう、と。でも、このやり方は危険で破滅的です。ロシアにとっても不幸でしかないでしょう。

ゴンサレス　彼は他の共和国にも、そして中央にも罪をかぶせたがっていると思います。

ブッシュ　ところで、あなたが言っている勢力とは誰なのですか。どんな人々なのか。

ゴルバチョフ　たとえばブルブリス〔ゲンナジー・ブルブリス。エリツィン政権初期に国務長官を務めた〕です。エリツィンにとても大きな影響力を持っている人物です。エリツィンの最側近で、指導者がこんなに簡単に圧力に屈するようなら、そんな指導者とやっていくのは大変でしょう。

（本書266～267ページ）

ゲンナジー・ブルブリス氏は、「灰色の枢機卿」と呼ばれていた。ブルブリス氏が聡明であることは誰もが認めたが、極端な能力主義者で、政敵を容赦なく叩きつぶすので、同氏の人柄に共感する人は少なかった。なぜか私はブルブリス氏に気に入られ、事務所はもとより自宅や別荘にも自由に出入りすることができた。ソ連崩壊について私はブルブリス氏とこんなやりとりをしたことがある。

「結局のところ、ソ連はどうして崩壊したのでしょうか」

ブルブリスは少し考えてから答えた。

「自壊だよ。ソ連帝国は自壊したんだ。一九九一年八月の非常事態国家委員会によるクーデター未遂事件は、政治的チェルノブイリ（原発事故）だ。ソ連という帝国の最中心部、ソ連共産党中央委員会という原子炉が炉心融解を起こし、爆発してしまったということさ。ゴルバチョフはゴミだ。あいつは共産全体主義国家であるソ連の維持しか考えていなかった。そして、ソ連という欠陥発電所の原子炉を締め上げることで、電力が確保できると勘違いした。その結果、国家が崩壊した」

「ブルブリス先生がエリツィンを焚きつけて壊したんじゃないですか」

「それは違う。ゴルバチョフが一九八五年に権力の座に就いたときに、既にソ連は崩壊していたんだ。俺の貢献はエリツィンにその現実を理解させたことだけだ。崩壊したソ連の汚染物を処理しながら、新しいロシアという国家を建設しなくてはならないのが、現在この国が直面している困難なんだよ」（佐藤優『自壊する帝国』新潮文庫、2008年、475〜476ページ）

ゴルバチョフ氏がソ連共産党書記長に就任した1985年時点で既にソ連は崩壊していたというブルブリス氏の認識は正しいと私は考える。ソ連という共産党独裁体制は、マルクス・レーニン主義という全体主義イデオロギーによって成り立っていた。このイデオロギーは全一的体系なので、そこに言論・表現の自由、民主的選挙による議会、市場競争という異質な価値観を部分的に導入することは不可能だった。この不可能の可能性に挑み、敗北していった理想主義者がゴルバチョフ氏なのだと思う。ただし、その敗北の過程で多くの善きものを同氏が残したことを過小評価してはならない。

著者
ミハイル・セルゲービッチ・ゴルバチョフ　Михаил Сергеевич Горбачёв
1931年3月2日、旧ソ連ロシア共和国スタブロポリ地方の農家に生まれる。55年モスクワ大学法学部卒業。ソ連共産党のスタブロポリ地方委員会第一書記、党中央委員会第二書記などを経て、85年3月に54歳でソ連最高指導者の党中央委員会書記長に就任。ペレストロイカ（改革）に着手して国内の民主化を進める一方、新思考外交を展開し、核兵器削減や東西冷戦の終結へと導いた。89年5月から、刷新されたソ連最高会議の初代議長を兼任後、90年3月にはソ連の初代大統領に就任した。91年8月に起きた保守派によるクーデター未遂事件を機に国内での政治的権威は失墜し、91年12月25日、ソ連崩壊とともに大統領を辞任した。90年にノーベル平和賞を受賞。大統領退任後、ゴルバチョフ財団の総裁を務め、講演活動や環境運動などに従事。人類共通の利益、非軍事の思考に立脚して発信を続けている。

訳者
副島英樹（そえじま・ひでき）
朝日新聞大阪本社編集局編集委員。1962年、兵庫県姫路市生まれ。東京大学文学部卒業。86年、朝日新聞入社。広島支局、大阪社会部などを経て、プーチン政権誕生前後の99年4月～2001年8月にモスクワ特派員。08年9月～13年3月にはモスクワ支局長を務め、米ロの核軍縮交渉などを取材した。核と人類取材センター事務局長、広島総局長など歴任。共著に『ヒロシマに来た大統領「核の現実」とオバマの理想』（筑摩書房）など。

ミハイル・ゴルバチョフ　変わりゆく世界の中で

2020年7月30日　第1刷発行
2022年10月20日　第2刷発行

著　　者　ミハイル・セルゲービッチ・ゴルバチョフ
訳　　者　副島英樹
発 行 者　三宮博信
発 行 所　朝日新聞出版
〒104-8011　東京都中央区築地5-3-2
電話　03-5541-8832（編集）
　　　03-5540-7793（販売）

印刷製本　広研印刷株式会社

Published in Japan by Asahi Shimbun Publications Inc.
ISBN978-4-02-251693-0
定価はカバーに表示してあります。

落丁・乱丁の場合は弊社業務部（電話03-5540-7800）へご連絡ください。
送料弊社負担にてお取り替えいたします。